中国旅游院校五星联盟教材编写出版项目
中国骨干旅游高职院校教材编写出版项目

中国历史文化

（第二版）

主　编◎程杰晟
副主编◎张　珂

中国旅游出版社

编委会名单

主　编　程杰晟

副主编　张　珂

参　编　张笃川　李利锋　曲宏实

出 版 说 明

把中国旅游业建设成国民经济的战略性支柱产业和人民群众更加满意的现代服务业，实现由世界旅游大国向世界旅游强国的跨越，是中国旅游界的光荣使命和艰巨任务。要达成这一宏伟目标，关键靠人才。人才的培养，关键看教育。教育质量的高低，关键在师资与教材。

经过20多年的发展，我国高等旅游职业教育已逐步形成了比较成熟的基础课程教学体系、专业模块课程体系以及学生行业实习制度，形成了紧密跟踪旅游行业动态发展和培养满足饭店、旅行社、旅游景区、旅游交通、会展、购物、娱乐等行业需求的人才的开放式办学理念，逐渐摸索出了一套有中国特色的应用型旅游人才培养模式。在肯定成绩的同时，旅游教育界也清醒地看到，目前的旅游高等职业教育教材建设和出版还存在着严重的不足，体现在教材反映出的专业教学理念滞后，学科体系不健全，内容更新慢，理论与旅游业实际发展部分脱节等，阻碍了旅游高等职业教育的健康发展。因此，必须对教材体系和教学内容进行改革，以适应飞速发展的中国旅游业对人才的需求。

上海旅游高等专科学校、浙江旅游职业学院、桂林旅游高等专科学校、南京旅游职业学院、山东旅游职业学院、郑州旅游职业学院等中国最早从事旅游职业教育的骨干旅游高职院校，在学科课程设置、专业教材开发、实训实习教学、旅游产学研一体化研究、旅游专业人才标准化体系建设等方面走在全国前列，成为全国旅游教育的排头兵、旅游教学科研改革的试验田、旅游职业教育创新发展的先行者。他们不仅是全国旅游职业教育的旗帜，也是国家旅游局非常关注的旅游教育人才培养示范单位，培养出众多高素质的应用型、复合型、技能型的旅游专业人才，为旅游业发展做出了贡献。中国旅游出版社作为旅游教材与教辅、旅游学术与理论研究、旅游资讯等行业图书的专业出版机构，充分认识到高质量的应用型、复合型、技能型人才对现阶段我国旅游行业发展的重要意义，认识到推广中国骨干旅游高等职业院校的基础课程、专业课程、实习制度对行业人才培养的重要性，由此发起并组织了中国旅游院校五星联盟教材编写出版项目暨中国骨干旅游高职院校教材编写出版项目，将六校的基础课程和专业课程的教材成系统精选出版。该项目得到了“五星联盟”院校的积极响应，得到了国家旅游局人事司、教育部高职高专旅游专业教学指导委员会、中国旅游协会旅游教育分会的大力支持。经过各方两年多的精心准备与辛勤编写，在国家“十二五”开局之年，这套教材终于推出面世了。

中国旅游院校五星联盟教材编写出版项目暨中国骨干旅游高职院校教材编写出版项目所含教材分为六个专业模块：**“旅游管理专业模块”**（《旅游概论》《旅游经济学基础》《中国旅游地理》《中国旅游客源国与目的地国概况》《旅游市场营销实务》《旅游服务业应用心理学》《旅游电子商务》《旅游职业英语》《旅游职业道德》《旅游策划实务》《休闲学概论》《旅游商品概论》《旅游服务礼仪与实训》《中国历史文化》《旅游企业人力资源管理》《旅游公共关系》）；**“酒店服务与管理专业模块”**（《酒店概论》《酒店前厅部服务与管理》《酒店客房部服务与管理》《酒店餐饮部服务与管理》《酒店财务管理》《酒店英语》《酒店市场营销》《调酒与酒吧管理》）；**“旅行社服务与管理专业模块”**（《旅行社经营管理》《旅游政策与法规》《导游业务》《导游文化基础知识》《旅行社门市业务》《旅行社业务操作技能实训》《出境旅游领队实务》）；**“景区服务与管理专业模块”**（《景区规划原理与实务》《景区服务与管理》《旅游资源的调查与评价》）；**“会展服务与管理专业模块”**（《会展概论》《会展策划与管理》《会展设计与布置》《实用会展英语》）；**“烹饪工艺与营养专业模块”**（《厨政管理》《烹饪营养与食品安全》《面点工艺学》《西餐工艺与实训》）。本套教材实行模块主编审稿制，每一个专业模块均聘请了一至三位该学科领域的资深专家作为特邀主编，负责对本模块内每一位主编提交的编写大纲及书稿进行审阅，以确保本套教材的科学性、体系性和专业性。“五星联盟”的资深专家及六校相关课程的骨干教师参与了本套教材的编写工作。他们融合多年的教学经验和行业实践的体会，吸收了最新的教学与科研成果，选择了最适合旅游职业教育教学的方式进行编写，从而使本套教材具有了鲜明的特点。

1. 定位于旅游高等职业教育教材的“精品”风格，着眼于应用型、复合型、技能型人才的培养，强调互动式教学，强调旅游职业氛围以及与行业动态发展的零距离接触。

2. 强调三个维度能力的综合，即专业能力（掌握知识、掌握技能）、方法能力（学会学习、学会工作）、社会能力（学会共处、学会做人）。

3. 注重应用性，强调行动理念。职业院校学生的直观形象思维强于抽象逻辑思维，更擅长感性认识和行动把握。因此，本套教材根据各门课程的特点，突出对行业中的实际问题和热点问题的分析研讨，并以案例、资料表述和图表的形式予以展现，同时将学生应该掌握的知识点（理论）融入具体的案例阐释中，使学生能较好地将理论和职业要求、实际操作融合在一起。

4. 与相关的行业资格考试、职业考核相对应。目前，国家对于饭店、导游从业人员的资格考试制度已日渐完善，而会展、旅游规划等的从业资格考核也在很多旅游发达地区逐渐展开。有鉴于此，本教材在编写过程中尽可能参照最新的各项考试大纲，把考点融入教材当中，让学生通过实践操作而不是理论的死记硬背来掌握知识，帮助他们顺利通过相关的考试。

中国旅游院校五星联盟教材编写出版项目暨中国骨干旅游高职院校教材编写出版项目是一个持续的出版工程，是以中国骨干旅游高职院校和中国旅游出版社为平台的可持续发展事业。我们对参与这一出版工程的所有特邀专家、学者及每一位主编、参编者和旅游企业界人士为本套教材编写贡献出的教育教学和行业从业的才华、智慧、经验以及辛勤劳动表示崇高的敬意和衷心的感谢。我们期望这套精品教材能在中国旅游高等职业教育教学中发挥它应有的作用，做出它应有的贡献，这也是众多参与此项编写出版工作的同人的共同希望。同时，我们更期盼旅游高等职业教育界和旅游行业的专家、学者、教师、企业界人士和学生在使用本套教材时，能对其中的不足之处提出宝贵意见和建议，我们将认真对待并吸纳合理意见和建议，不断对这套教材进行修改和完善，使之能够始终保持行业领先水平。这将是我们不懈的追求。

中国旅游出版社
2013 年 11 月

再版前言

为学日益，为道日损。

——《道德经》

中国历史文化源远流长、博大精深，在世界四大文明古国所创造的灿烂文明中，中华文明是唯一没有中断，一脉相传的文化形态。2015 年 11 月 3 日，习近平总书记会见第二届“读懂中国”国际会议外方代表时强调，中国有坚定的道路自信、理论自信、制度自信，其本质是建立在 5000 多年文明传承基础上的文化自信。2022 年 10 月 16 日，习近平总书记在党的二十大报告中进一步明确指出，坚持和发展马克思主义，必须同中华优秀传统文化相结合。只有植根本国、本民族历史文化沃土，马克思主义真理之树才能根深叶茂。深入学习和挖掘中国历史文化中的宝贵财富，在新时代中国特色社会主义建设中有着重要的意义。对于文化属性鲜明的旅游职业教育和文旅工作者而言，这方面的意义更为重大。

2018 年 3 月，中共中央印发《深化党和国家机构改革方案》，将文化部、国家旅游局的职责整合，组建文化和旅游部，作为国务院组成部门。不再保留文化部、国家旅游局。从此中国进入了一个文化和旅游产业融合发展的新时代。这需要文旅产业领域的从业人员应该对中国历史文化有深入的了解，具备较高的中国历史文化素养。2020 年 9 月 28 日，在中共中央政治局第二十三次集体学习中，习近平总书记强调，保护好、传承好历史文化遗产是对历史负责、对人民负责。我们要加强考古工作和历史研究，让收藏在博物馆里的文物、陈列在广阔大地上的遗产、书写在古籍里的文字都活起来，丰富全社会历史文化滋养。总书记的讲话，为我们如何在文旅工作中传承好中国历史文化进一步指明了方向。

在上述背景下，为推动文旅融合产业的高质量发展，提高文旅产业从业人员的历史文化素养，我们需要在旅游职业教育的人才培养工作中更加注重对学生中国历史文化方面的教育。掌握并不断深化学生的中国历史文化基本知识结构，是提高普通高等院校学生特别是高等旅游职业院校学生综合素质的一个重要途径，也是习近平总书记提出的坚定“四个自信”的基本要求。特别是我国在 2020 年已经全面建成小康社会，实现了第一个百年奋斗目标的背景下，旅游活动已经成为人们生活中不可或缺的重要组成部分。并且，人们对旅游产品的需求也在不断提高，越来越注重旅游产品精神文化方面的内容，“文旅融合”特色旅游产品越来越受到人们的青睐。这就要求接受旅游职业教育、即将从事文旅工作的学生，要掌握广博的中国历史文化知识，这不仅有助于中国优秀历史文化的传承，也是未来做好本职工作的保证。

本书就是在上述背景下，在编者长期从事中国文化史教育与研究的基础上编写完成的。本书编写的具体分工是，郑州旅游职业学院程杰晟担任主编，并编写了第一章、第二章、第三章和第四章；张珂担任副主编并编写了第八章、第十章和第十一章；李利锋编写了第五章和第六章；曲宏实编写了第七章；张笃川编写了第九章。

编写者多为长期从事中国历史文化、中国旅游文化等课程教学与研究工作，经验丰富、专业功底扎实的一线教师，这使得本书的编写质量得到基本的保证。

在编写的过程中，本书参考了国内外许多同行的有关教材和成果，同时得到了一些单位和同志的大力支持和帮助，在此表示衷心的感谢。由于编写者水平有限，缺点和错误在所难免，在此恳请有关专家、同行和广大热心的读者批评指正。

编者

2023 年 5 月

前　言

为学日益，为道日损。
——《道德经》

中国历史文化源远流长、博大精深，在世界四大文明古国中，中华文明是唯一没有中断，一脉相传的文化形态。这不应该仅仅是我们赖以自豪的资本，更应该将其转变为推动中国社会现代化建设不竭的精神动力。掌握中国历史文化的基本知识，是普通高等院校学生提高综合素质的一个重要途径，也是从总体上提高我国国民素质的要求。对旅游管理类专业的学生尤其如此。因为，随着我国市场经济的蓬勃发展和改革开放的进一步深化，以及城乡居民经济收人的不断提高，旅游活动已经成为人们生活中不可或缺的重要组成部分。旅游业成为中国历史文化传播的重要渠道。经过 30 多年的快速发展，我国旅游业正在由单一观光旅游向观光、休闲和度假等复合型旅游转型升级。人们对旅游的需求也在不断提高，并且这种需求越来越注重精神文化方面的内容，掌握广博的历史文化知识，不仅有助于中国历史文化的传承，更是旅游相关专业学生未来做好本职工作的保证。

本书就是在上述背景下，在编者长期从事中国文化史的教育与研究的基础上编写完成的。本书编写的具体分工是，郑州旅游职业学院程杰晟担任主编，并编写了第一章，第二章，第三章第一节、第三节，第四章第一节和第二节，第六章第一节、第二节和第三节；张珂担任副主编并编写了第八章、第十章和第十一章；李利锋编写了第四章第四节，第六章第四节和第五节；张笃川编写了第九章；高朝阳编写了第三章第二节和第四章第三节；张耀卫编写了第三章第四节和第五章；曲宏实编写了第七章。

编写者多为长期从事中国历史文化、中国旅游文化等课程教学与研究工作，经验丰富、专业功底扎实的一线教师，这使得本书的编写质量得到基本的保证。

在编写过程中，本书参考了国内外许多同行和前辈的有关教材和成果，同时得到了一些单位和同志的大力支持和帮助，在此表示衷心的感谢。由于编写者水平有限，缺点和错误在所难免，恳请有关专家、同行和广大热心的读者批评指正。

编者

2014 年 12 月

目录
CONTENTS

第一章 绪论

本章导读

本章从宏观的角度介绍了文化、文明以及历史文化等基本概念，中国历史文化产生和发展的历史背景，中国历史文化的发展历程，旅游文化概述等内容。学习本章内容，有助于读者从整体上把握全书内容，了解本门课程在旅游管理类专业以及相关专业的基础性地位等方面的重要意义。

学习目标

知识目标

1. 掌握文化、文明、中国历史文化等基本概念，把握文化的类型和基本结构等基本知识。
2. 了解中国历史文化产生和发展历史地理背景。
3. 认识中国历史文化的基本发展阶段。

能力目标

1. 通过对文化类型和结构的学习，提高学生的分析能力。
2. 通过对中国历史文化发展阶段的学习，提高学生构建知识体系的能力。
3. 通过对旅游文化基本知识的学习，理解中国历史文化对旅游的影响。

课程思政目标

1. 引导学生结合习近平新时代中国特色社会主义理论来学习中国历史文化的基本理论，提高学生的理论视野；
2. 通过中国历史文化不间断发展历程的学习，使学生坚定对中国优秀历史文化的文化自信心。

案例

智莫大于知来

著名史学家夏曾佑先生说："智莫大于知来。来何以能知？据往事以为推而已矣。故史学者，人所不可无之学也。"这句话的意思是，历史可赋予人们很多解决现实问题的智慧。从2004新学年开始，北京大学光华管理学院与历史学系联袂推出了名为"从历史看管理"的工商管理学硕士课程，旨在打开中华五千年"智慧之书"，与中国商务人士共同探讨"知来"的艺术。

——资料来源：北京大学光华管理学院网站.

案例分析

1. 夏曾佑先生说的"智莫大于知来"是什么意思？

2. 北京大学光华管理学院与历史学系推出了名为"从历史看管理"的工商管理学硕士课程，你如何看待这件事？你认为学习中国历史文化与旅游企业管理有没有关系？应该如何理解二者之间的关系？

第一节　中国历史文化的基本概念

一、文化与文明的概念

（一）文化的概念

从词源上看，"文化"在中国最早出现于《易经·贲卦》："观乎天文，以察时变，观乎人文，以化成天下"，不过这里"文"和"化"是作为两个词素分别出现的。"文化"作为一个合成词，最早出现于西汉经学家、文学家刘向的《说苑·指武》中"圣人之治天下也，先文德后武力。凡武之兴，为不服也，文化不改，然后加诛"。中国古代文献中的"文化"，有明确的文治和教化之义。

西方语言中的"文化"（法语、英语中为Culture，德语中为Kulture）一词，是从拉丁语"Cultura"发展而来，它的本义是人对土壤、土地的耕耘、加工和改良。后来其含义不断扩大，主要有耕种、居住、练习、留意，也有教育和发展的意思。16、17世纪被转译成英文和法文的时候，原意是人类创造的物质文明，并逐步被引申为精神文明。19世纪末，经由日文的转译，英文的“Culture”被译为中文的“文化”。从词源学的角度看，中外历史上的“文化”一词都具有双重意蕴，孕育了抽象的“文化”概念。

19世纪中叶，西方兴起人类学、社会学、民族学等新的人文学科，“文化”作为重要的术语被广泛运用。根据有关统计，学者们对文化的定义已经有200余种，且差异较大。之所以存在如此多的不同界定，是由于不同学科领域的学者，出自不同的研究目的，存在研究范围的侧重和区别，使用不同的研究方法，有着不同的研究视角，从而对“文化”概念的界定产生了差异。

相关链接 搜索

泰勒对“文化”的定义

最早从现代人文科学的角度对“文化”的概念进行界定的是英国学者、人类学之父泰勒。他在1871年发表的《原始文化》中将“文化”一词定义为“是包括全部的知识、信仰、艺术、道德、法律、风俗以及作为社会成员的人所掌握和接受的任何其他的才能和习惯的复合体”。他把文化理解为一个精神文化的复合体。之后，中外学者纷纷从不同的角度对“文化”的概念进行定义。

——资料来源：泰勒著，连树生译．原始文化［M］．上海：上海文艺出版社，1992.

一般而言，“文化”的概念可分为广义和狭义两种，广义的文化是指：历史上人类所创造的所有社会财富的总和，包括物质文化和精神文化。狭义上的“文化”，主要是指历史上人们所创造的精神文化，包括哲学、历史、文学、艺术、宗教、科学、法律、制度等各种社会知识的总和。而考古学上的“文化”是指古人留下的一切遗物和遗迹。

（二）文明的概念

“文明”一词，在中国传统文献中的使用和“文化”的含义比较接近，如最早见于《易经》中的“见龙在田，天下文明”“天下有文章而光明也”这里的“文明”有“文采”的含义，和文化的含义类似。《尚书·舜典》中有“睿哲文明”的表述，《孔颖达疏》解为“经天纬地曰文，照临四方曰明”，用现代汉语可解释为经营和传播人类创造的文化成果。

在西方文化中“文明”和“文化”却是完全不同的两个概念。在英语中，“文化”（Culture）一词来自拉丁语“Cultura”，意思是耕作、培养，也有教育和发展的意思。而英语中的“文明”（Civilization）一词来源于拉丁语“Civis”（公民）、“Civilis”（公民）和“Civitas”（城市、有组织的社会），德语和法语中的“文明”同样来自上述拉丁语词源。18世纪中叶以后，随着近代自然科学的发展，“文明”作为一个科学研究的术语开始被广泛使用，“文明”也被赋予了多种含义。不过，在现代人类学、史学和考古学等研究领域，学者们都倾向于把“文明”一词和“野蛮”对比使用。例如，美国人类学者摩尔根在其著作《古代社会》中指出：“人类是从发展阶梯的底层开始迈步，通过经验知识的缓慢积累，才从蒙昧社会上升到文明社会的。”他进而把人类社会的发展划分为三个阶段：蒙昧社会、野蛮社会和文明社会，揭示出人类社会发展的基本规律。这里，“文明”被界定为人类社会发展的较高阶段。那么，文明阶段的标志是什么？我国著名考古学家夏鼐曾把都市、文字和青铜器的出现作为文明的“三要素”。美国学者克拉克洪认为文明的“三要素”是5000人以上的城市、文字和复杂的礼仪中心。而我国学者李绍连则认为，仅仅把城市、文字、金属器和宗教建筑等要素的出现作为文明的标识是片面的，“必须同时把家庭、私有制、阶级和国家政权作为文明的本质特征，也作为文明的标识”。从历史唯物主义的角度看，所谓文明，实质上是指在原始公社发展的基础上建立国家政权、进入阶级社会的历史进程。

（三）文明与文化的关系

文明与文化不是一个概念，两者之间有着紧密的联系，但又有区别。文明是标志着人类社会摆脱动物界的开化状态和进步程度的范畴。人类经过蒙昧、野蛮时代，才到达文明时代。所以说，文明是人类改造客观世界和主观世界的积极成果。文明和文化属于社会历史范畴，它们都是由人的实践活动派生的，可以把它们划分为物质文化和物质文明、精神文化和精神文明、制度文化和制度文明等。

文化的外延大于文明，文化蕴含文明。文明和文化的区别在于以下三个方面。第一，文明和文化在发生的先后顺序上，先有文化，后有文明。文化是相对于自然而言的，是人创造的，文化是与人类、人类社会同时产生的；文明是相对人类的蒙昧和野蛮而言的，它表明了人类的文化进步。第二，文明是文化的结果和表现。文化包括了人类活动的整个过程和活动方式、活动手段；文明主要是指人类活动的结果。第三，文明是文化的积极方面。文化是指人类所创造和积累的一切物质财富和精神财富的总和，其中既有积极的成果，也有消极的后果；文明一般专指人类活动的积极成果，由于文明代表了文化中的进步方面和客观方面，所以它更直接地成为社会进步的客观标志和客观尺度。

二、文化的构成要素与特征

（一）文化的构成要素

一般认为，文化的构成要素包括：器物体系、认知体系、符号体系、关系体系、规范体系。

1. 器物体系

器物即人类通过适应、利用和改造自然，而创造出来的一切物质产品和人工环境，具有物质的特征。由人类发明和创造出来的一切器物，如建筑、工具、武器、服饰、食品、种植物、养殖物等有形产品，以及道路、车站、机场、村庄、工厂、城市、市场、水库、公园等人工环境，既是有形的文化部分，也是“物化的精神文化”，都凝聚着人类的知识、能力、观念和需求，反映着人类的价值观念和认知程度。器物体系对于人类的生存、生产以及发展具有很重要的价值和作用。

2. 认知体系

认知是人类对自然界和人类社会的感知、思维信息进行处理的过程，包括从感觉的输入到复杂问题的求解等一系列的智能活动。认知体系是指通过所有智能活动来把握客体的整个系统，它主要指人们的心理感知、思维方式、价值取向、人文关怀、伦理道德、审美情趣等。认知体系是文化要素中最有活力的部分，是渗透于其他各文化要素中的灵魂。认知本系为人类主体提供了观察世界、了解社会、把握现实的方法和手段，并且提供了评价行为是非和事物好坏的标准与尺度。认知体系是人类一切创造活动的动力，没有它，人类便无法从自然界分化出来，它直接关系到人类认识和改造世界的意愿、能力，关系到选择什么样的生活目标和生活方式。人类创造的一切物质和非物质产品之中，都体现了创造者的认知程度和水平，认知体系中的思维方式和价值取向是核心。

3. 符号体系

符号是人类文化的最基本形式，是人类创造、传播和储存文化的基本手段和工具，人类通过符号创造、认识和继承文化。符号体系包括语言符号和非语言符号。作为文化的载体，符号体系最主要的特征是具有表意性。人类只有借助语言和符号才能交流，无论是通过表情、姿势、声音还是文字、图形，人类之间通过沟通才能够协调生产劳动和社会活动，通过人类互动创造文化。人类创造的一切文化内容，只有借助于符号或语言，才能反映、传播和传承下去。符号体系是人与人之间互动的基本途径，通过符号体系人们可以学习到以往的历史文化，也可以通过符号体系来创造新的文化。符号体系是不断发展的，在其发展过程中逐渐形成更加完整的体系。例如，随着数字化、多媒体技术时代的到来，其储存介质的作用和功能正在逐步扩大。

4. 关系体系

关系体系是人在社会的共同生活中结成的各种社会关系和社会组织的总和。人与人结成的相互关系，既是文化的一部分，又是创造各种文化要素的基础，其中，生产关系是各种社会关系的基础。实现社会关系的实体是社会组织，社会关系的确定和维系，需要氏族、家庭、经济组织、政治组织、军事组织、教育组织、娱乐组织、宗教组织等作为保障。

5. 规范体系

规范体系是指社会规范，是反映人们活动秩序和约束人们行为的准则，包括明文规定的法律、条款、规章、制度和约定俗成的风俗习惯。规范体系规定了人们活动的方向、方法和式样，使人们知道哪些事情可以做、哪些事情不可以做，应该怎样做、不应该怎样做；如果违反相关规范，还有一系列处罚机制。规范体系反映和调整着社会的个体与个体、个体与群体、群体与群体，以及全部的社会关系。规范体系是文化价值观念的外在表现，是人们在社会实践中为了满足其需要而建立的。认识规范体系的外显特征有助于人们了解社会组织的文化。

文化不仅表现为各种要素的组合，而且各要素之间也有内在的结构关系。一般说来，文化的诸多要素都不是孤立的，它们只有在其特定的文化结构中才可能发挥其应有的功能，从而实现其文明的价值。

（二）文化的特征

人们把那些可以作为文化特点的表征和标志，称为文化特征。概括来说，文化一般具有以下五个方面的特征。

1. 文化是人类的创造，是在人类进化过程中衍生出来或创造出来的

自然存在物不是文化，只有经过人的加工修饰、利用改造，才是文化。自然界本身并不是文化，只是文化赖以产生的基石。没有人类的活动，没有人类应对挑战的能动性，自然界是绝不能单独创造出文化来的。例如，水不是文化，水的引流是文化，水下潜泳是文化，水面捕鱼是文化，水中筑坝是文化。

2. 文化是人后天习得的，通过一定的载体文化可以传播

文化是人经过学习得到的知识和经验，不是与生俱来的人的遗传本能，而是后天学习得到的，先天性的行为方式不属于文化范畴。文化是建立在符号体系之上的，经过传

授和学习能够继承文化。文化传播包括纵向传承和横向传播，文化从古传到今，从以前传到现在，从过去传到将来，即为纵向传播；文化从一个人传到另一个人，从一个群体传到另一个群体，从一个国家传到另一个国家，即为横向传播。

3. 文化是由各种元素组成的复杂体系，是建立在可传递象征符号之上的

这个体系中的各部分在功能上互相依存，在结构上互相联结，共同发挥社会整合和社会导向的功能。文化可以分解成不同的要素，一般来说，文化的诸多要素不是孤立的，是难以分割和移植的，它们只有在特定的文化结构中才可能发挥其应有的功能，从而实现其文明的价值。犹如一棵大树，树根、树枝、树叶，谁也离不开谁。文化是人类共同创造的社会性产物，是社会性、群体性的遵循和体现。共同接受和遵循的倾向被称为特定社会的“文化模式”。

4. 文化是一个连续不断的动态过程，具有不断变迁的特性

文化既是一定社会、一定时代的产物，是一份社会遗产，又是一个连续不断的积累过程。人都出生在一定的文化环境之中，并且自然地从上一代人那里继承了传统文化。同时，每一代人都根据自己的经验和需要对传统文化加以改造，在传统文化中注入新的内容，抛弃那些过时的、不合时宜的部分。

5. 文化具有民族性和特定的阶段性

自从民族形成以后，文化往往是以民族的形式出现的。不同民族在不同的生活环境中逐渐形成各具风格的生产方式与生活方式，培育了各种不同的文化类型；同一民族又因生活环境的变迁和文化自身的运动规律，在不同历史阶段，其文化呈现出不同的形态。前者是文化的民族性，即地域性；后者是文化的时代性，即阶段性。文化的民族特征和时代特征是各民族在所处的自然、经济、政治、社会环境的过程中逐渐形成、发展起来的。一个民族使用共同的语言，遵守共同的风俗习惯，养成共同的心理素质和性格，即民族文化的表现。在分裂为阶级的社会中，由于各阶级所处的物质生活条件不同，社会地位不同，因而它们的价值观、信仰、习惯和生活方式也不同，出现了各阶级之间的文化差异。

三、文化的类型与结构

人类历史文化的类型是五花八门的，结构是千姿百态的。认识中国历史文化的类型，有助于我们更好地学习和了解中国历史文化遗产。为此，我们要经过选择和比较，区分出那些被确定为具有关联功能的不同历史文化结构，再从不同的结构和视角对文化的形态和功能进行划分，这就是历史文化的分类。根据不同的标准，人们把中国历史文化划分为许多不同的类型。学者们一般是按照要素结构、时空、社会群体形态来对中国历史文化进行分类的。

（一）按要素结构分类

中国历史文化的要素结构形式复杂，存在着数种不同的划分方法。两分法有广义文化和狭义文化，物质文化和精神文化，表层文化和核心文化，显性文化和隐性文化，制度文化和非制度文化等多种；三分法则把中国历史文化划分为器物文化、行为文化、心态文化；四分法把中国历史文化划分为物质文化、精神文化、制度文化和行为文化；五分法把中国历史文化划分为器物文化、认知文化、符号文化、规范文化和关系文化。

物质文化与精神文化是文化学者经常使用的分类方法，因此，下面我们重点了解一下中国历史文化的这两种类型。物质文化又称物态文化，是以物化形态存在的文化。它是由人类作用于自然而创制出来的各类器物，是人的物质生产活动方式和产品的总和。物质文化既是实体文化，也是“物化的精神文化”，因为物质文化中包含着人类的精神力量。物质文化构成整个文化创造的基础，没有物质文化，也就谈不上精神文化。中国历史文化中的物质文化包括工具文化、工艺文化、饮食文化、服饰文化、居住文化、交通往来文化、日用器物文化等。

精神文化既是在人类一切社会实践和意识活动中产生的精神产品，又是人类特有的创造物质财富的精神力量。中国历史文化中的精神文化包括我国历史上人们在社会实践和意识活动中长期孕育出来的哲学学说、科学技术、价值观念、艺术审美、思维方式、宗教信仰、伦理道德、心理活动及一切意识形态等主体因素构成的精神领域的成果。一个时代的精神文化不仅集中体现在该时代的思想理论体系中，而且广泛地体现在各种社会风尚之中。

（二）按时空分类

按照时空分类，中国历史文化存在两种不同的划分方法：

1. 按时间分类

按时间分类表现了文化的历经时态，反映的是立体纵向的发展过程，可称之为文化层的积累划分。按照文化发展阶段分类，可划分为中国历史文化的起源、奠基、演进、鼎盛、衰落、转型等。按照不同社会形态的文化分类，可划分为中国原始社会的历史文化、中国奴隶社会的历史文化、中国封建社会的历史文化和中国半殖民地半封建社会的历史文化、中国社会主义社会的文化等。

2. 按空间分类

空间分类表现了文化的特征在文化圈范围的分布状态，反映的是平面横向的差异，可称之为文化特征的划分。按照文化圈的核心与周边的特征分类，可划分为中国中原地域文化、中国周边地域文化；按照文化圈内部的不同地域特征分类，可划分为齐鲁文化、燕赵文化、关中文化、荆楚文化、巴蜀文化、吴越文化，或者中国大陆文化、台湾文化、港澳文化，或者北京文化、上海文化、广州文化等。

（三）按社会群体形态分类

中国历史文化的社会群体形态分类，即按照社会群体和组织属于不同种族、民族或群体的文化特征进行的分类。按照中国社会的阶层分类，可划分为中国上层的历史文化、中国中层的历史文化和中国下层的历史文化。按照中国社会的主体地位分类，可划分为中国宫廷官僚文化、中国民间文化；还可以划分为精英文化与大众文化、雅文化与俗文化。按照中国的民族成分分类，可划分为中国汉民族的历史文化、中国少数民族的历史文化。少数民族的历史文化又可细分为藏族的历史文化、壮族的历史文化、回族的历史文化、满族的历史文化、蒙古族的历史文化等。按照文化在中国历史上的主次地位分类，可划分为主流文化、非主流文化等。

中国历史文化多姿多彩的结构特征决定了它的分类意义。中国历史文化本身所包含的复杂结构又决定了不可能只有一个区分类型的标准和模式。进行分类的目的在于认识中国历史文化中的某些核心特征，以及认识某些核心特征在中国历史文化这个共同体中的地位、影响和作用。

四、中国文化与民族文化

（一）中国文化

1. “中国”一词的由来与发展

“中国”一词最早出现在商末周初的青铜器铭文上。1963 年，陕西省宝鸡市贾村出土的青铜器何尊铭文中有：“惟武王既克大邑商，则廷告于天曰：余其宅兹中国，自之辟民。”另外，《尚书·梓材》曰：“皇天既付中国民，越厥疆土，于先王肆，王惟德用。”由此我们可以推断，“中国”一词出现于周初武王时期，因为虽然何尊为成王时的青铜器，但是，由于追述武王祭告于天而言及中国。《尚书·梓材》虽然也为成王时所作，但由于追述皇天付与武王人民和疆土而言及中国，故“中国”这一名称起始于武王时期，是可以肯定的。

“天圆地方，国在中央。”“中国”一词最早的含义是地理位置，是指天子的直接管辖范围。周灭商之后，“中国”也指以丰镐、雒邑为中心的黄河中下游地区的诸侯国，逐步有了“中原”“中华”的含义。严格地说，我国古文献中的“中国”不是一个专有名词，而是作为一个代词，指代历史上中国的某个地理位置，是历史上中国的地理中心部分。古代中国的中心部分是明确的，而边界却是模糊的。所以，古文献中的“中国”不等于今天中国的范畴。

从秦统一到清代的两千多年的封建时代，“中国”、“中华”基本上都是中华民族中央王朝和政权的通称，“中国”“中华”“华夏”基本上相互通用的。同时“中国”一词又与民族意义相关。西晋亡国之后，东晋和南朝都以中国自居，而建立北方政权的“五胡”也认为自己占据了“中国”的地盘，当然就成为“中国”。“中国”之争，在隋朝统一之后才告终，南、北都被承认为“中国”。元末朱元璋起义时提出过：“驱逐胡虏，恢复中华。”清末孙中山在制定的同盟会革命纲领中也曾提出过：“驱逐鞑虏，恢复中华。”

由于各个封建朝代和政权都有自己的国号，所以，“中国”的概念似乎一直又是比较模糊的，到西方殖民势力向东方扩张时，中国作为主权国家的概念才真正明确。1689年中俄签订《尼布楚条约》时，康熙派索额图以“中国大圣皇帝钦差分界大臣、议政大臣、钦侍卫内大臣”的身份，作为清政府谈判的代表，与沙皇俄国政府派遣的谈判代表戈洛文签订了平等条约，这是在国际文书上第一次将“中国”作为国家名称。1912年孙中山建立了中华民国，使用以“中国”为国名的正式简称。1949年，中华人民共和国成立，沿用“中国”简称。

2. 中国文化

中国文化是指自古至今在中国疆域内由诸民族共同创造的物质财富和精神财富的总和，又称作中华文化。中国文化（中华文化）是以国别来区分的文化。中国文化作为一种国别文化，具有同一性和多维性。一方面，“中国”“中华”是中国境内各民族的共同称号，中华民族是由国内诸多民族经过几千年的发展而融合为一个整体的民族，形成了这样一种统一的共同体文化——中国文化（中华文化）；另一方面，中国是一个多民族的国家，每一个民族又都有不同于其他民族的文化，所以，中国文化又具有多维性。

（二）民族文化

“民族”一词的含义有二：其一，广义的“民族”是指处于不同社会发展阶段的各种人群的共同体，如古代民族、现代“民族”，有的学者甚至在习惯上把“民族”一词，用来指一个国家或一个地区的各民族，如中华民族；其二，狭义的“民族”是指人们“在一定的历史发展阶段形成的具有共同语言、共同地域、共同经济生活以及表现于共同民族文化特点上的共同心理素质稳定的共同体”（斯大林语）。

中华民族的形成经历了一个长期的历史发展过程，并创造了源远流长的中华文化。170 万年前，我国云南省元谋县已有古人类在活动；距今 5000 年前，我国的先民已遍布祖国各地，他们创造出了以丰富多彩的陶器为代表的新石器文化；华夏族在夏、商、周三代，创造了辉煌的青铜文化和甲骨文、金文，后来以华夏族为主体形成的汉族又发明了指南针、造纸术、印刷术和火药等；约在商周和秦汉时期，巴人、蜀人、楚人、吴人、越人、骆越人、滇人、匈奴人、东胡人等，都相继创造了自己的青铜文化，有的民族还创造了本民族的文字如藏文、突厥文、回鹘文、契丹文、西夏文、女真文、蒙古文、彝文、傣文、满文等。在此基础上，形成了现在我国 56 个民族的中华民族大家庭。不同的民族所创造的各具特色的文化，我们称之为民族文化。民族文化既包括各个民族创造的具有地域特色的民族文化，也包括以汉族为主体，与各少数民族共同创造的中华民族文化。

几千年的文明史说明，中国的统一是由各民族共同完成的，在共同创造光辉灿烂的中华文化的进程中，各民族都建立了不可磨灭的功绩。汉文化作为中华文化的主体文化，也吸收了许多少数民族的文化。每一个少数民族都有自己独特的文化，每一个少数民族的文化也有自己的历史，这对于中华民族文化的形成和发展也是不可缺少的。

五、历史文化与传统文化

（一）历史文化

“历史”的概念有广义和狭义之分。广义的历史，指一切事物过去运动发展的客观过程；狭义的历史，仅指人类社会以往的运动发展过程，即人类社会的历史。“文化”具有历史性，即文化的纵向性，因为一切文化事项均有历史背景，所有的文化都由历史积淀而成。每一个时代都有不同于其他时代特定的物质生产方式、特定的人与自然的关系、特定的人与人的关系、特定的意识形态。所以，其文化必然存在特定性，即文化的时代性或称历史性。

“历史文化”与“文化历史”这两个词的使用有不同的含义：历史文化是指人类社会以往的文化存在；文化历史是指文化特质发展变化的历程。

中国历史文化是指中国历史上的文化存在，是与中国当代文化相对而言的，它是对中国文化古今不同时代的一种划分。中国历史文化可以划分为中国古代文化、中国近代文化、中国现代文化。

（二）传统文化

有人把“中国历史文化”当作“中国传统文化”，在概念上，这是不准确的。不能简单地在中国历史文化与中国传统文化之间画等号。中国传统文化是针对中国文化的传承而言的，它强调的是中国文化的渊源和传承下来的客观存在的文化遗产。中国传统文化相对于各民族而言，指从历史上传承下来的民族文化；相对于外来文化而言，指母文化或本土文化；相对于现代文化而言，指历史上流传的文化。传统文化经过了漫长历史的积淀，凝聚着历史的综合。文化只有积淀为传统，才是稳定形态，否则文化无法存在。被传承下来的积淀化的中国历史文化，只要没有消失，或者基本上没有被改造，不论从今人的角度看是精华还是糟粕，都构成了中国传统文化的组成部分。中国历史文化中部分失传的内容，例如，西周《周礼》中的许多规矩、制度，变成消亡的历史文化遗迹，就不能再称为中国传统文化。一个民族的历史文化发展过程是一个不断扬弃的过程，适应时代需求的将得到进一步地发扬光大。那些被抛弃的历史文化存在也将不能再称为传统文化。

（三）文化传统

文化传统与传统文化是两个既互相联系又互相区别的概念。中国文化传统是指贯穿于中国历史各阶段文化中有一定稳定性和延续性的文化精神，是被中华民族总体所承袭下来的意识形态中的核心内容，诸如精神、心态、道德、观念、理论、思维方式、行为方式、抒情方式、价值观念等，它是中国人几千年传承至今的最主要的心理习惯、思维定式、意识形态。中国文化传统有稳定性和延续性，无论从理论上或从事实上看，文化传统不如传统文化广泛，文化传统是传统文化的核心，文化传统贯穿于传统文化之中。中国文化传统作用于中华民族的灵魂、思想和行为。尽管中国文化传统在上层文化、中层文化、下层文化中表现形式不一，但其精髓是一致的，共同起作用的，中国文化传统是中华民族内聚力的源泉。

中国文化传统不是一成不变的，但它能不断地吸收各种不同的文化和外来的文化，建构新的文化传统。有些文化传统的渊源并非全都来自本民族的古代历史，而是来自外部的异质文化。如果这些异质文化与中国文化接轨，被中国人广泛接受了，就可以被融入中国文化传统，实现其中国化。例如，佛教被融入中国以后，便成了中国古代文化传统的一部分；马克思主义产生于欧洲，但是，中国共产党人把马克思主义中国化之后，它也成了中国现代文化传统的一部分。

文化传统对当代社会而言，既有积极作用，也有消极影响。发挥积极作用的是精华，产生消极影响的是糟粕。我们对待文化传统的态度是“取其精华，去其糟粕”。挖掘文化传统精华的本身就是对文化糟粕的扬弃，对那些消极的因素，我们要坚决剔除。如果因为文化传统中有糟粕就否定自己的文化传统，这也是错误的。正确的态度是继承传统，超越传统，科学地扬弃，并积极地创造代表前进方向的先进的优秀文化。

第二节 中国历史文化产生和发展的背景

一、中国历史文化产生的地理环境

地理环境又称自然环境，是指为人类生产生活提供的物质基础和生存空间的自然地理系统。人类生存不能脱离地理环境的空间，自然环境给人类文化创造活动提供了特定的舞台。它是人类文化产生的基石，是人类历史发生、发展的前提之一。

（一）地理环境状况

中国的先民自古生活在欧亚大陆东部。进入文明时代后很快就形成了一个幅员辽阔的泱泱大国。1949 年中华人民共和国成立时，中国领土面积约 960 万平方千米，是世界上为数不多的几个巨型国家之一。中国大陆海岸线长约 1.8 万千米，还拥有辽阔的领海，在所属的海域内分布着数千个大大小小的岛屿。

从中华大地的整体地势来看，西高东低，呈阶梯状分布，高原、山地和丘陵约占总土地面积的 2/3，盆地和平原约占总土地面积的 1/3。第一阶梯，是平均海拔 4000 米以上的青藏高原。第二阶梯，是高原、山脉和盆地的相间分布，主要有内蒙古高原、黄土高原、云贵高原及塔里木盆地、准噶尔盆地、柴达木盆地、四川盆地等。第三阶梯，就是丘陵和平原，主要的平原有东北平原、华北平原、长江中下游平原等。西高东低的地势，致使大多河流都由西向东流入大海。主要河流有黑龙江、海河、黄河、淮河、长江、珠江等。中国大陆东部，就是浩瀚的太平洋，在航海技术不发达的古代社会，海洋阻断了中国大陆和其他大洲之间的联系，这样的地理环境决定了中国文化是一种大陆文化。

从气候条件来看，受纬度、经度、地形等多种因素影响，中国各地的热量、水分、光照、风向条件有很大差异，从而产生了多种多样的气候类型。东西部地区的气候明显不同，东部地区受海洋影响，属季风气候；西部地区则具有典型的大陆性气候特点。中国大部分区域属温带，其次为亚热带。气温由南往北递减，降水量由东南往西北递减，形成了中国经济布局中的水田农业与旱田农业、农业与畜牧业的明显分野。由于温带的气候条件适中，提供了较好的生产和生活条件，从而成为中华文化的发祥地。

从周边地形来看，中华大地东西南北均有天然的屏障。西南有青藏高原和横断山脉，西北有帕米尔高原，北面有茫茫的戈壁，东面是浩瀚的海洋。中国这种特殊的地理自然环境，对于远古中华人类的生存和发展，具有由四周向“中原”内部推进的无形的“内聚力”，推动着各民族的文化融合、认同、同化，成为“大一统”历史文化的地理基础。

（二）地理环境对中国历史文化的影响

1. 独立发展，自成一体

中国独特的大陆海岸型半封闭式的自然环境，有着中国地理环境的大陆整体性特点，决定了中国文化自成体系、独立发展的道路，形成了中国历史文化的“大一统”性，并影响和制约着其独特的文化形态和文明方向。中国文化的产生条件不同于世界上任何其他的文明古国，所以，中国历史文化有着一种数千年来以自我为中心的独特性，文化基本上是本土独自酝酿产生和发展的。

2. 丰富多元，地域文化发展不平衡

中国地域辽阔，境内地理环境复杂，人们生存的空间因环境不同而呈现出多样化，客观上存在众多地理条件相对独立的区域，黄土高原、河西走廊、西北内陆、四川盆地、青藏高原、云贵高原、黄淮海平原、山东丘陵、东北平原与山地、内蒙古高原、长江中下游平原、东南低山丘陵、岭南地区等区域，使文化呈现出丰富的多元状态，以及出现地域文化发展的不平衡性。“一方水土养一方人”，中国的自然环境很容易在一些地理条件相对较好的区域，形成若干经济、政治中心。春秋战国时期，各具特色的区域文化已初步形成，如齐鲁文化、燕赵文化、关中文化、荆楚文化、巴蜀文化、吴越文化等。

3. 历经五千年，连绵延续不绝

辽阔的疆域为中华文化发展和中国文化中心的转移提供了纵深腹地。较大的生存空

间与中国数千年悠久的历史文化连绵延续从未中断有着极大的关联。中华文化虽然起源于黄河流域，但是文化中心的变迁有着极大的回旋舞台。受到异族侵袭后，政治中心可以游刃有余地移动，使中国境内先后形成了8大古都。随着政治中心的变动、生产力的发展以及经济区域的拓展，中华大地的经济中心也曾有逐步南移的轨迹。

4. 中国历史文化的封闭性

中国特定的周边地理环境，使之形成了与外部世界相对隔绝的处境，不是高山，就是沙漠，再就是浩瀚的大海，使中国古代农业民族无法突破这种交通限制，对外文化交往受到了地理条件的阻抑。在这种自然环境里独立产生、发展起来的中国历史文化很自然地带有自身的独立性和封闭性。这与中国特定的周边地理环境的影响有着不可低估的关系。

二、中国历史文化产生的经济背景

历史文化的经济背景是指人类加工改造自然、创造物质财富所形成的一套生产条件，包括工具、技术、生产方式等。它是人与自然发生直接关系的产物，对中国历史文化有着巨大影响。“仓廪实则知礼节，衣食足则知荣辱”，就是经济生活状况影响观念形态文化的直白表达。在对中国历史文化的经济背景进行考察时，需要了解自然地理条件为中国历史文化提供了怎样的经济条件，中国历史上的先人创造了什么样的物质生产方式，面对着什么样的经济土壤，这种经济土壤又对中国历史文化产生了哪些影响和作用。

（一）中国古代社会的经济状况

中国历史文化在一定的经济土壤中生长、发展，其经济环境基础主要是农耕自然经济。农耕自然经济是利用植物生长来收获物质资料的生产性经济。黄河流域和长江流域的广大平原地带，有发达的水利条件，有肥沃的土地和适宜的气候，具备得天独厚的农业发展条件。此外，还有畜牧业、渔业等，构成了对农耕经济的补充。

中国的农业生产有着悠久的历史。仰韶文化时期，农耕已经出现，在半坡村遗址的考古发掘中，发现了各种石器、骨器和陶器制作的农具，以及粟、稻等谷物，还有去谷皮的石磨盘和石磨棒。到龙山文化时期，出土的农具更多。夏、商、西周时期，铜器石器并用成为农具，种植业达到新的水平。春秋战国时期，出于铁质农具的推广与使用，粮食产量增加，农业已经成为人们食物的基本来源。自秦朝以后，发展农业成为封建国家的基本国策，历朝历代统治者都很重视农业生产，封建帝王一般都要参加祈雨仪式，并颁令劝农。农耕区包括黄河流域、长江流域、珠江流域、云贵高原及长城内外。农业发展早，而且在整个经济结构中占的比重最大，是中国历史文化经济条件的特点之一。

中国经济环境的基础虽然主要是农耕经济，但是，从整体经济类型结构的角度看，实际上中国古代长期存在着农耕和游牧两种经济类型的对垒。

农耕文化与游牧文化都是人类共同的文化，游牧民族是游牧文化的创造者。他们对牲畜的饲养、驯化及利用有着自己的独特贡献和创造。由于他们经常迁徙，始终保持着与异质文化的交往，通过互市、和亲、战争等形式，客观上起到了沟通不同文化的积极作用。正是这种互相融通和互相影响才造就了今天中华民族的共同文化。可以说，中华文化是农耕者与游牧者共同创造的。

就中国历史文化的经济重心而言，黄河流域是中华民族的摇篮，起初是北方经济领先于南方。后来，由于北方人口的不断大量南迁，既增加了南方的劳动力，又带去了北方先进的生产工具和生产技术，促使中国的经济重心逐步南移，南方经济因而逐步赶上甚至远远超过了北方。到宋代时，已是“国家根本仰给东南”。元、明、清三朝都始终保持了南重于北的经济形势。

农耕经济是中国的立国之本，农业的发展也带动了手工业和商业的发展。由于工商经济在整体的社会生活中所占的比重较少，以农耕为主的经济特征给中国历史文化留下了深刻的烙印，所以，人们常常将中国历史文化定位为以农耕经济为主体的文化。

（二）农业经济对中国历史文化的影响

1. 为了保护高度发展的农耕文明，修筑了万里长城

在农耕经济与游牧经济的对垒中，农耕区在军事上处于被动的防守状态。于是在统治阶级的组织下，农耕区开始修筑长城，以防游牧者的进攻，保护农耕文明。从春秋战国到明代的两千多年中，历代统治者耗费了巨大的财力、物力和人力一直在修筑长城。明朝统治者所修长城的走向，与400毫米年降水分界线基本吻合。中国在农耕区与游牧区分界线上修筑万里长城，是历史上以农耕经济为基础的封建王朝为保证税赋来源而采取的一种保护农耕经济的重大措施，使农耕经济免受游牧经济的破坏。长城保存到今天，成了世界人类文明史上的一大奇迹。

2. 催生了集权政治体制和“重农”“民本主义”的文化传统

中国是农业大国，绝大多数人口是农民。要稳固千百万分散的自给自足的个体农民的生产活动，要保持农业社会的平稳运行，需要一个绝对的权威，把管理国家所有方面的一切权力集中起来使用。大型水利工程兴修需要各地众多人员的协作，需要依靠强有

力的国家政权来组织社会化的生产职能，农业生产方式在不断地强化国家政权，于是专制主义集权统治的思想和政治体制就应运而生了。大一统的君主专制主义集权政体以及专制主义思想，构成了中国历史上政治文化的一大特点。这种政治文化完全影响了中国历史文化的诸多方面，特别是支配了中国的政教礼俗。

另外，中国农业经济文化还孕育出一种“重农”“重民”的政治思想。农业生产依靠农民来进行，农民的生产很容易被天灾人祸所摧毁。所以，只有农民有了太平安稳的生产环境，才能保持农业社会的稳定，统治者的天下才能得以安宁。广大农民是封建政府贡税和地租的承担者，是无偿劳役的来源，还养活着大批的官员和军队。因此，“重农”、“重民”和“民本主义”思想，成了中国文化传统的一个重要内容。孟子曾提出：“民为贵，社稷次之，君为轻。”荀子提出：“王者富民。”唐太宗也认识到“水能载舟，亦能覆舟”。历史上中国知识分子“民为邦本”、“忧民”的意识，就是“民本主义”文化传统的一种体现。从战国时期李悝“尽地力”的变法主张，到商鞅“重农抑商”的政策，再到汉代“崇本抑末”的观念被普遍接受。此后“农本商末”就成为中国历代统治者的基本国策。“重农”不仅是历代统治阶级的政策需要，而且是中国农业社会的一种普遍社会心理。

3. 形成了注重现实和注重经验理性的务实精神

中国素来“以农立国”，文化的许多特征都根植于农耕经济。农耕生产的收获量与劳动者的经验技术、勤劳程度有密切的关系。俗话说，“一分耕耘，一分收获”，所以，农业经济使人们注重现实，勤劳务实。田间耕作虽然属于简单劳动，但劳动包含的农业生产技术和经验对生产者来说，是极为重要、极为权威的。譬如，二十四节气文化、历代农书记载下来的农耕经验和技术发明，都是在生产实践中总结出来的，是中华民族智慧的结晶，是农耕经济文化的丰硕成果。农耕经验不仅包含生产方法、操作步骤，而且包括官方的生产管理等举措。官方的农政思想核心，是体现农业收成的“政绩”观和反映为官一方劝勉农事的“勤农”观，因此“大人不华，君子务实”，正是这种农耕民族整体性格的写照。“重实际而黜玄想”，使中国人发展了经验理性，不太关注玄想。在宗教问题上没有陷入迷狂的误区。总之，中华民族的务实精神，是由中国农耕生活中产生出的经验理性所决定的，是农耕民族的一种群体趋向。

4. 固化了循环思维和养成了“安土重迁”的观念

在自给自足的自然经济环境中，由于农业生产的播种、生长到收获以及一年四季周而复始，使人们不可避免地产生了循环感。在封闭的环境中，循环往复地劳作使人们少有创新之心，多有安逸之意。人们满足于维持简单再生产，养成了因循守旧、安于现状的心理，形成一种循环往复和“故土难移”的文化心态，造成社会运行缓慢迟滞。这种思维方式通过中国历史上政权更迭交替的周期律，更进一步得到了强化。“金、木、土、水、火”相生相克的阴阳五行公式，便是循环论自然观和社会观的哲学依据。

历代政权以农业为统治基础，将农民束缚在土地上，起居有定，耕作有时，这种生产方式的特点养成了广大农民“安土重迁”的特性。艰苦的生活压制了人们享受的欲望，“日求三餐，夜求一宿”，清心寡欲给人带来的是知足常乐。“耕读传家”“安土重迁”的生活情趣直接来自农业经济环境，追求向往安宁和平的社会环境和统治秩序，鄙视穷兵黩武，是上至古圣先贤下至庶民百姓的共同理想和期盼。万里长城作为世界上最大的防御工事，也是中华民族期盼安宁、爱好和平的最实在的证明。

5. 导致了崇尚中庸和注重自然节奏的处世心态

中国的农业生产者希望的是风调雨顺，害怕的是天灾人祸。想要过平稳的日子，不愿大起大落，所以，他们崇尚中庸，少走极端，这是农业型自然经济造成的社会群体心态。中庸成为人们为人处世的一个重要原则，当然还与政治家和思想家的提倡有关。在政治上，中庸之道是一种调节社会矛盾的手段，“舜执其两端而用其中于民”。显然，中庸是为巩固统治而存在的，具有极其明显的社会功利性。孔子指出：“中庸之为德也，其至矣乎！民鲜久矣。”他认为，中庸之道应该是最高的道德境界，并不同于一般意义上的修身养性律条。

主张调和与平衡的中庸精神也是一种顺从自然常规节律的精神。由于各项农事的季节性很强，农耕生产必须要遵时守节，顺从自然常规的节律，日出而作，日落而息，成为人们处世的心态。

三、中国历史文化的政治背景

（一）中国历史上的政治传统

中国地域辽阔，社会发展极不平衡。在两千多年的历史发展进程中，虽然在边疆或少数民族地区，存在过社会形态上的原始氏族公社制、奴隶制、封建农奴制等，存在过政权形式上的土司制度、头人制度、盟旗制度、“勃极烈”制、猛安谋克制、八旗制度、金瓶掣签制以及原始民主制度等。但是，中国大部分地区是处于封建社会形态，实行的是以宗法制度为基础的封建专制主义的中央集权制度。尽管中国政治制度在不同历史阶段发生着诸多的演变，但是，封建专制主义的中央集权制度与宗法制度的遗存互为表里，形成了一种“家国同构”的稳定的专制社会系统。

中国历史上最早的君主制度，出现于夏、商奴隶主君主专制国家。夏王和商王是国家政权的最高代表，他们集行政、军事、司法和宗教大权于一身，在全国实行着专制独裁统治，在其管理范围内，“莫敢不来享，莫敢不来王”。从战国开始，封建君主专制逐步建立，到公元前221年，秦始皇建立起了第一个统一的、多民族的封建主义君主专制国家。与欧洲的专制君主制相比，它形成的时间比较早，中国在封建社会的前期就已形成了这种国家政权组织形式，而欧洲是到封建社会后期才形成专制君主制的。秦始皇创立的这套制度为此后两千多年的封建君主专制制度奠定了基础，正如近代著名的思想家谭嗣同所说：“两千年来之政，秦政也。”从秦始皇到清末，中央和地方的一切官吏都由皇帝任免，所有官吏必须按照皇帝的意志办事。皇帝集行政、立法、司法、军事等各项指挥大权于一身，皇权至高无上，压倒一切。在漫长的两千多年里，中国封建国家的中央集权专制制度不断得到强化，明清时期达到了登峰造极的地步，中央集权发展到极致，已经从制度上取消了对皇权构成威胁的任何因素。

中国古代社会过早出现并长期存在的封建君主专制这种政权组织形式，主要是适应了封建社会政治和经济的需要。在政治上，一方面，中国的君主专制与宗法制存在着血肉相依的密切联系；另一方面，促进了统一的多民族国家的形成，因此有它特定的时代合理性；在经济上，中国社会自给自足的农业与手工业结合的自然经济为封建君主专制奠定了深厚稳固的经济基础，中央集权专制制度与农耕型自然经济相适应，深刻影响着中国历史文化的外在风貌和内在品格。

（二）中国古代政治传统对历史文化的影响

1. 积极影响

在客观上，封建专制主义中央集权有助于全国各民族的社会经济、科学文化在更大范围的交流，有助于全国各民族的社会制度的融合、同化，有助于多民族国家的大一统局面的巩固。另外，能够集中全国财力和人力，兴修水利，抵御自然灾害，这是封建专制主义中央集权对社会经济发展所能发挥的积极作用。

2. 消极影响

以中央集权专制制度为主要内容的政治体制，也对中国历史文化构成了一定的消极影响。

（1）**专制的政治环境延缓了封建社会中后期的文化发展速度**。各个封建专制王朝凭借着强大的国家机器，经常以沉重的赋税和繁多的徭役来盘剥农民，肆意掠夺农民的小块土地；还采取强有力的抑商政策，从社会地位上压制工商业者，从税收上课以重税，垄断部分商品的经营，从而破坏了商品生产、商品交换和价值规律，遏制了新经济因素的成长，限制和阻碍了资本主义萌芽的发展，延缓了社会发展速度，这对文化发展造成了很大的消极影响。

（2）**专制的政治环境压制了文化功能的发挥**。在这种专制的政治环境里，民族命运，国家安危，完全系于君主的主观意志，皇帝拥有绝对权威。在这种专制的政治环境里，政府奉行的是“罢黜百家，独尊儒术”的文化专制政策，文化活动都带有政治功利目的，文化学术缺乏独立价值，文化人的学问和知识只有通过仕途实践才能得以证明。政治功能被无限放大，政治操纵着文化，政权干预了学术，科学难成气候。

（3）**专制的政治环境促成了特定的病态社会文化心理和性格**。在这种专制的政治环境里，人民根本没有思想自由，也根本不允许有独立的人格，人民只能是被压制和奴役的对象，官吏只能是君主驱使的工具。专制统治者通过“焚书坑儒”“文字狱”等手段，对一切不符合君主专制统治的思想、言论进行扼杀。所以，千百年来自然而然地形成了“民畏官，臣畏君”的社会心理，养成了一种社会普遍存在的“唯上”的被动性格，习惯把一切成就和政绩归于皇上，把一切失误和过错统统归咎于下级或百姓。正是由于上述政治环境的缘故，导致了君主专断、官吏阿谀、智者言塞、民智困厄的结果。

四、中国历史文化的社会环境

（一）中国传统社会结构

中国传统社会结构独具东方色彩。它的最大特点，就是以血缘为纽带的宗法制与君主专制相结合的社会伦理关系体系在古代社会中发挥着极其重要的作用。从一定意义上讲，中国社会是一个以血缘组织为基础的宗法社会。

1. 宗法和宗法关系

宗法是指有共同的血缘系统、尊崇共同祖先的人们，为了维持其亲属间的一定关系，而在宗族内区分尊卑长幼，并规定继承秩序以及宗族成员各自权利和义务的法则。对先祖、长辈崇拜和服从是原始社会人们的一种自然习俗，这是宗法形成的基础。中国社会由氏族社会向国家社会的转变中，氏族关系没有彻底解体，氏族公社首领直接转变为统治者之后，血缘关系的纽带被保留下来。父权社会首领发展成为国家主宰，自然就把对血缘宗族的控制方法继续运用到了社会中来，国家以家为本，将对宗族管理的方法应用于对国家的控制。所以，中国社会进入文明时代后，“家天下”是对长期存在的古代社会环境的真实描绘。

宗法关系是以血缘的“嫡庶”关系来区别同宗后代的尊卑关系，而祭祀有助于维系宗族的团结，有利于稳定宗族内部的尊卑秩序，于是，为了“尊祖敬宗”，逐步建立了庄严隆重的宗庙祭祀制度。按照宗法关系的规定，祭祀是大宗的特权，“大宗者，尊之统也”。周代严格的宗庙祭祀制度，对于维系以家庭为中心的宗法制度和巩固政权，发挥过显著作用。这一传统为后代王朝所承袭，将祖庙与社稷并重，共同作为国家权力的象征。

2. 宗法制度和分封制

宗法制度是西周时期确立的以嫡长子继承制为基本特点的权力分配制度，它最直接的根源就是原始社会末期的父系家长制。父系嫡长子继承制是宗法制度的核心：周王为天下大宗，嫡长子是王位继承者，庶子为小宗，封为诸侯；诸侯又成为其本支的大宗，其嫡长子为诸侯的继承者，其庶子为小宗，封为卿大夫；卿大夫为其本支大宗，其嫡长子为卿大夫的继承者，其庶子为小宗，封为士；士以下不再分封。

与宗法制度密切相关的是分封制，周王的嫡长子继承王位也就意味着继承了天下的土地、人口和财富。周王把土地分封给诸侯，诸侯把封内的土地分封给卿大夫，卿大夫又以同样的方式把封内的土地分封给“士”，“士”直接统治庶民。宗法制度与分封制的结合，宗权与政权紧密结合，相互渗透，形成了嫡长子世袭制和社会阶层的“宝塔结构”。

宗法权为国家政权提供了维系统治的核心纽带，国家政权也在不断地利用和依赖着宗法制度，它们相辅相成，使国君拥有了对国家的绝对权威。虽然后来西周的宗法制度瓦解了，但是宗法制度的影响却长期存在于中国古代社会之中，成为中国古代社会赖以保持等级制度的重要思想支柱。

（二）宗法制度对中国历史文化的影响

1. “家国同构”

宗法观念和宗法制度对中国历史文化产生了很深的影响。“家国同构”是宗法社会最鲜明的结构特征。族权、政权的沿袭和强烈的血缘观念，使统治者对祖宗和长辈产生了无限的崇拜和敬仰，对祖先的顶礼膜拜，既能寄托对祖宗的思念，又有凝聚宗族的作用，还包含了保佑后代繁荣昌盛的希望。宗法观念导致了宗法道德、宗法伦理的产生。宗法道德要求以家族利益为重，个人服从整体；宗法伦理要求宗法社会广泛实行父系世袭原则，政治权力绝不允许母系成员染指。在家庭财产继承方面，女儿无权继承父系遗产，包括某些专长和特技，也有“传媳不传女”的规矩。“家国同构”使人们对“父”的崇敬引申为对“君”的崇敬，宗法制下的“君民”关系是“君父”与“子民”的关系，君权与父权互为表里，随着国家的家族化，宗法观念在封建时代演化成了社会伦理体系，“三纲五常”构成了封建时代人际关系的准绳。

课堂思考

请讨论“三纲五常”具体指的是什么。

2. 血缘观念根深蒂固

在以古代农业自然经济为基础的宗法社会里，人们以家族为本的宗法思想始终占据着重要地位，致使中国人的血缘观念异常强烈。亲族间的“交往圈”成为社会活动的重要环境。例如，皇亲国戚集团是宗法血缘关系造就的特殊权贵，是保障和维护封建统治的重要力量。宗法观念对社会心理产生了重要影响，无论是贵族还是平民百姓，无论是城镇还是乡村，对血缘关系都高度重视。“非我族类，其心必异”，成为宗法社会制度下中国人的通常信念。在亲亲原则下，父尊子显，任人唯亲，或按照亲疏远近来区分对待，成为古代社会伦理的原则或习惯。历史上出现的“上品无寒门，下品无世族”“四世三公”就是最明显的证据。高官显贵们热衷于编织同族、同乡、同学的关系网，形成门生故吏遍布朝野的政治局面。所以说，“亲亲”原则给中国传统的政治染上了浓重的宗法色彩。对血缘关系的格外注重，具有浓烈的“孝亲情感”和对传统、正统、道统、文统、师统的极端尊重。

3. 形成了中国特有的“崇古敬宗”的伦理文化

宗法制社会伦理关系体系长期延续，对稳定封建社会统治起到了相当重要的作用，形成了中国特有的“崇古敬宗”的伦理文化。这种文化是中国传统社会具有持久凝聚力的精神保障，是中华文化长盛不衰的文化动力。但是，同时它也固化了孝道观念，培植了敬重传统的心理，甚至也对中华文化产生了负面的影响。主要的消极表现是循规蹈矩、因袭保守的惯性思维。迷恋守成，“厚古薄今”，习惯向后看，削弱了探索与突破的勇气，限制了创新与发展的力度。在这种文化背景下，判断事物标准的指针偏向了古的、旧的，越是久远的、越是传统的就越被认为是权威和正确的。于是，崇古成为一种思维模式，立论必有典故依据，开口必言三代。敬重传统无可厚非，但是走向极端，就是顽固不化，唯古、唯书只能阻碍进步，死守传统无异于放弃发展。这种文化在历史上对进步的社会改革运动起了消极作用。

第三节　中国历史文化的发展历程

一、中国历史文化的起源

（一）中国远古人类的起源

中国有“盘古开天辟地”之说，盘古成为传说中的中国人的祖先。在中国古代的传说中，伏羲和女娲也被称为人类的始祖。但这些只是神话传说，自然界不是人创造的。先有了自然界，才有人类，有了人类，才有了人类文化。

现代人类考古学研究表明，大约300多万年前，就出现了早期的人类，这就是早期猿人，早期猿人和现代人在体质上还有很大的差别，经过了一个非常漫长时期后，现代人才真正形成。这个进化过程分为早期猿人、晚期猿人、早期智人和晚期智人四个阶段。早期猿人也称为能人，生活中距今约300—200万年前；晚期猿人也称为直立人，生活在距今约180万年至20万年前；早期智人，也称古人，生活中距今约20万年-4万年前；晚期智人，也称新人，出现在4万年前至今，晚期智人和现代人类在体质上已经基本相同。在远古时代，中国境内已有分布广泛的人类活动。

中国境内发现的最早人类，是考古工作者于1965年在云南省元谋县发现的“元谋人”，距今约170万年，属于晚期猿人，也就是“直立人”。除此之外，在山西芮城、陕西蓝田、北京周口店、安徽和县、湖北郧阳县、贵州桐锌、湖北大冶、辽宁营口等地都有晚期猿人遗迹的发现。在陕西大荔、广东韶关、广东曲江、湖北长阳、山西襄汾、山西高阳县许家窑等地有中国早期智人遗迹的发现。在中国境内发现的晚期智人遗迹更为普遍，主要有河套地区的河套人，广西柳江的柳江人，以及麒麟山人、峙峪人、山顶洞人等。特别是1930年在北京周口店龙骨山发现的“山顶洞人”，距今约3万年，属于晚期智人。这项考古发现用事实说明了中国是人类文明的发源地之一，打破了“中国人种西来说”。在现有的中国疆土上，中华民族的祖先们用石器的敲打撞开了文明之门，用取火技术点燃了人类演化前进的火炬，在不断繁衍、劳动、生活、迁徙的过程中，经过不同群体、氏族、部落、联盟之间的冲突、交流与融合，开创了古老的中国历史文化的起源。

（二）原始文化的起源

1. 原始文化的产生

在远古漫长的成长岁月里，人们依靠采集植物果实、根块和狩猎、捕鱼等获取食物。后来，人们逐渐地从动物的驯养、繁殖中，发展成为畜养业，从植物的种植，发展为原始农业。这就为人们的生活在一定程度上提供了较可靠的食物来源，为人类的生存和发展奠定了初步可靠的物质基础。在中国的古代，有女娲造人，伏羲教人结网、进行渔猎和畜牧的传说。古代传说中，还有“构木为巢，以避群害”的有巢氏，“钻木取火，以化腥臊”的燧人氏，以及尝遍百草、教人耕作的神农氏。

中国的先民在新石器时代有了三大发明成就，即农业、制陶和磨制石器。新中国成立以来的考古发现，新石器时代遗址遍布全国各地，有数千处之多，得以发掘的也在数百处之上。这一时期出现了原始艺术和原始宗教，如彩陶、雕刻、舞蹈和自然崇拜、祖先崇拜、图腾崇拜等。

2. 黄河、长江流域农业文化的起源

黄河流域和长江流域是中国原始农业起源最早的地区。黄河流域地处黄土地带，属于干旱、半干旱和半湿润地区，夏秋两季降水比较集中，冬季寒冷且漫长。考古学研究证实，从距今 1 万年以来，黄河流域的农业经济一直以种植粟、畜养家禽为主。黄河流域较早地培育出了粟，这种耐旱作物是由一种野生的狗尾草培育出来的，自生能力很强，所以，粟成为黄土地区的重要农作物之一。在陕西西安半坡等许多遗址和墓葬中都发现了大量的碳化粟。这一时期，人们为了经济作物的种植，也在不断地改进农业工具，从黄河流域新石器时代文化遗址的考古发现足以证明。诸如，山西怀仁的鹅毛口、河北武安的磁山、河南新郑的裴李岗、北京东胡林等遗址，都发现大量农业生产工具，印证了新石器时代黄河流域原始农业文化的起源。

长江中下游的支流众多。流域内有着肥沃而广阔的平原，并且降水量丰沛。在新石器时代的中晚期，水稻就已培育出来，形成了长江中下游地区的稻作农业。1973 年在浙江余姚发现的河姆渡文化，是江南地区迄今发现最早的新石器遗存，距今约7000 年。从河姆渡遗址的下层，出土了农具和大量的稻谷。考古材料说明长江流域的原始农业也达到了一定的水平。

长江和黄河中下游，位于中国比较中心的地区。这两个地区的农业发达，文化也相应地发展起来，并远远走在其他地区的前面，从而带动起周围地区。学者们一般认为，中华文明的起源是从距今 5000 年左右开始的，并且这个起源地就在黄河流域。因为黄河

流域在这个时期，多种新的因素促进了农业经济的发展。在它的全盛时期，普遍形成了人口较多、规模较大、长期定居的村落，像西安半坡、临潼姜寨、郑州大河村遗址等处就是比较典型的定居遗迹。黄河流域发达的农业文化，是中华文明起源乃至于国家起源的一个重要原因。

3. 中华文明的多元起点

新的考古发现表明，在黄河流域和长江流域之外，中国的东西南北中的许多地区都有早期文明的生长点，文化遗址和遗物遍布全国各地，足以证明中华文明的多源性。有的学者根据考古发现的文化渊源特征，把它们分为六大区系：第一，以燕山南北、长城地带为中心的北方；第二，以山东为中心的东方；第三，以关中、晋南、豫西为中心的中原；第四，以环太湖为中心的东南部；第五，以环洞庭湖与四川盆地为中心的西南部；第六，以环鄱阳湖与珠江三角洲为中心的南方。学者们的研究表明，中华文化起源不是单一的、直线的，而是起源于多个不同地区的文化，呈现了“多源一体”状态，最终在黄河流域融合为中华文明。中华文化的起源是一元性和多源性的统一。由多源并行发展的新石器文化，进行了反复碰撞、融合与吸收，最终被以炎黄部落为主体的族系同化，加速了以中原为中心的华夏文明最后形成，走向统一。

4. “三皇五帝”的传说与中华民族的形成

远古时代，在中国领域内居住着许多不同祖先的氏族和部落，他们以华夏文明为中心，居住在中原地区的是“华夏族”，居住在东方的人被称为“夷族”，居住在北方、西方的人被称为“狄族”“戎族”，居住在南方的人被统称为“蛮族”。在这些远古氏族和部落中，与中华民族和华夏文化起源联系最紧密的就是“三皇五帝”的传说。以炎帝和黄帝为主的华夏族为主干，形成了后来的中华民族。炎黄的融合使他们在远古文明发展中处于领先地位，在与其他族的融合同化中又处于主导地位，在发展中继续同化周边的其他各族，从而开创了中国文明的源头。

相关链接 搜索

“三皇五帝”的传说

根据文献记载或者中国神话传说，一般认为三皇所处的年代远早于五帝的年代。三皇时代距今4000~6000年前，乃至更为久远；而五帝时代则距夏朝不远，在4000多年前。至于“三皇”是谁，有多种说法，仅《辞海》就给出了6个版本：①天皇、地皇、泰皇（《史记·秦始皇本纪》）；②天皇、地皇、人皇（《史记·补三皇本纪》引《河图》《三五历》）；③伏羲、女娲、神农（《风俗通义·皇霸篇》引《春秋纬·运斗枢》）；④伏羲、神农、祝融（《白虎通》）；⑤伏羲、神农、共工（《通鉴外纪》）；⑥燧人、伏羲、神农（《风俗通义·皇霸篇》引《礼纬·含文嘉》）。多数学者支持燧人、伏羲、神农为“三皇”的说法，因为这反映了中国原始社会经济生活发展的三个演进阶段。

关于“五帝”，也有多个版本，一般是指黄帝、颛顼、帝喾、唐尧、虞舜。黄帝联合炎帝，然后共同组成华夏集团，对中华文明的起源做出了重大贡献。炎帝族居住在中部地区，与九黎族发生部落间的冲突，最后被迫逃避到涿鹿，得到黄帝族的援助，联合攻杀蚩尤。后来，炎黄两族又在阪泉进行3次大战，炎帝被黄帝打败。黄帝族原先居住在西北方，战胜炎帝后逐渐在中部地区定居下来。虽然炎帝族被黄帝族打败了，但炎帝族的农耕文明却同化了黄帝族，被战败的炎帝仍然被称为中国人的祖先。因此，中国人把炎帝和黄帝作为自己的祖先，自称为“炎黄子孙”。

——资料来源：作者根据《辞记》等相关书籍整理.

二、中国历史文化的奠基

考古学家认为，青铜器、文字、城市是人类文明的三大要素，国家的起源是人类文明形成的总体标志。那么，夏、商、西周时期就是中国进入文明时代的开始，也是奠定中国历史文化基本格局的时期。

（一）青铜文化的鼎盛

在新石器时代晚期，中国境内的人们已经能够用红铜制作小型工具和装饰品，在唐山大成山文化遗址和甘肃齐家文化遗址，多次发现铜片和红铜制品，这为人类从“铜石并用”时代过渡到青铜时代奠定了基础。此后，中原地区逐步进入青铜时代。中国目前发现的最早的青铜器是甘肃马家窑文化遗址中的青铜小刀。被考古学家推测为属于夏朝的河南偃师二里头文化三期遗址，发现的青铜器类型已经非常丰富，包括工具、兵器、饰物、礼器和乐器等。夏朝已经炼铜铸鼎，发展到殷商、西周时期，青铜器得到了更加广泛的应用，出土于河南郑州商代遗址的杜岭方鼎和安阳殷墟的司母戊大方鼎，表明这一时期青铜文化的鼎盛。

（二）文字的诞生

文字是有文化之后，要记载文化的必然产物。人们创造出了文字，直到商朝才找到适合书“写”的几种材料，把文字刻在龟甲、兽骨上，称为“甲骨文”。甲骨文，又称“契文”“甲骨卜辞”或“龟甲兽骨文”，主要指商朝后期（约公元前14~前11世纪）

商王朝用于占卜记事而在龟甲或兽骨上刻的文字。甲骨文记录和反映了商朝的政治和经济情况，殷商灭亡周朝兴起之后，甲骨文还延续使用了一段时期，是中国已知最早的成体系的文字形式。它上承原始刻绘符号，下启青铜铭文，是汉字发展的关键形态，被称为"最早的汉字"。现代汉字即由甲骨文演变而来。甲骨文和青铜器的发现，被认为是20世纪考古学最伟大的发现。按照甲骨文的记载，夏朝已经建立了国家。

（三）都城和国家的出现

20世纪50年代末，考古学家们在河南偃师西南9千米二里头村南，发现了二里头遗址。它南面伊河，北邻洛河。人们在这里发现了大型的宫殿遗址，"东西长五里，南北宽三里"。中部发现了一号大宫殿址，在正方形夯土台基上，筑成东西长108米、南北宽100米的宫殿基址，台基中部偏北有一个东西长30米、南北宽11.4米、四周有一圈柱础石的主殿，这是面阔八间、进深三间双开门的大殿址，主殿70平方米，有宫门。总之，它是由主殿、庭院、廊庑、宫门组成的宏伟宫殿。一号宫殿往北150米处，有二号大宫殿遗址。在二里头遗址有40多座类似这样的大片夯土台基。这座殿堂相连宫室建筑群遗址，就是夏王朝第一个首都所在地。

洛阳沃野千里的大平原，正是夏人的肇兴之地，也是立国之区。夏为三代之首，有王都，有宫殿。考古证明，二里头遗址正是这个夏邑王都。有了最高统治阶级——夏王，有了军队，有了城郭和宫室，国家出现了，中国开始了人类社会的文明史。

（四）夏、商、西周历史文化的繁荣

夏、商、西周三代是中国历史文化从野蛮时代步入文明时代的开始。但是，中国古代文献记载中最早的确切纪年是司马迁《史记·十二诸侯年表》记载的公元前841年。

夏、商、西周三代是中国古代文明形成特色、走向繁荣的重要时期。政治上，夏朝的确立结束了原始"禅让制"，开始了王位世袭制。周灭商后，周公"制礼作乐"，完善了宗法制度，建立了"分土封侯"制，西周统治者还提出了"敬德保民"的政治思想。在经济上，三代时期的农业已成为社会经济的主要产业，典型的耕作方式为井田制，人们已经开始注意改进农业生产技术。当时，在"工商食官"制的经营环境下，青铜器、漆器、玉器、牙骨雕刻以及纺织等手工业有不同程度的进步和发展，特别是商周时期的青铜器有很高的艺术价值，在中国和世界文化史上占有重要地位。

在农业和手工业生产的基础上，社会分工越来越细，脑力、体力劳动出现分离。夏商西周的教育、天文历法、医学知识有了相当的积累，达到了一定的水平。西周时古代学校制度已相当完备。夏代有《夏历》，商代出现了"干支纪日"。西周有了医学分科。在哲学思想上，提出了"金、木、水、火、土"相生相克的朴素唯物主义理论。商周之

际的《周易》一书论述了自然和社会的发展变化，富有辩证思想，在中国历史文化中有着重要的地位。

总之，夏、商、西周三代是中国历史文化确定格局与走向的奠基时期，从此以后，中华文化绵延不断，越来越丰富多彩。

三、中国历史文化的发展演进

（一）春秋战国时期

1. 生产力和物质文化的进步

从春秋战国时期开始，历史进入铁器时代。随着铁质农具的广泛使用和畜力的推广，荒地得到大范围的开垦。铁器的普及使用，为水利兴修提供了有利的条件，农业生产得到前所未有的发展。社会生产力的提高，促使以井田制形式经营的土地国有制瓦解，新的农业生产方式迅速发展，并逐渐占据主导地位。“工商食官”制也被打破，随着私营手工业和商业的发展，新型的商业都市纷纷出现。各国的税制改革和变法运动先后兴起，秦国的商鞅变法是各诸侯国变法最成功的一个，其适应了消除封建割据混战、实现全国大一统的历史需求，使中国从诸侯割据称雄的政治局面，最终走向了一个封建专制主义的中央集权的统一国家。

2. 中国古典文化的高峰

伴随着生产力的发展和经济、社会的进步，西周以来的社会秩序出现了“礼崩乐坏”的政治巨变。在此背景下，春秋战国时期出现了思想领域的“百家争鸣”。“诸子百家”在对宇宙万物和社会变革的解释及争辩中，相互批判、影响和吸收，从而推动了学术思想的深化，中国文化出现了空前繁荣的景象。在百家争鸣的思想流派中，对后世影响巨大的是儒、道、墨、法四家。

百家争鸣是中国文化发展史上的第一个高峰，它为以后两千多年的文化发展奠定了雄厚的基础，以致后来出现的许多文化现象都可以从此找到源头。春秋战国时期是中国文化的黄金时期。以儒、道、法、墨为代表的诸子百家，以《诗经》和屈原的“楚辞”为代表的文学，以《甘石星经》为代表的天文学，以《孙子兵法》为代表的军事学，以《黄帝内经》为代表的医学，以及冶铁技术和邗沟、都江堰等水利工程的重大成就，是春秋战国时期中国历史文化的骄傲，与当时的世界文化相比也居先进地位。

相关链接 搜索

儒、道、法、墨四家简介

儒家的创始人是春秋时期的孔子。他的文化背景是西周的制度和鲁国的礼乐文明。他认为，大至国家，小至家庭，人与人之间的关系应以一定的伦理来维系。“仁”是其思想核心。为实现“仁”而制定的制度和行为准则为“礼”。孔子反对“暴政”，反对残酷剥削，反对“非礼”。“仁”和“礼”的学说把中国古代的政治思想和伦理道德推进到一个新的阶段。到了战国时期，孟子继承了孔子的学说并有所发展，他的思想核心是“仁”“义”。孟子把救世理想与统治者的道德连在一起考虑，主张“仁政”和“保民”。儒家学说成为后世封建政治和社会理论思想的精华。

道家与儒家当时并驾齐驱，故有“中国传统文化就是儒道为主的文化”一说。其主要代表人物是春秋时期的老子和战国时期的庄子。老子是道家思想的创始人，道家思想的核心是“道”。道家认为，世间的万物都是由“道”派生出来的。在政治上主张“无为而治”“少私寡欲”。战国时期的庄子继承和发展了老子的思想，把对立面转化的思想引向了相对主义，并发展了悲观失望、消极避世的思想。道家追求精神上自我解脱的人生哲学思想，为后来的不少在现实中失意的人们所接受。道家的隐士思想是道教产生的理论基础之一。道家的精华是朴素辩证法思想，对后世的许多学科领域带来较大影响。

法家是社会变革的倡导者。其主要代表人物是春秋时期的管仲、子产，战国时期的李悝、吴起、商鞅、慎到、申不害等，战国末年的韩非是法家思想的集大成者。这一派思想家从发展进化的历史观出发，认为政治、经济地位的变动和财富、权力的转移是合理的、进步的。重视农业，崇尚法治，提出加强国君权力、建立中央集权的专制主义政治，主张用严刑峻法对人民的反抗进行残酷的镇压。法家理论为统治者提供了巩固政权的思想武器和操作方法，对后世的中国政治影响极大。

墨家的创始人是墨子，他是春秋末期战国初期时宋国（今河南商丘）人。墨家主张自食其力，主张“节用”“节葬”。反对“大攻小，强执弱”的兼并战争，反对以富傲贫，用“兼爱”原则作为救世药方。要求不分等级，举用贤才；肯定鬼神的存在，宣传鬼神有超越常人的能力。重视自然科学，重视实践，对技术发明和学术发展有突出贡献。墨学与儒学并称为“显学”，当时在社会上影响很大。

——资料来源：冯友兰．中国哲学简史［M］．北京：北京大学出版社，2013.

（二）秦汉时期

秦汉时期是中国封建王朝的第一个强盛期，也是封建文化的确立期。秦国取得了“灭六国”战争的胜利，建立了中国历史上第一个统一的多民族国家。秦朝确立了中央集权的皇帝制度，中央实行“三公九卿制”，地方实行郡县制，这是古代政治制度的新发展，在以后两千多年的封建社会基本上得以沿用。汉承秦制，略有微调，到了汉武帝时期，专制主义中央集权的封建制度得到巩固和加强。秦汉时期统治思想从“焚书坑儒”的残暴政策，到汉初“无为而治”的黄老学说，再到汉武帝时期接受董仲舒建议“罢黜百家，独尊儒术”，建立起了一套儒家学说的新体系。经过董仲舒对儒家思想的改造，“天人感应”、“君权神授”思想将皇帝的独尊地位神圣化，为专制主义的中央集权制度找到了理论依据，树立起了“三纲五常”的封建道德观念。经学作为一种新的学术出现了，儒家的《诗》《书》《易》《礼》《春秋》被奉为经典。

由于农田水利工程的兴建，农耕工具的改进，农业耕作技术的提高以及精耕细作方法的推广，大大提高了社会生产力，推动了农业生产的发展，耕地面积不断扩大。东汉时期，随着人口的增加，南方不少地区的开发速度加快，东汉时期的经济区域开始发生了明显的变化。

这一时期，涌现出了中国文化史上的许多杰出人物，有著《史记》《汉书》的司马迁、班固，有文学家司马相如，有编写《说文解字》的许慎，有发明浑天仪和地动仪的张衡，有著《伤寒杂病论》的医圣张仲景，有创制麻沸散的神医华佗，有著名的军事家卫青、霍去病，有出使西域的张骞，有经济专家桑弘羊，有发明代田法的农学家赵过，有著名的无神论思想家王充，有总结造纸术的蔡伦……他们都为中国历史文化的发展做出了重要贡献。

经过秦汉时期的融合，以华夏族为主体形成了汉族。通过“和亲”与战争，中原民族与北方游牧的匈奴民族联系更加密切，西域各族被统一在汉朝版图之中，西南、东南各民族与内地的联系也得到加强。这些民族和汉族一起为秦汉时期中国历史文化的发展注入了活力。

（三）魏晋南北朝时期

魏晋南北朝时期是中国历史上长期割据混战的时期，也是民族大迁徙、大融合时期，是中国历史文化在震荡、融合、曲折中前进的时期。这一时期，民族政权林立，民族融合加速，文化交流频繁。迁居内地的各少数民族，在汉族先进经济、文化的影响下，较快地完成了封建化，这是融合、同化和多民族国家形成过程中的一次质的飞跃，为以后民族关系的发展和多民族国家的形成、巩固奠定了基础。

社会经济虽受到了战乱的破坏和影响，但是，这一时期的经济仍然继续得到发展。各个政权在各自的统治区域内，都比较注意发展农业生产。江南地区则相对安定。因此，北方人民大量渡江南迁，给江南增加了劳动力，带来了先进的生产技术，为江南的进一步开发创造了有利条件。

魏晋南北朝时期的长期战乱，对人们的心理造成了巨大的震荡，正统思想对人们的禁锢有了一定的放松，周边民族的大规模内迁给中华民族增添了新鲜血液，佛教的传播和盛行给中国文化增加了新的元素。于是，一些新思想、新学说悄然兴起，对儒家独尊的地位和伦理纲常发起挑战。这一时期文化上的建树和成就颇多，一度呈现出繁荣景象。

首先，统治阶级需要的新统治思想工具——玄学应运而生，这是糅合儒、道两家形成的一种新的唯心主义思想体系。长期的战乱给人民带来了无穷的灾难，形成了宗教流行的土壤，佛教、道教得以传播。也有反佛斗争，代表人物为写出了著名《神灭论》的范缜。历史学方面的成就，有陈寿的《三国志》和范晔的《后汉书》等史学名著问世。地理学方面的成就，以北魏郦道元所著《水经注》最为突出。文学上有较大成就的是陶渊明，他的《桃花源记》既反映了诗人对当时社会现实的不满，又有孤芳自赏、乐天知命的一面，对后世文学流派也产生了很大的影响。随着文学的发展，出现了文学批评和文学理论名著，重要代表是刘勰的《文心雕龙》，这是对前人文学批评的总结性著作。魏晋南北朝时期的雕塑、绘画、书法，都有突出的成就，代表了这一时期艺术的最高水平的作品主要有：著名的云冈石窟、龙门石窟和敦煌莫高窟；顾恺之的《女史箴图卷》；吸收汉魏诸家精华，集书法之大成，兼擅隶、草、真、行，被称为“书圣”的王羲之及其《兰亭序》；当时世界上最先进的历法《大明历》；世界上第一个把圆周率准确数值推算到小数点后第六位的祖冲之等。

（四）隋、唐、两宋时期

隋、唐、两宋时期是中国历史文化发展历程中的一个鼎盛时期。隋朝的统一，结束了 270 多年的分裂割据局面，建立了统一的中央集权国家，并且到唐朝达到了极盛，封建社会出现了前所未有的盛世景象，疆域空前辽阔。唐后期走向分裂，之后是五代十国，政权林立。北宋只是完成了中原地区和南方的统一，加强专制主义中央集权的程度大大超越前朝，而疆域范围和对外部政权关系的处理地位则远不及唐朝，南宋朝廷更是偏安江南。但是，隋、唐、两宋时期经济的发展和文化发展，并没有因为统治政权存在分裂和并立而停止进步。特别是唐朝，政治开明，经济繁荣，思想开放，环境宽松，不仅创造了丰富的物质财富，还创造了灿烂的文化艺术，在中国和世界文化史上都有重要的地位。

隋、唐、两宋时期是中国历史文化与外来文化冲突、融合的时期，佛教成为中国文化的一个组成部分。理学适应统治阶级的需要，在儒、道、释三教合一的基础上形成新儒家学说，朱熹“存天理，灭人欲”的理论成为官方哲学，朱熹被推崇为孔孟之后最大的圣贤。隋、唐、两宋时期的科技成就，突出地表现在印刷术、指南针和火药三大发明的完成和发展上，这是对世界文明的伟大贡献。史学成就的突出代表是《通典》和《资治通鉴》的完成。这一时期文学成就方面最为突出的是诗词，唐诗是中国诗歌的顶峰，宋词与唐诗前后交相辉映。雕塑、绘画、书法艺术成就异彩纷呈，洛阳龙门石窟、乐山石雕大佛、昭陵六骏浮雕石刻，以及敦煌千佛洞壁画、三彩陶俑等是其中光辉的代表；绘画名家阎立本的杰作《太宗步辇图》和《历代帝王图》，画家吴道子有“画圣”之称；书法家有欧阳询、颜真卿、柳公权、张旭、黄庭坚、米芾等。赵州桥和长安城是有特色的隋唐建筑，长安城对国内外的城市建设有着直接的影响，成为当时国内各州城和日本等国都城建设竞相效仿的对象。

（五）元、明、清时期

元、明、清时期是继秦汉、隋唐之后，中国历史上又一次大统一的时代，是封建地主制社会的后期，中国历史文化在这一时期开始逐步走向衰落，与西方世界的崛起形成了强烈的反差。

蒙古贵族在用武力征服全国的过程中，生产力遭到严重的破坏，使唐宋以来经济高涨、发展的势头被打断，但最终还是被他们所征服民族的较高文明所征服了，蒙古贵族政权不得不放弃其落后的游牧经济和剥削方式，逐步被汉化。秦汉以来推行了一千余年的宰相制度在明朝被废除。清朝设立的军机处，进一步强化了君权，明、清两代把专制主义中央集权政治发展到了极点。

高度中央集权的君主专制政权采用的“重本抑末”政策，对工商业经济发展构成了极大的障碍。封建统治者认为自己是“天朝上国”，无须同外国进行交易，采取闭关自守的政策，严重地阻碍了对外贸易的正常进行，影响了国内工商业的进一步发展，遏制了资本主义萌芽的发展。直到鸦片战争之前，自给自足的自然经济仍然在中国占据主要地位。

元、明、清时期，文化专制主义的根本目的是要在思想文化领域内树立君主专制和贵族统治的绝对权威。一方面，把知识分子的思想束缚在孔孟之道和程朱理学之中，禁锢人们的思想，严重阻碍了文化科学的发展；另一方面，文字狱的推行，造成了极其严重的社会后果，影响了中国社会的进步。所以，科学技术、文学艺术难以取得应有的成就和重大突破，逐步走向衰落。

在统治者大兴文字狱、加强思想钳制的背景下，考据的治学方法成为一种风气，逐渐形成一种脱离社会现实为考据而考据的学风。在这种学风影响下，乾隆、嘉庆时期形成考据学派。元、明、清时期的文化成就，表现在文学上成就较大的是元曲和明清小说。元代杂剧是中国宝贵的文化遗产，对后来戏剧文学的发展和许多地方戏曲、剧种的兴起都有深远的影响。明清小说已达到很高的艺术成就，其中最著名的有《三国演义》《水浒传》《西游记》《聊斋志异》《儒林外史》和《红楼梦》。这一时期官修的大型图书有《永乐大典》《古今图书集成》和《四库全书》。科学技术的主要成就有徐光启的《农政全书》、宋应星的《天工开物》、李时珍的《本草纲目》以及《徐霞客游记》。建筑成就以北京故宫博物院为突出代表，明清故宫是中国现存规模最大的皇家建筑群之一，现已被联合国教科文组织列为世界文化遗产。清代的园林建筑在世界上享有盛名。当时世界上最伟大的园林建筑之一——圆明园，还有承德的避暑山庄和外八庙、北京颐和园等，都是著名的代表。

总之，中国的封建制度这时已经开始走下坡路了。在不断变化的世界局势面前，专制统治和自我封闭政策使中国文化处于麻木和被动的状态，丧失了发展的良机，造成了落后态势，为日后的挨打和被侵略种下了祸根。

四、中国历史文化的转型

从鸦片战争到五四运动前后，中国近代社会处于中国历史文化的转型初期。

当中国封建社会逐步走向衰落的时候，西方列强却开始向东方展开疯狂侵略。鸦片战争的炮火打开了中国的大门，中国丧失了独立自主的权力，开始遭受外国资本主义的掠夺和奴役，沦为半殖民地。鸦片战争的炮火也送来了西方文化和工业文明，资本主义经济促使封建自然经济逐渐解体，古老的传统文化开始发生质变，向近代转型。

转型时期，西学东渐，儒家文化陷入全面的困境，封建思想和伦理道德从根本上动摇了。在中西文化反复的激烈碰撞中，中国社会无论是在政治思想、社会理论、政治制度、价值观念、伦理道德方面，还是在军事武器、工场矿山、机械工具、科学技术、学校教育、社会风俗方面，都遭遇了全面的挑战，处于明显的劣势地位。一部中国近代史，实际上就是一部西方文明冲击中国，以及中国应对冲击，开始进行文化转型的历史。中国的文化转型初期进行得异常艰难，本来已经十分复杂的传统文化与近代文化的矛盾同本土文化与外来文化的矛盾交织在一起，并且，这两对矛盾都有明显的二重性，使其显得更加错综复杂。获得民族独立，既是中国实现文化转型的基本条件，也是进行文化全面转型的实际起点。

转型时期新的文化观念和思潮在中国迅速传播。面对冲击和亡国的危机，中国思想文化在激烈斗争中发生了裂变。从鸦片战争后的林则徐、魏源开始，中国的志士仁人开始“睁眼看世界”，积极探索中国的出路。经世致用和“师夷长技以制夷”的观念，反映了思想文化的进步倾向。“中学为体，西学为用”的洋务运动成为促使封建的中国走向转型的重要步骤，也使有识之士开始思考传统思想文化如何面向世界。西方进化论和天赋人权论也成为中国变法维新的根据。维新运动引导人们打开眼界，重新认识世界，试图通过制度变革改造中国。辛亥革命推翻了两千多年来的封建君主专制制度，建立了资产阶级民主共和国，堪称中国历史上的一次巨变。新文化运动形成一股强大的思想解放潮流，推动着中国奔向新生。

转型初期的中国出现了近代崭新的进步文化。从封闭的封建躯壳里挣脱的过程中，中国创办了自己的民族工业和交通运输业，“工商立国”“欲兴中国，非振实业不可”的观念被越来越多的人认可。近代民族工业虽然主要集中在轻工业方面，但是重工业也有一些增长。机器修配业、电力、运输和金融业也有相应的发展，沿海城市的工商业随之繁荣起来。这一时期，中国出现了新学堂，学习内容由“八股”改换为外语、算术、几何、代数等。这一时期，还以法律形式，革除了前清腐朽的生活习俗，离开乡土做事、出国留学的人数剧增；妇女走上社会，要求男女平等。上述事实表明，禁锢个性发展的封建枷锁已被打破，人们开始重新认识人的价值。社会的巨变动摇了封建道德观念及伦理思想的传统地位，人们开始以自由、平等、博爱作为新的道德规范。无论是言行举止、为人处世，还是家庭、社会、个人的伦理关系，都产生了明显的变化。

转型初期的中国文化明显地表现出了过渡性。中国文化在从农业文明向工业文明的转型过程中，不断吸收外来文化的各种新鲜养分，通过加速新陈代谢来不断地调节和完善再生的机制，努力地实现自我更新。文化转型是一个艰难而漫长的过程，文化转型是一个跨越了所谓“近代”“现代”和“当代”的历史运动。在当代中国，全中国人民在习近平新时代中国特色社会主义思想的指引下，不断守正创新，走文化高质量发展之路，中华民族文化正在以崭新的面貌呈现于全世界面前。

第四节　中国历史文化与旅游文化

一、旅游文化的概念

历史文化与旅游有着密切的关系。因此，我们有必要了解和掌握旅游文化的概念。旅游文化作为一个专业名词，最早由美国学者罗伯特·麦金托什和夏希肯特·格波特提出的。他们在 1977 年合作出版的《旅游学：要素·实践·基本原理》一书中指出：“旅游文化实际上概括了旅游的各个方面，人们可以借此来了解彼此之间的生活和思想”，它是“在吸引和接待游客与来访者的过程中，游客、旅游设施、东道国政府和接待团体的相互影响所产生的现象与关系的总和”。20 世纪 80 年代以来，我国学术界加强了对旅游文化的研究，由于看问题的视角不同、归纳的方法不一、理解问题的宽窄度不同，对旅游文化定义的表述也不尽相同。

宋采义、程遂营认为，旅游文化是以一般文化的内在价值因素为依据，以旅游诸要素为依托，作用于旅游活动过程中的一种特殊文化形态；张国洪认为，旅游文化是以旅游行为为核心，旅游产品为依托，旅游环境为背景的系统性场景文化；贾详春认为，旅游文化并不是旅游和文化的简单相加，而是一种全新的文化形态，它是环绕旅游活动有机形成的物质文明和精神文明的总和；谢元鲁等认为，旅游文化是包含了旅游主体、旅游客体和旅游中介在旅游过程中的一切有文化价值的观念、行为及其产物的总和等。

根据上述学者的观点，可以将旅游文化的概念界定为：旅游文化是人类在长期的历史发展过程中所创造的、能够被现代旅游业的发展所利用的、所有与旅游活动相关并具有积极意义的物质财富与精神财富的总和，是伴随旅游活动发生、发展过程的一种特殊形态的文化。

二、旅游的文化属性

历史文化与旅游有着密切的关系，因为，旅游活动并不像人们通常认识的那样是一种单纯的经济现象，旅游首先是一种文化现象。旅游作为一种文化现象所发生的影响，或许比其单纯的经济影响更为深远。现代旅游现象，实际上是一种以精神、文化需求和享受为基础的，涉及经济、政治、社会、国际交流等内容的综合性大众活动。经过30多年的发展，中国旅游业目前正在经历一个转型升级的发展阶段，而旅游业的转型升级成功与否，很大程度上取决于旅游业能否更好地服务于人们的精神文化需求。因此，旅游的文化属性越来越受到研究者们的重视。

（一）旅游活动的文化属性

旅游活动的文化属性是由人们的旅游动机决定的。旅游动机是推动一个人从事旅游活动的内在动力，是旅游消费行为的决定因素，而动机产生于需求。马斯洛的需求层次理论将人的需求分为五个层次，为叙述方便，我们也可以将人的需求分为三个层次，即生存需要、享受需要和发展需要。生存需求是人类最基本的需要。人类在满足生存需要基础上才会产生享受需要。享受不仅是物质方面，而且包括精神方面。精神的享受总的来说是比物质享受更高一级的享受，而精神享受也还有高低之分，高级的享受同样具有满足自然欲望的一面，但更多地表现出人的社会性的一面，往往成为衡量人类社会文明程度的标尺。对于一个完整的人来说，发展需要是一种内在必然性需要，是人的一种永恒的追求，这种追求超越了生理的或本能的欲望，上升到了社会文化层次，具有社会文化意义。

人类的旅游活动显然不是满足生存需要的手段。旅游者的旅游活动，不具有“谋生”的性质，而是出于“乐生”的需要。旅游需要主要属于精神性的享受需要和发展需要，是一定文化背景下的产物，是文化驱使的结果。没有文化的发展，就无法激发人们的旅游动机，也就不可能产生旅游活动。从历史发展的观点看，旅游与其说是经济发展的产物，不如说是人类文化进步的结果。经济发展为社会进步提供了物质基础，但是从宏观上说，经济发展只是整个社会发展的一个组成部分，新的文化观念的运动往往早于新的物质生产运动。从旅游者的角度而言，旅游活动尽管带有经济色彩，但在本质上具有强烈的文化属性。

（二）旅游资源的文化属性

根据基本成因和属性，可将旅游资源分为人文旅游资源、社会旅游资源和自然旅游资源。人文旅游资源泛指古今人类创造和积累起来的文明成果，是物质财富和精神财富的总和，在一定条件下可以用来转化为旅游产品；社会旅游资源主要是指民情风俗、人际关系、传统节庆、民间生活方式、特有的民族服饰与文化艺术形式等，还可以包括现代建设成就、新生事物等。人文旅游资源与社会旅游资源都是人类生产、生活活动的产物，属于文化的范畴，具有文化的属性。自然旅游资源是指能够使人们产生美感并能够成为景观的自然环境或物象的地域组合，其所涵盖的是可见可闻的客观存在，突出的是其物质的物理特性，特别强调人的官能感受（感觉、知觉）。自然美是客观的，但自然美无疑是通过文化来鉴赏、反映和传播的，只有当自然界的形式韵律与人的生命韵律形成某种“同构”关系时，自然界才获得审美价值。可以说，自然旅游资源同样也具有文化属性。因此旅游资源的魅力从文化而来，由文化而生。

中国旅游资源的特殊性不仅体现在自然景观的丰富多彩，而且表现在人文与社会旅游资源的绚烂绮丽。中国是世界四大文明古国之一，历史文化源远流长、博大精深，文化传统从未中断。在长期的发展积淀过程中，中国文化在各个领域都孕育出了独特的丰硕成果，为全世界所瞩目。众多的文物古迹，灿烂的文学艺术，多姿多彩的民族风情，宏伟精深的思想宝库，构成了中国以古老东方文化为特色的国家形象，这一特点决定了中国的旅游发展必然带有浓厚的文化色彩。

（三）旅游目的地的文化属性

旅游经济是特色经济，特色是旅游的灵魂，文化是特色的基础。一个旅游目的地的发展，必须不断追求文化创新，并以此作为发展方向。旅游目的地文化可以概括为：以突出的特色为文化形式，以丰厚的品位为文化内涵，以人本主义为文化本质。无论是以自然旅游资源为主的旅游目的地，还是以人文旅游资源为主的旅游目的地，其本质都是生产文化、经营文化、销售文化。旅游者千里迢迢前来，本质上也是购买文化、消费文化、享受文化。在现代社会，信息技术高度发达，虚拟技术也已产生，人们完全可以通过现代技术“卧游”“神游”，为什么还要追求“身游”呢？就是为了追求眼、耳、鼻、舌、身的全面感受，为了追求综合性的文化体验。有些旅游目的地粗放的经营方式和粗野的服务方式贬低了文化，湮没了文化，甚至糟蹋了文化，这直接影响到经营效益的提高以及市场形象的改善，更影响到各个旅游目的地的长远发展。从根本上讲，就是经营者缺乏对旅游目的地文化属性的深刻认识。

（四）旅游产业的文化属性

旅游资源对旅游者会产生深远持久的吸引力，但要将这个吸引力转化成实际的旅游产品，产生经济与文化效益，却有赖于旅游产业的发展，而旅游活动与旅游资源的文化属性决定了旅游产业的文化属性。旅游产业是国民经济的部门之一，以实现经济效益为目的，经济性是旅游产业的本质属性。它的主要服务对象是旅游者，旅游者以追求精神享受为主要目的。因此，旅游产业的核心产品应该是文化产品，旅游经营者必须为旅游者提供文化享受方面的服务产品，方能吸引旅游者并实现盈利目的。正是因为旅游供求具有这样的特殊性，才决定了旅游产业在具有经济属性的同时还具有文化属性，在遵循经济规律的同时还必须遵循文化规律。

由于旅游消费本质上是文化消费，旅游业的文化属性就不仅体现在旅游资源开发、旅游产品的设计上，而且渗透在与旅游产业相关的多种部门的运行之中，如交通、酒店、银行、商店、网络等。文化是旅游者的出发点和归宿点，是旅游产业的灵魂。

三、中国历史文化对旅游文化的影响

中国历史文化对旅游文化的影响，从物质文化的角度看，是为现代旅游产业的发展提供的丰富的旅游资源，如明清长城、龙门石窟、故宫博物院、承德避暑山主、苏州园林、曲阜三孔等古典建筑遗存，就为旅游产业发展的最初形态——文化观光旅游提供了重要的物质基础。从精神文化的角度，中国历史文化无论对旅游业经营者还是对旅游者的旅游文化心理都产生了深刻影响。

（一）尚近轻远的旅游距离观

受儒家“三纲五常”的道德价值体系的影响，传统中国人有浓厚的安土重迁、尚近轻远的出游思想。孔子曾经要求其独生子“父母在，不远游，游必有方”，《孝经》上则明确规定“孝子不登高，不临危”。《礼记》上说：“父母全而生之，子全而归之，可谓孝矣。故君子……一举足而不敢忘父母。”《荀子·荣辱篇》用类似的方法，表达了和孔子相近的近游思想。这种近游观很显然是重人伦的文化特点的体现。当然，儒家并不是无条件反对远游。按孔子的表述分析，父母去世后，儿子远游自然不在限制之列。

《礼记·内则》说“桑弧蓬矢，志在四方”，意思是希望孩子长大成人，志在四方，应为国建功立业。实际上，以重人伦为核心的儒家学说，强调父母在世之日，儿子久游不归，一则令父母担忧，二则儿子也不能对父母尽赡养义务。但因好男儿志在四方，要求当儿子的出门之前必须制订好出游计划，把游览线路、日程安排，特别是何时归来之类的情况告诉父母，使其胸中有数，以免担忧。因此，受中国传统伦理道德的影响，中国古人具备了较为理性的近游思想和远游思想，但近游思想色彩更加浓厚一些。直到今天，这些观念对人们的外出旅行安排仍有着潜移默化的影响。

（二）崇尚自然的游乐观

崇尚自然的游乐观，源于我国古代的“天人合一”思想，这种思想的最初原始体现就是对自然山水的崇拜。先民的自然崇拜对象上至天文，下至地理，无一不在崇拜之列。人们崇拜自然的目的，是希望自然界阳光普照，雨水滋润，草木茂盛，牛羊肥壮，人们生活安康。因此，千百年来，人们一直表现出对大自然的亲近与热爱。这种自然崇拜思想与道家思想、儒家思想乃至佛教思想相结合，使得中国人历来都表现出对大自然的热爱与敬重，直到现代，凡是名山胜水之地都是人们热衷旅游的地方。

道家“逍遥游”的游乐观，把“天人合一”思想发展到一个物我相融的最高境界。它是指在游玩过程中，忘掉自己渺小的现实存在，忘掉一切利害、得失、是非、生死、福祸，是摆脱了社会现实所加给人们的各种枷锁之后在精神与行为上的绝对自由，是一种顺乎自然的精神遨游。只有这样，才有可能使自己渺小的个体融合到“天地之大美”之中。这种旅游观，激发了后来的旅游者热爱自然、顺应自然、融入自然，最终实现生命向自然回归的旅游思想。这直接体现在六朝以后各个时代以“自然”为主要题材的旅游文学、诗歌及绘画中。从陶渊明“采菊东篱下，悠然见南山”，到梅、兰、竹、菊、草、木、霜、雪、高山、流水等一切自然事物均跃然纸上，这些都是人们崇尚自然的见证。

“天人合一”的旅游思想反映在旅游目的地的选择上，表现出中国人喜欢小桥流水、波澜不惊的平和景观，多选择熟悉的甚至是人人皆知的、发展相当成熟的目的地。因为那里不需要冒险，也没有多少惊险与刺激，在祥和的氛围中，能够满足人们“神与物游”的精神需要。这种在宁静中感受大自然的脉搏与韵律，聆听那万籁有声以唤起心灵的共鸣，在追求自然生命和自然意境的感悟中，达到以心照物、妙悟天机的“天人合一”的境界，是中国人追求的旅游最高境界。

（三）重义轻利的旅游价值观

在中国传统义利观的影响下，中国古代的近游者和远游者，无论是官方组织的，还是非官方的，都很少有经济目的。例如，张骞的西域之旅，是出于政治的而非经济的目的；明朝下西洋的郑和，也只是为了和西洋各国取得联系，使臣所到之处，照例是先读永乐皇帝的诏书，给所在国国君赠送礼物，随后便是采购珍奇异物，从无掠夺所经国家财富之事；晋代的法显、唐代的玄奘、鉴真和明代的徐霞客，这些人冒着生命危险远行，丝毫没有物质利益的引诱。他们或者栖山伴石，以生活在大自然怀抱和探索其奥秘为人生乐境，或者为了宗教事业的需要，履险求法。这些人远游的具体动机各不相同，而重义轻利则是其共同的价值取向。显然，这种价值取向与儒家重义轻利的义利观有着密切关系，可以说是儒家义利观在旅游活动中的一种表现。

（四）量入为出的旅游消费观

重储蓄、重节俭、轻消费观念的形成与自给自足的农业经济是基本相符的。在财富少、生产不发达的农业生产中，要避免天灾人祸，储蓄和节俭都不失为一种维持和调整经济平衡的一种有效方法。但这种方法一旦沉淀为文化心理和价值观念，对工商业发展的消极影响也是显而易见的。

在重储蓄与重节俭的观念支配下，加之受伦理道德的强势影响，中国人刻意追求家庭生活的和睦，重视子女的教育和前途，为此宁愿节制奢侈消费而勤俭持家，并且告诫人们勤俭之美、奢侈之害。而对许多家庭来说，旅游消费无疑是一种奢侈消费。另外，这种崇尚节俭和重视积累的传统反映在消费行为上，表现为“量入为出”的消费心理。在消费结构中，表现为重视有形的特别是耐用品消费，轻视精神消费，认为文化娱乐不合算，因为这种消费大都是“非实用性的”、过程性的，而无法积累下来。因此，作为精神消费的旅游消费通常被传统的中国人所否定，这对我国发展旅游业无疑会产生一定的阻碍作用。

（五）结伴而行的旅游团体观

中国人通常会用一种不可分割的整体性观念思考问题和判断事物。表现在旅游上，则是出游的组织形式通常是一个家庭、几个人或一个团队，而很少会一个人独来独往。在我国，特别是对家长而言，甩开家庭的其他成员，一个人出门旅游简直是不可思议的。而在西方国家，单独外出度假的情况则相当普遍。这充分地反映了中国人在出游问题上的整体观，这种整体观就不可避免地忽视了个人在旅游问题上的某种特殊需求，反映在旅游线路的选择甚至旅游购物上，人们往往会产生强烈的从众心理，而不愿表现自己的个性需求。

（六）求真向善的旅游审美观

“美善统一”是传统儒家美学的一大特点，这种思想对中国美学乃至传统文化产生了深远影响。根据“美善统一”的观点，美的东西，不仅在于形式之美，而且在于是否有助于教化，有助于人心的向善，从而开了艺术为人生、为道德教化、为社会政治服务的先河。这一审美倾向对中国传统旅游审美观产生了极其深远的影响。例如，在对山川自然的审美中，远在春秋战国时期，就发展成为“智者乐水，仁者乐山”，这种“比德”思想是“美善”审美观的体现。再如，佛教东来，在中国化的过程中，菩萨塑像由面目狰狞的男性至唐朝以后变成面容柔嫩、秀丽妩媚、健康丰满的女性形象，表现出和蔼可亲、雍容大度的神情，这种变化就具有教化旅游者之功效。同时，传统审美强调美在于和谐，在于人文关怀。在对诸如建筑环境的考察时，极为讲究建筑的人文美与环境自然美的和谐统一，赋予中国传统建筑及其整体环境以人文美的气质，显示出中国传统美学鲜明的“美善”特点。因而在旅游过程中，人们的审美常以有情的宇宙为基础，力求使人的思想与这个有情的宇宙进行交流与融合、美善统一，从而把人的感情渗透到自然景物之中，达到主客交融、物我合一的境界。

复习与思考

一、名词解释

文化　文明　中国　三皇五帝　家国同构

二、简答题

1. 文化的构成要素主要有哪些？文化有哪些特征？

2. 根据不同的标准，文化可以划分为不同的类型。那么，按照时空进行分类，中国历史文化包括哪几类？试举例加以说明。

三、单项选择题

1. 中国历史文化是在一定的经济土壤中产生和发展起来的，其经济基础主要是(　　)。

A. 农耕自然经济　B. 原始商品经济　C. 手工业经济　D. 市场经济

2. 关于“中国”一词的最早由来，下面说法正确的是(　　)。

A. 中华民国的简称

B. 1949 年中华人民共和国成立后的简称

C. 最早出现在商末周初的青铜器铭文上

D. 北方少数民族对中原地区政权的称呼

3. 根据考古学家的研究，夏朝第一个首都所在地是在(　　)。

A. 河南偃师二里头遗址 B. 北京周口店遗址

C. 陕西西安半坡遗址 D. 山东泰安大汶口文化遗址

四、 思考题

1. 中国历史文化的起源与发展经历了哪几个阶段？每个阶段有着怎样的成就和特点？试简要加以介绍。

2. 中国历史文化的源远流长、博大精深，和旅游业的发展有怎样的关系？

推荐阅读

[1] 王增斌．中国文化史要略［M］．北京：光明日报出版社，2011.

[2] 李星明．旅游文化概论［M］．武汉：华中师范大学出版社，2007.

[3] 方志远．旅游文化概论［M］．广州：华南理工大学出版社，2005.

[4] 王玉成．旅游文化概论［M］．北京：中国旅游出版社，2005.

第二章 中国历史文化的载体

本章导读

任何一种形态的文化，其产生和发展都是建立在一定的载体之上的。中国历史文化作为世界上产生最早、传承历史最长的文化形态之一，同样依赖各种文化载体的产生和发展，包括语言文字、书写工具、书写材料和书籍的产生和发展等。本章内容是进一步了解中国历史文化丰富内涵的前提。

学习目标

知识目标

1. 了解中国文字产生的主要神话传说，掌握中国语言文字的产生过程。
2. 掌握中国古代文字书写材料的发展沿革阶段、中国文字形态的变化等基本知识。
3. 掌握古代笔、墨、纸、砚的相关知识。
4. 掌握中国古代图书的产生和发展的基本知识。

能力目标

1. 通过对中国汉字创制神话传说和文字起源等知识的学习，提高学生的科学认知能力。
2. 通过对中国文字书写材料和书写工具发展沿革的学习，提高学生运用历史唯物主义分析问题的能力。

课程思政目标

1. 通过学习中国语言文字、文房四宝、古代书籍等内容，提高学生的中国历史文化素养。
2. 通过学习中国历史文化载体所包含的丰富文化内容，感受中国历史文化的博大精深，在提升学生的旅游管理专业基础素养的同时，坚定学生的文化自信。

案 例

中国文字博物馆

2009 年 11 月 16 日，“十一五”期间国家重大文化工程——中国文字博物馆，在甲骨文的发现地河南省安阳市隆重开馆。中国文字博物馆是一组具有现代建筑风格和殷商宫廷风韵的后现代派建筑群，由字坊、广场、主体馆、仓颉馆、科普馆、研究中心、交流中心等建筑组成，总建筑面积 34500 平方米。是一座集文物保护、陈列展示和科学研究功能为一体的国家级专题博物馆，也是中国第一座以文字为主题的博物馆。文字博物馆共入藏文物 4123 件，其中一级文物 305 件，涉及甲骨文、金文、简牍和帛书、汉字发展史、汉字书法史、少数民族文字、世界文字等多个方面。该馆开馆后，吸引了大量历史文化爱好者、游客前去游览参观。

——资料来源：根据有关资料整理

案例分析

1. 中国文字博物馆是中国第一座以文字为主题的博物馆。专门为文字建立一座博物馆，你如何看待这件事情？

2. 中国文字博物馆的建成有怎样的意义？和旅游业的发展有怎样的关系？

第一节　中国的语言文字

历史与文化具有很大程度的重合性，要讲述一个民族的文化，就不能不讲述这个民族的历史。然而，人类历史就一般意义而言是由语言文字记录下来的，语言文字与文化的关系可谓密不可分，可以说，语言文字是一个民族历史文化的重要载体，了解一个民族的历史文化，就不能不认识这个民族的语言文字。

一、关于汉字创制的传说

关于汉字的创制，有许多各不相同的传说，从我国现存文献记载来看，主要有三种：英雄造字传说、结绳成字传说和八卦“起一成文”说。

（一）仓颉等人物的英雄造字传说

1. 仓颉造字的传说

关于仓颉造字的传说影响最大。最初记载这一传说的《荀子·解蔽篇》是这样说的："故好书者众矣，而仓颉独传者，壹也；好稼者众矣，而后稷独传者，壹也；好乐者众矣，而夔独传者，壹也；好义者众矣，而舜独传者，壹也。"注意，依荀子之意，仓颉是文字的传承者，而非是文字的创造者。然同属于战国晚期文献的《吕氏春秋·君守》则曰："奚仲作车，仓颉作书。"这样一来，仓颉成了创制文字的人了。这种说法在战国及其以后颇为流行，《韩非子·五蠹》说："仓颉之作书也，自环者谓之私，背私者谓之公。"李斯《仓颉篇》："仓颉作书。"《论衡·对作》："仓颉之书，世以纪事。"《世本·作篇》则曰："黄帝使仓颉作书。"汉代许慎《说文·序》说："黄帝之史仓颉，见鸟兽蹄迒之迹，知分理之相别异也，初造书契，百工以乂，万品以察。"

图 2-1　陕西白水仓颉庙

图片来源：百度图片

仓颉何许人也？根据上述文献的记载，仓颉是黄帝的史官。但历史上有无仓颉其人，却无从得以确知。我们今天可以确知的是，自战国至今，关于仓颉的传说不绝于耳，中国大地上至今还有很多前人留下的关于仓颉的纪念遗迹（见图 2-1）。

2. 沮诵等人的造字传说

除了仓颉之外，还有"沮诵""史皇""敤手"等人造字的传说。"沮诵造字说"见于《广韵》，《广韵》鱼韵"沮"字下引《世本》："沮诵、仓颉作书。"史皇作书的传说，见于《淮南子·修务篇》："史皇产而能书。"《吕览·勿躬篇》又说："史皇作图。"《文选注引》："史皇作图。"敤手作画的传说见于《太平御览》："敤手作画。"《汉书·古今人表》载有"敤手"其人："敤手，舜妹。"《说文·攴部》作"敤首"："敤，研治也。从果攴声。舜女弟名敤首。"段玉裁《说文解字注》："手首古同音通用。"丁山认为："《汉书·人表》只有仓颉、敤首，不见史皇、沮诵。"他认为所谓史皇、仓颉实为一人，不一定是神名，更不必研究他曾否做过黄帝的史官。马叙伦《读书札记》中有与其相同的看法。

（二）关于结绳成字的传说

有的教科书把"结绳记事"也与仓颉造字相提并论。"结绳记事"最初见于《周易·系辞》："上古结绳而治，后世圣人易之以书契，百官以治，万民以察。"这里将"结绳而治"与"书契"二者联系在一起，应是我们的祖先对于文字创制的记忆或认识的反映。虽然结绳在客观上有与文字相似的记事功能，但“结绳”毕竟不是“文字”，二者的差别是非常大的，祖先造字是不是受过结绳的启发也未可知。尽管如此，有一点必须强调，古人既要借“结绳”为记事手段，那么，在使用此种方法记事之时，必须将头绪纷繁的事情加以归纳整理，这整齐化、系统化的工作是文字创制不可或缺的步骤。因此，将“结绳”“契刻”视为文字创制的前奏，或不为过。

（三）八卦“起一成文”说

宋代郑樵在《通志·六书略·第五》中有“起一成文图”“因文成象图”“古今殊文图”“一代殊文图”“诸国殊文图”诸篇，他将文字的产生附会成人势“起一成文”“因文成象”说。他提出“一”字可做五种变化，用以概括汉字形体的各种结构，汉字体系就是由“一”字的千变万化和各种组合创制的。

郑樵之说大概依据《周易·系辞》和《尚书·伪孔传序》。《周易·系辞》曰：“包牺氏之王天下也，仰则观象于天，俯则观法于地，观鸟兽之文与地之宜，近取诸身，远取诸物，是始作八卦，以通神明之德，以类万物之情。”《尚书·伪孔传序》曰：“古者包牺氏之王天下也，始画八卦，造书契，以代结绳之政，由是文籍生焉。”研究者认为，郑樵是据此穿凿附会提出了八卦“起一成文”说，这种说法不为后来学者所认同。

二、文字的起源

文字的发明，是人类文化史上具有划时代意义的界标性事件。但是，汉字的发明真的如神话传说中说的那样，是某一个英雄人物发明的吗？显然不是。根据历史唯物主义的观点，汉字和其他任何历史现象一样，都有一个产生和发展的过程。谈到汉字起源，人们马上会想到殷商晚期的甲骨文。19 世纪末，甲骨文的发现和被认识，曾引起中国古文字学、历史学的大变革。但是，甲骨文显然不符合文字初创时的特点，因为从其形体结构和运用水平看，最原始的文字应该是字汇少，文字组织和运用规律极粗糙的。可是甲骨文已发现 3000 个以上的字词，包括名词、代名词、动词、助动词、形容词等词类，还有长达一百七八十字的记叙文。因此，甲骨文还不能被认为是中国文字的起源。

（一）陶符——文字的起源

中国文字的起源，应该从陶符讲起。从神话传说中的“结绳记事”“契木为文”起步，中华先民开始了漫长曲折的文字创造过程。到了距今 6000 年左右新石器时代的仰韶彩陶文化时期，出现了陶器上的刻画符号。西安半坡遗址出土的陶钵口沿上，有 27 种刻画符号，最常见的是一竖画，其次是“Z”形。从形体结构看，它们笔画简单，是抽象的符号，而不是某种动、植物的概括图形。从刻画的部位看，大多固定在陶钵外口沿的黑宽带纹和黑色倒三角纹上。一般一件器物上只有一个刻符。因而可以断定，它们是人们在制作或使用时有意识地刻下的记事符号。到了距今4500多年的大汶口文化晚期，出现了与上述简单抽象符号不同的复杂图形符号。这些符号，还不能称为严格意义上的文字，但可以确定的是，汉字就是由原始社会晚期已经普遍存在于陶器上的抽象符号和概括式图形符号这两种表意符号分化、质变、创新而产生的。

（二）文字的产生

从陶符到文字，除了生产发展，社会经济文化交往增多等历史条件外，还必须经过专门人才的整理、改造和创制。陶符可以信手画来，只要自己明白就行，而文字却需得到社会的认可。完成从陶符到文字的转变、定型工作的，只能是社会中脱离体力劳动的专门知识人才。在阶级萌生、体力劳动与脑力劳动初步分离的夏代，这样的人才已经出现。一般认为夏代已经进入阶级社会。多数学者都认为夏代应该有文字，至少应该已有原始文字。但是在考古发掘中却还没有发现确凿无疑的夏代文字。所以，能够真正标志我国古文字产生的最重要材料，仍然首推甲骨文。

三、中国文字书写材料和形体的演变

中国古文字产生后，随着社会生产的发展和书写材料的进步，以及语言的需要不断扩大，文字书写材料和文字形体也随之发生变化。

（一）中国文字书写材料的发展演变

1. 甲骨文

甲骨文是目前所见最早的成体系的汉字。甲指龟甲，骨指兽骨。甲骨文就是刻在龟甲、兽骨上的文字。甲骨文主要出土于现在的河南安阳的商王朝都城的殷墟遗址。它记录了商王盘庚自迁殷后直至商纣王灭亡的270多年商王等占卜的情况，所以甲骨文又称为甲骨卜辞或殷墟文字。甲骨文形体的主要特点是象形，与图画十分相似，简练线条描摹出的生动形象，完全可以与当代绘画大师的抽象画相媲美。

2. 金文

金文是指铸刻在青铜器上的文字。商周时代称铜为金，故称为“金文”。因为金文最初发现于钟鼎等青铜器物上，所以又称作“钟鼎文”。金文使用的时间长、地域广，所以具有多种特点。商代金文与甲骨文属于同一阶段，象形程度很高，由于载体面积大，文字又多为模铸而成，因此线条比甲骨文粗壮，且圆转随意。西周是铜器铭文的全盛时代，这时期的铜器铭文不但数量多，而且篇幅往往比较长。比较突出的，如西周前期的大盂鼎有 291 字、西周后期的毛公鼎有 498 字（见图 2-2）。春秋时代也有长篇铭文，但已不如西周时代多见。研究西周、春秋时代的文字，金文是最重要的资料。

进入战国时代以后，铜器铭文发生了很大变化。从西周到战国早期，铜器铭文内容变化不大，主要是器主叙述做器缘由以及祝愿子孙保有器物等类的话。大约从战国中期开始，传统形式的铭文已经变得很少见，“物勒工名”式的铭文则大量出现。这类铭文字数一般不多，所记的主要是做器年份、主管做器的官吏和做器工人的名字等。春秋以前，铜器铭文大都是铸在器物上的。战国中期以后，则往往是在器物制成后用刀刻出来的，兵器等物上的铭文还往往刻得很草率。

秦汉时代的铜器铭文，除了度量衡铜器上的铭文情况比较特殊外，大多数是“物勒工名”、标明器物主人或使用地点的简短铭文。魏晋以后的铜器铭文一般就不大受研究者重视了。

图 2-2　毛公鼎金文

图片来源：阴法鲁．中国古代文化史（插图本上）[M]．北京：北京大学出版社，2008：320.

3. 石刻文字

先秦的石刻文字往往见于戈、磬等器物上，非器物的刻石为数不多，其中最著名的是石鼓文。最早发现的先秦石鼓文，刻在 10 个约 1 米高的高脚馒头形的石碣上，最初立在秦国雍城（今陕西凤翔）南面的三畤原上，唐初始见记载，后来曾经经过几次迁徙，现收藏在北京故宫博物院内。由于这些石碣的外形稍有些像鼓，一般称之为石鼓。每个石鼓都刻有一首四言诗，原来共有 700 余字，由于石的表面不断剥蚀，残脱的字已有一大半。一些学者研究认为，石鼓文为春秋中晚期秦国的文字。石鼓文之外，比较重要的先秦石刻文字，还有北宋时发现的秦王诅楚王的告神之文，即所谓诅楚文。当时大概每告一神即刻一石，埋在祀神之处。北宋时发现了3块这样的刻石，每块刻有300余字，除神名各异外，文字基本相同。由于原石早佚，现在只能看到摹刻本。

秦统一后，秦始皇巡行天下，在多处地方立石铭功，秦二世时又在各处刻石上加了一道诏书。这些石刻文字是研究秦代篆书即一般所谓小篆的最好资料。可惜原物几乎都已毁坏，只有琅琊台刻石（相传是李斯所作，为小篆鼻祖）尚有残块存留。此外，峄山刻石的文字尚有徐铉摹本的石刻传世，泰山刻石也有残拓的摹刻本传世。

西汉石刻文字传留下来的不多。东汉时代，刻碑之风兴起（碑有特定的形制，秦始皇刻石等不能称碑，只能称碣），有大量碑文和摩崖文字等流传下来。东汉碑刻一般使用工整的隶书。现代书法家所写的隶书多数出自汉碑，魏和西晋时代的碑刻一般也用隶书。

汉末曾将儒家主要经典刻石立于洛阳太学，由于其事始于汉灵帝熹平四年（175年），世称熹平石经。晋以后，墓志逐渐流行。墓志放在墓葬内，多数刻在石质的板上，也可以看作石刻文字。

4. 简牍文字

我国在使用植物纤维纸之前，长期以竹木简为主要书写材料。简是细长条的薄片，用绳把简编连起来就成为册，通常用毛笔蘸墨在上面书写。殷墟甲骨文屡见“册”字，《尚书·多士》也说“惟殷先人有册有典”，可见至迟在商代简册就已通行了。商代和西周春秋时代的主要文字资料应该是简册文字，可惜竹木易腐，未能保存下来。

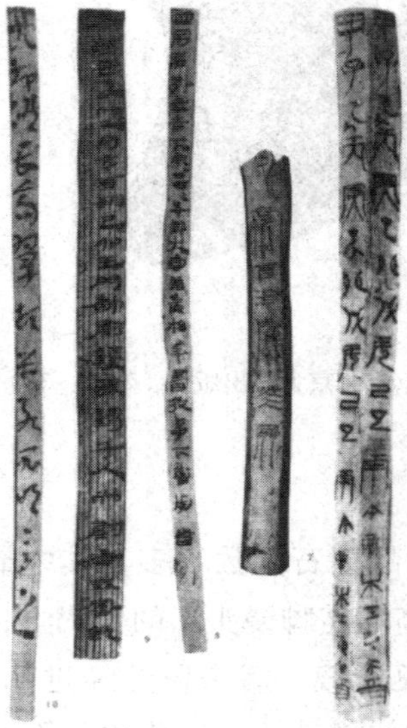

图 2-3　敦煌汉简

图片来源：阴法鲁．中国古代文化史（插图本上）［M］．北京大学出版社，2008：323.

已发现的简册以战国时代的为最早。西汉和西晋时代都曾发现过大批战国时代的简册（西汉时代发现的就是经学家们讨论的“古文经”，西晋时代发现的是“汲冢竹书”），但原物早已毁坏。20世纪50年代以来，在湖南长沙市、常德市、慈利县，河南信阳市和湖北江陵县、荆门市等地的楚墓里都出过竹简。此外，1978年在湖北随州市发现的战国早期的曾侯乙墓也出土了一批竹简。这是已发现的时代最早的一批简。秦简是在20世纪70年代第一次发现的。1975年年底，湖北云梦睡虎地11号秦墓出土了1100多枚竹简。竹简抄写时间不一，估计为战国末年至秦初这段时期。

从清末以来，在西北地区两汉和魏晋时代的

边塞等遗址里，陆续发现了很多汉简和一些魏晋简。20 世纪 50 年代以来还在各地的汉墓里发现了很多汉简。西北边塞遗址出土的汉简包括所谓敦煌汉简（见图 2-3）、居延汉简等，一般都是木简，时代起自西汉武帝晚期至东汉晚期。

古代往往以简、牍并称。简很窄，通常只写一行字。牍是可以写几行字的长方形木板（宽度不一）。已发现最早的牍出土于战国晚期的秦墓。汉代的边塞遗址和墓葬也都出过一些木牍。对研究字体来说，简牍文字与下文就要讲到的帛和纸上的文字都非常重要。因为这些文字一般是以当时日常使用的字体书写的，不像金石文字往往比较保守，倾向于使用比较旧的字体。

5. 帛和纸上的文字

在使用植物纤维纸之前，除竹木简外还有一种比较重要的书写材料，这就是帛。古人常说“竹帛”，以帛与竹简并提。

已发现的时代最早的一件帛书，也是属于战国时代的楚国的。这件帛书于 1942 年在长沙的一个楚墓中被盗掘出来，20 世纪 40 年代中期流入了美国。它是一张长 47 厘米、高 38.7 厘米的帛，上面有墨书的 900 多个字，还有一些跟文字配合的彩色图像。1973 年在下葬于西汉文帝十二年（前 168 年）的长沙马王堆三号汉墓中发现了大批帛书，有《老子》《易经》等典籍和医书、占书等，种类很多。其中有一件字体为篆书的占书，是秦统一前一年（前 222 年）抄写的。大部分帛书的字体属于早期隶书。其中一部分，字体跟篆书比较接近，可能抄写于秦末或汉初。此外的抄写于西汉早期。

2 世纪初，蔡伦改进造纸方法之后，植物纤维纸开始较多地用于书写。作为书写材料，纸跟帛的性质比较接近。帛由于价格昂贵，不能取代简牍。纸出现后逐渐把简牍排挤出历史舞台，成为主要的书写材料。这一过程大概到 4 世纪才基本完成。

比较重要的较早的留有文字的纸，发现于魏晋时代的“楼兰遗址”，其年代范围大概跟同出的简牍差不多，内容有书信、文书和簿籍残片等。在敦煌莫高窟和新疆吐鲁番等地，发现过一些晋代和南北朝的卷子和字纸，对研究字体也有一定的参考价值。自古流传下来的魏晋以来名家书迹，一般也属于帛纸文字。可惜现存的大都是临摹本或临摹本的刻本。

6. 其他书写材料上的文字

除上面所举的五大类外，还有不少对研究字体有用的古代遗物上的文字资料。例如，在山西侯马市和河南温县发现的、时代在春秋战国间的盟书（用朱或墨写在玉、石片上的盟辞），战国时代的货币文字，战国秦汉时代的印章文字，商代以来的各种陶瓦制品上的文字，战国以来的各种漆木器上的文字等。这里不再一一介绍。

以上介绍的这些资料，同时也是研究汉字字形和结构的重要资料。

（二）中国文字形体的发展演变

中国文字形体的演变可以大致分为两个阶段：一是古文字阶段；二是今文字阶段（见图 2-4）。古文字阶段包括大篆和小篆。这个阶段汉字形体的主要特征是具有较强的图画或图案性。大篆是一个总的概念。结合书写材料和形体的不同，大篆包括甲骨文、金文、先秦石刻文字和简牍文字等。今文字阶段，包括隶书、草书、楷书、行书。前文对甲骨文等多有介绍，因此，下面对小篆和隶书至今文字分别做一介绍。

1. 小篆

小篆是秦始皇统一中国之后官方公布的文字规范，又称“秦篆”。小篆的主要特点是：线条圆转，结体平稳匀称，上密下疏，沉着舒展。因此大篆象形的特点弱化了，图案的特点突出了。

2. 隶书

隶书产生于战国晚期，是在篆书草化基础上产生的，汉代以前的隶书结构还有较多的篆书特征，被称为“古隶”。汉代的隶书打破了篆书的结构束缚，成为一种全新的字体，称为“今隶”。隶书是古文字变为今文字的分水岭，从隶书开始，汉字结束了以象形线条为标识的古文字阶段，而进入以笔画为标识的今文字阶段。隶书的特点是：线条波挑分明，结体扁方，横向舒展而纵向紧凑，体势相背如“八”字的形态，而象形的意味完全消失了。

相关链接 搜索

《说文解字·序》对于隶书的记载

许慎《说文解字·序》中说：“秦烧灭经书，涤除旧典，大发吏卒，兴役戍，官狱职务繁，初有隶书，以趣简易，而古文由此绝矣。”

——资料来源：许慎《说文解字·序》

3. 草书

草书有章草、今草、狂草三种。章草是东汉后期在汉隶的基础上形成的，其主要特点是简化了隶书的线条，在快速书写中增加了线条之间的连带，但还残留着隶书波挑的笔法。到东晋时期，波挑的笔法消失了，又形成了今草。今草的章法基本上是字字独立，行行整齐，当字字连绵、大小不拘、行行摆动的时候，就成了狂草。草书与隶书、楷书差异极大，是完全艺术化的独立的符号系统，它基本不用于日常的交际和信息的存储，多用于书法艺术的创作。

4. 楷书

楷书是东汉后期在汉隶基础上形成的，又叫正书、真书。楷书的特点是：笔画提按分明，线条分布匀称，结构端庄平稳。从魏晋以来，楷书作为通行标准字体一直使用到今天。其间虽出现了钟繇、王羲之、欧阳询、虞世南、褚遂良、颜真卿、柳公权、赵孟頫等不同风格的书体和专门用于书籍印刷的宋体，但都是线条形态的变化，楷书结构的基本特征始终没有改变，因为楷书形体是完全按照美的规则构成的，已经达到了美的极致，改造变通的空间很小。

5. 行书

行书是介于草书、楷书之间的字体。接近于楷书的叫行楷，接近于草书的叫行草。一般说行书多指行草。行书的主要特点是：线条简洁连贯，形体活泼，姿态生动，书写便利，易于辨识，因此是日常交际中应用最广、深受人们喜爱的字体。从古至今，虽然汉字的形体发生了巨大的变化，但历史上出现的各种形体至今仍保持着旺盛的生命力。

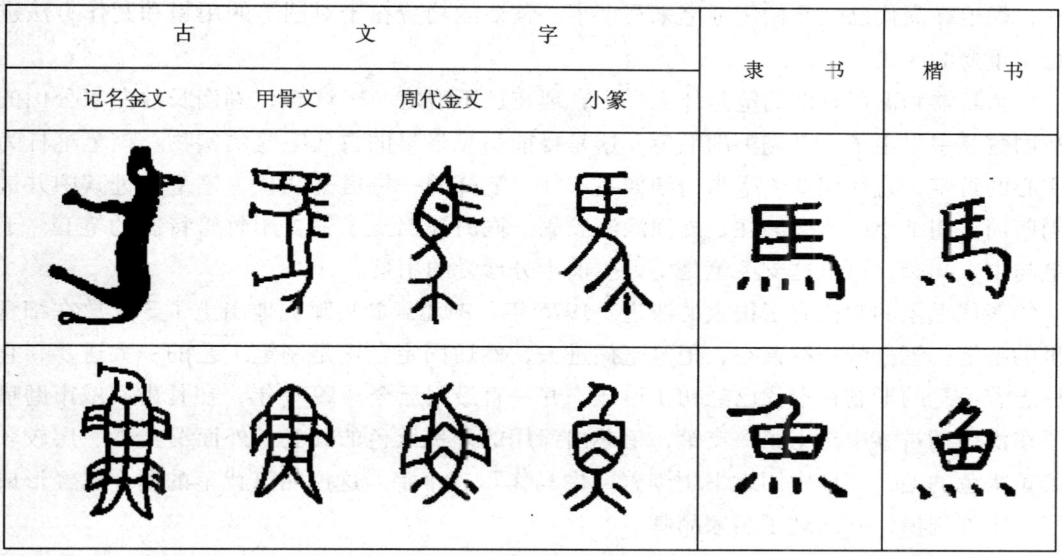

图 2-4　汉字形体的演变

图片来源：阴法鲁．中国古代文化史（插图本上）［M］．北京：北京大学出版社，2008：318.

第二节　中国的文房四宝

文房四宝是指中国独有的文字书写工具——笔、墨、纸、砚。中国历史文化的发展与文房四宝的不断改进有着密切的关系。了解文房四宝，对认识中国历史文化有重要的作用。

一、工艺复杂的笔

（一）毛笔的起源和特征

1. 毛笔的起源和发展

甲骨文中已有“笔”字。战国时期笔有多种名称，楚称为“聿”，吴称为“不律”，燕称为“弗”，到了秦代，才统一称为“笔”。

由于《史记》曾记载秦代蒙恬取中山兔毫造笔，《千字文》又有“恬笔伦纸”的记述，人们曾经认为毛笔是蒙恬发明的。但是，中国新石器时代的彩陶器物上的花纹表明，早在六七千年前，古人已在使用毛笔。从殷墟出土的甲骨和陶器上的书写痕迹判断，最迟在商代已经开始用毛笔来写字了。蒙恬的功劳在于对制笔的用料和制作方法进行了重要的改进。

新石器和商周时期的笔是什么样子，现在还不清楚。1954 年，湖南长沙左家公山的战国楚墓中出土了一支完整的毛笔，这是目前所见最早的古代毛笔的实物。该笔笔杆为实心的竹竿，直径仅 0.4 毫米，细如毛衣针，笔杆的一端劈开几杈，笔毫夹进其中并铺围四周，用细小的丝线缠住，外面涂漆胶固。同时还出土了一支用竹管特制的笔套。毛笔与主人同葬，可见这支毛笔是主人生前十分珍爱的用具。

秦代毛笔的制作有了很大的改进。1975 年，湖北云梦县睡虎地出土了 3 支放在细管里的毛笔，笔杆的一端镂空，把笔毫插进去，然后固定。这是制笔工艺的一大进步，它标志着毛笔的形制在秦代已经初步形成，并一直沿用至今。1972 年，在甘肃武威市磨嘴子东汉中期古墓中出土了一支笔，笔芯出锋用的是黑紫色的硬毛，外面覆盖着一层较软的黄褐色的毛，笔杆中用隶书阴刻着“白马作”三个字。这说明汉代笔的制作已经形成了一定的规模，并出现了名家品牌。

2. 毛笔的作用和特征

毛笔与文字书写的关系极其密切，在用文字书写传播信息的时候，通信和书籍都离不开毛笔。在青铜器上铸造或在碑碣上镌刻文字，一般也是先书后制。在用印刷手段为主的传播信息阶段，最基础的工作也还是书写。五代刻印的书籍多为“能书人端楷书写”。宋代的书手如林，书体很多，欧体、颜体、柳体都十分精美。这也离不开毛笔。

字写得是否漂亮，与毛笔的质量有直接的关系。毛笔的质量主要看“尖、齐、圆、健”，即毛笔的“四德”。“尖”是指笔毫聚拢时，笔颖端部如针尖；“齐”是指笔毫铺开后，顶部平齐如刷；“圆”是指笔毫聚拢时周身丰满圆润；“健”指笔毫劲健有力，铺开后收拢容易恢复原状。

（二）制笔工艺的三大笔派

毛笔的生产和制作历史悠久，曾出现了三大笔派。汉代以后出现的第一个毛笔生产中心在宣州（今安徽省宣城市以及芜湖市的芜湖县和南陵县），世称宣州笔派。在东晋时，宣州陈氏之笔，深为王羲之所推崇。在唐代，宣州诸葛氏制作的毛笔，受到著名书法家柳公权的推崇，白居易也曾写诗歌颂。宋代诗人文士赞誉宣笔，达到空前的程度。宣州诸葛高被推为宣州笔圣手。苏轼、欧阳修、梅尧臣、黄庭坚诸人，都撰写诗文赞扬他制作的毛笔。

南宋建立以后，笔工南流，导致湖州笔派的兴起。湖笔初起于今浙江省湖州市吴兴区的善琏镇，受到元代大书画家赵孟頫、钱选等人的赞颂。当时，造笔名手冯应科、张进中、范君用以及陆文宝、施文用诸人相继而出，驰名于元、明两代，影响东南地区，并及全国。

明清时期，作为京师的北京聚集了不少造笔名家。他们根据文人名士、达官贵人的要求，特制各式毛笔，逐渐形成自己的风格，被称为北京笔派，影响也很大。

二、形式多样的墨

中国古代使用墨的历史悠久。1972 年，在陕西临潼姜寨遗址，发现了一套绘画工具。姜寨遗址是新石器时代的遗址，这证明距今 5000 年以前的新石器时代，我们的祖先已经使用墨、砚。不过那时的墨块，是一种自然墨（氧化锰）。

从出土的战国简牍文书的墨迹上我们可以知道，人造的墨大约始于战国时代。汉代时，人工墨是向宫廷进贡的物品，并赐给有司属官。由此可见，当时墨的生产已经形成较大的规模。汉代造墨用松烟，多在北方松树多的地区生产。

三国时期魏国著名的书画家韦诞是制墨名家，他制作的墨享有“一点如漆”的美誉。韦诞之后，在很长的时间里，无论书写或印刷，都用韦诞创造的制墨方法制墨。

唐代末年，易州墨工奚廷珪父子迁徙歙州，见黄山松肥脂厚，遂定居造墨，这是徽墨之始。南唐元宗召奚廷珪为墨务官，赐姓为李，为其造墨。李廷珪精心制墨“坚如玉、纹如犀、色如漆”，“遇水三年不败”，被李后主赞为天下之冠。李廷珪制造的墨初称新安香墨，宋徽宗时，歙州更名徽州，就把李氏及其他各家之墨，定名为徽墨。

宋代出现不少造墨名家和很多新品种墨：张遇创制了油烟墨；沈硅制作了漆烟墨；潘谷被人们称为“墨仙”，他制造的墨“香彻肌骨，磨研至尽而香不衰”，被称为墨中神品。

明代造墨业集中在安徽，形成了歙县、休宁县两大派别。邵格之、罗小华是歙墨的代表人物，休宁墨的代表人物汪中山创制的“集锦墨”图案华丽精美，雅俗共赏。明代万历年间的制墨名家程君房筵请绘画和雕刻名手将自己制作的墨刻印成大型图谱《墨苑》，与程君房并驾齐驱的方于鲁将自己的墨品刻印成《墨谱》。

清代制墨业有了很大的发展，并且具有商品经济的特色，制墨和文房用具销售兼营。著名的制墨家有曹素功、汪近圣、詹成珪、汪节淹和胡开文。胡开文制的地球墨参加了 1915 年巴拿马博览会，获得金质奖章。胡开文的子弟众多，开的墨店分布大江南北，影响极大。

相关链接 搜索

韦诞的制墨配方和工艺

北魏贾思勰曾记载韦诞的制墨配方和工艺方法：用上好醇烟，以细绢过筛，再配合好胶。解胶的梣皮水（即秦皮水）、蛋白及麝香等，共下铁臼中，捣三万杵，杵多更好。捣烟主要是捣和均匀、坚密紧实。醇烟的黑度浓，细筛后的墨质纯，多捣则颗粒细，所以做出的墨颜色黑而均匀，为书画艺术和书籍的印刷提供了很好的材料。

——资料来源：贾思勰《齐民要术》

三、丰富多彩的纸

纸是中国古代的“四大发明”之一，也是中国对世界文明的伟大贡献。汉代以前，人们主要用竹简、木牍及缣帛做书写材料，由于简重帛贵，取材不易，使用不便，为了满足书写的需要，纸就应运而生了。

以前，人们普遍认为东汉和帝时期蔡伦发明了造纸术，但是，20 世纪 30 年代以来的考古发现表明，西汉时期就已经有了纸。1933 年，在新疆罗布淖尔汉代烽燧遗址中，发现了一片西汉宣帝年间的麻纸。1972~1976 年，在甘肃居延地区额济纳河汉代烽塞遗址上出土了两片麻纸，其中一片含有麻筋、线头和破布块。经考证，这两片纸的年代是西汉宣帝甘露二年（前 52 年）和哀帝建平（前 6~前 3 年）年间制作的。1978 年年底，在陕西省扶风县一处西汉窑藏中，发现了 3 片麻纸，相当结实，有一定的光泽和韧性，也是西汉宣帝时的制品。这些古纸足以证明早在蔡伦以前造纸术就已经发明。

蔡伦的主要功绩是改进了造纸术，初期的纸，是利用丝絮制成的。蔡伦改进了造纸的原料，开始用树皮、麻类造纸，由于材料众多而且价廉，这样就为大量造纸开辟了广阔的前景。东汉末年，造纸能手左伯制造出细匀而有光泽的高级书写纸。到了晋朝，纸已被人们普遍使用，成为社会上的主要书写用品。

相关链接｜搜索

蔡侯纸

《后汉书》记载："自古书契多编以竹简，其用缣帛者谓之为'纸'。缣贵而简重，并不便于人。伦乃造意，用树肤、麻头及敝布、鱼网以为纸。元兴元年（105年）奏上之。帝善其能，自是莫不从用焉，故天下咸称'蔡侯纸'。"

——范晔《后汉书·蔡伦传》

唐代文化的发达，促进了造纸业的发展。官办的、民办的、私人的造纸作坊遍及全国，质量也有了很大的提高，出现了许多品种。例如，有种硬黄纸，制作时经过染潢、涂蜡等工序，制作出来的纸质地坚硬细密、浸水不坏，并且防蛀。此外，还有"入水不濡"的扬州六合麻纸，质地洁白、坚韧、抗蛀、不易变质的宣纸；还有各种笺纸，如贴洒金箔的金花笺，五颜六色的彩笺等。蜀中名妓薛涛自造的杯花纸及深红的小彩笺，深受文人雅士的喜爱，号为"薛涛笺"。

宣纸是纸张中独特的品种，它因出产在安徽宣城而得名。宣纸的独特性在于使用了一种安徽省南部生长的特殊原料——青檀。青檀的枝皮中含有极其丰富的韧皮纤维，用它造的纸润墨性优于其他各种纸，所以深受书画家的喜爱。宣纸有生宣和熟宣两种，经过加工的称为熟宣，未经加工的则是生宣。生宣受墨而易渗化，熟宣是用矾胶对生宣纸加工处理而成，它的润墨性受到一定的控制，因而受墨不易渗化。熟宣适宜用来写小字，一般多用于画中国工笔画。古代宣纸，多不生用。工笔画、楷行字用熟宣纸最适宜。唐宋以后，宣纸加工，名目日繁，明清益盛。不论加色、加蜡、加矾、加粉、研光或是洒金、描金等，从书画效果上来看，无非是使纸的润墨性受到不同程度的控制。生宣润墨性强，调好水墨比例，笔一挥可以墨分五色，它不允许犹豫，更不宜行笔太慢，而使用熟宣则可从容下笔。

各种名目的纸多用于书画创作，至于印刷书籍，宋代以后主要使用竹纸。

四、制作精良的砚

（一）中国砚文化的产生和发展

砚是研磨墨块的工具，是伴随着墨的使用而产生和发展的。研磨工具产生很早，

1972年，在陕西临潼姜寨二期遗址发现了一套陶器彩绘的工具，有棕色的陶水杯、石墨和一件完整的石砚。砚有盖，砚面微凹，凹处有一根石质磨杵，这一发现证明距今5000年前的新石器时代，就有了墨砚。早期的墨是矿物质材料，因此早期的砚多为石板，并附有研石或磨杵。到了汉代，出现了人工的松烟墨，砚的制作工艺也得到发展。磨杵与研石取消了，出现了圆形三足的石砚、陶砚，并开始在砚身雕刻装饰性花纹。后来又出现了瓷砚、铜砚、漆砚等。到了隋唐，聚墨多的箕形、圆形有足砚开始流行。唐代初中期，先后出现了歙砚、端砚、红丝石砚以及澄泥砚，这些质地优良的名砚，受到很多文人名士的赞扬，成为中国最早的四大名砚。

五代时期，砚作为文房用具受到宫廷重视。南唐元宗在歙州设置了砚务官，专为内务府造砚，大大提高了砚的地位。

宋代普遍使用石砚，砚石多就地取材，制作精良，形式多样，并且出现了一种叫作洮河绿的名砚。这样，全国就有了五大名砚。

明代，除了五大名砚以外，也制作玉砚、瓷砚、漆砚、铜砚、木砚、铁砚等，并且出现了在砚上雕刻诗句、铭文的风气。砚的制作日益精美，出现逐渐脱离实用、成为工艺美术品的趋势。

清代制砚工艺更为发达，砚材的品种，雕刻的技术，形式的精巧以及砚匣的装潢，都有许多考究，名家制作的砚作为艺术品被世代珍藏。

（二）中国名砚

从古至今，虽然砚的种类繁多，但著名的是五大名砚，即端砚、歙砚、澄泥砚、洮砚和红丝砚。

1. 端砚

端砚诞生于唐代产于广东端州（今肇庆）。初采之石作紫色。宋代开三岩，石作青紫色，明代挖掘水坑，逐渐开凿出佳石，石色紫中泛青，各色层出不穷。主要纹色有青花、焦叶白、鱼脑冻、冰纹冻、翡翠斑、火捺等。青花、焦叶白、鱼脑冻等纹色都是质地温润、发墨细腻的标志，是端砚中的佳品，为人们所推崇。

2. 歙砚

歙砚在唐代产于婺源县，因婺源古属歙州而得名。歙砚质地坚硬，发墨胜于众砚，纹色有金星、银晕、眉纹、螺纹等。歙砚开始并不为人们重视，五代时受到南唐元宗皇帝的赞赏，因此名声大振，与澄心堂纸、李廷珪墨并称为“新安三宝”。歙砚在宋代受到普遍的喜爱，求索者甚众，因此导致了滥采乱掘。到了元代，砚坑塌陷，停产达数百年之久，其中除清朝乾隆年间开采过一次外，一直到1964年才正式恢复开采。

3. 澄泥砚

澄泥砚在唐代产生于山西绛州，盛于宋，明代达到炉火纯青。澄泥砚历代皆为贡品，在中国砚台史上占有重要地位。夏汛时，工人于汾河中，用布袋滤取河泥沙，加以黄丹、核桃油、玉屑，捏塑雕制，然后裹上黑蜡烧制而成。明代以后，逐渐有天然澄泥，多出自江西、安徽、江苏的长江两岸，以古河床深部之沉积层，取来做砚台，颇受欢迎。鳝鱼黄、蟹壳青、豆沙绿、玫瑰紫、虾头红、朱砂红等砚台品种为珍品。

4. 洮砚

洮砚也称洮河砚，与端砚、歙砚齐名，在宋代产于甘肃临洮县。砚石产自甘肃岷县、卓尼县一带的洮河峡谷中，且多从洮河中捞取，所以产量不多。洮砚色淡绿，有白色条纹，质地甚细，在中国北方最为贵重。洮砚石质佳、发墨快、研墨细、不伤笔毫。因此，洮砚在宋代就为当时文人所珍视，苏轼在《鲁直所惠洮河石砚铭》中赞道："洗之砺、发金铁。琢而泓，坚密泽……。"黄庭坚诗云："久闻岷石鸭头绿，可磨桂溪龙文刀。莫嫌文吏不知武，要试饱霜秋兔毫。"

5. 红丝砚

红丝砚在唐代产于山东青州（今山东省临朐县）。此砚选用优良的红丝石，质地比较软，纹理红黄相间，并有丝丝红丝，十分优美，故名"红丝石"，从鉴赏的角度说，为制砚之佳品。但由于发墨效果不好，所以产量不大。

从实用的角度说，砚石的质量主要看石质，以质地细润、发墨如泊、储墨久、不伤笔者为佳。从综合角度说，石质之外还要看制作的水平，根据石材的特点设计雕刻，精雅大方者为佳。由于砚是文房四宝中的耐用品，能代代相传，流传至今的古砚文物价值较高。时代早和名人使用过或有名人铭跋的砚价值最高。

第三节　中国古代的书籍

一、古代书籍形式的发展演变

（一）早期的书籍

根据文献记载，夏代已经有了书籍。从出土的实物上我们可以看到早期书籍的两种形式：有形的装订和有意的组合。

1. 有形的装订

即用绳子把相关内容的甲骨片组合在一起。甲骨文的“册”就是这种装订形式的表现。在距今3300多年的殷商时期，就有了将甲骨片用绳子串联起来制作的书。殷墟考古挖掘出的一侧钻有孔的甲骨片（这些孔是串联甲骨片用的），是这种装订的“书”的实物证明。

2. 有意的组合

所谓有意的组合是指作为一个整体来书写和保存的，只不过条件所限，没有装订在一起。山西侯马晋国遗址出土的《侯马盟书》就属于这种情况。《侯马盟书》是春秋晚期晋国世卿赵鞅在韩、赵、魏分晋前夕同卿大夫举行盟誓时订立的盟约，用毛笔把约定的内容写在一批玉片和石片上。一式两份，一份藏于盟府，一份埋于地下或沉在河底，以取信于鬼神。这些玉片和石片，虽然没有装订，但它们是作为整体而书写的，并且存放于一处，因此也是书籍的一种形式。这种形式在后代还可以见到。例如，战国晚期秦国在10件石鼓上镌刻记述秦王打猎的诗歌《石鼓文》，东汉在46块石碑上镌刻了儒家经典，立于洛阳太学的《熹平石经》，三国时期魏国用古文、小篆、隶书3种书体镌刻的《正始石经》，唐文宗时期刻的《开成石经》，五代后蜀刻的《后蜀石经》，北宋刻的《国子监石经》，南宋高宗亲自书写付雕的《御书石经》以及清代的《乾隆石经》等，这些石刻文字都是作为一个整体来设计、制作和存放、使用的，因此它们也是书。就像今天用散页的形式印制的书一样，只是体积、形质、组合形式不同而已。

（二）简策与书卷

春秋战国时期，文字多书写在竹片和木片上。有字的单根竹片叫作“简”，用绳编连起来的“简”叫作“策”，编简成策的绳子叫作“编”。绳子有丝绳和皮绳两种。用丝绳编的叫“丝编”，用皮绳编的叫“韦编”。《史记·孔子世家》记载“孔子晚而喜《易》，读《易》，韦编三绝”，说明春秋时代就有了“简策”。

用“简”编连起来的“策”，其前面的两根简为空白竹片，叫“赘简”。赘简的背面一般都书写书名或篇名。策的最后一根简叫“末简”或称“尾简”。当以末简为轴，将策卷成一束时，赘简背面的书名或篇名就露在外面，成了这部书事实上的封面。稍长一点的文章，一束简策容纳不下，就分为几束简策。在赘简背面写上书名、篇名和次第。一部书的所有简策，均以末简为轴卷成一束，用“编”捆缚，依次排列，或装在盛简策用的“帙”或“囊”里，以便查阅。“简策”既是书籍的名称，也是中国最早的比较完整的书籍装订形式，虽然简策随着纸的普遍使用而退出历史舞台，但对后世书籍装订形式的演变有很大的影响。

帛书又称缣书，是写在缣帛上的书。帛书起源于何时，尚无定论，目前所见最早的帛书是战国楚墓出土的楚帛书。简牍、帛书收藏时要卷起来，因此书籍就出现了“卷”的形式。战国时代帛书与简牍并用，但缣帛昂贵，且易损坏，所以数量不多。三国以后，纸逐渐通行，简牍废弃不用，帛书也很少用于日常书写了。

（三）手抄纸本书籍

造纸出现于西汉，经过不断的改良，至魏晋南北朝时期而大量生产。由于纸的来源充足，价格低廉，并且便于书写长篇的文字，因此纸张就取代简牍、缣帛成为普遍使用的文字载体。

佛教的兴盛和文化、教育的发展，刺激了对书籍的需求，于是就出现了抄书这种新的行业。手抄的佛经和古籍大量出现，使书籍的传播更加广泛。

隋唐时期，国家统一，经济、文化发达书籍的抄写极为兴盛，书籍装订的形式也有所改进和变化，出现了卷轴装、旋风装、经折装和蝴蝶装等装订形式。

卷轴装由卷、轴、飘、带四部分组成。一篇相对完整的文章就是“卷”；在文章的末端装一条比幅面宽度稍长的“轴”；卷首一般都黏接一张质地坚韧而不写字的纸或丝织品，叫作“飘”；飘头系以丝绳，叫作“带”，用以保护和捆缚书卷。卷的时候，以轴为心将书卷在轴上。卷轴装始于简牍、帛书，至隋唐时期臻于完善，并演变成书籍分类的一种形式。不同的书籍，往往用不同的装饰材料和颜色，以区别书籍的内容和价值。

旋风装在外观上与卷轴装完全一样，它与卷轴装的区别是：一般卷轴装的，是用一张张纸粘连起来的长条纸来书写文章，而旋风装则是把一张张写好的书页，按照先后顺序粘在同一张长条纸上，并且每页之间相错约 1 厘米的距离。翻阅时犹如旋风旋转一般，所以叫作“旋风装”。展开平放时，错落粘连，形如鳞次，所以又叫“龙鳞装”。现存故宫博物院的唐朝吴彩鸾手写的《唐韵》，是现在所能见到的唯一一件古代旋风装书册。

经折装是以折为主要方式，将一幅长卷一反一正地折叠起来，形成长方形的一沓，首末两页各加以硬纸保护。这种形式大量用于佛教经典上，所以叫“经折装”。经折装是一种与卷轴装完全不同的装订形式。从外形上看，它近似于后来的册页书籍，是由卷轴装向册页装过渡的中间形式。这种装订形式现在仍被采用。

蝴蝶装简称“蝶装”，又称“黏页”，是由经折装演化出来的，是早期的册页装。蝴蝶装的方法是依照书页中缝把有文字的一面朝里对折，再以中缝为准，把全书各页对齐，然后贴附在另一包装纸上，最后裁齐成册。这样装订成册的书籍，翻阅起来如蝴蝶两翼翻飞，所以叫作“蝴蝶装”。蝴蝶装大约出现在唐代后期，盛行于宋朝。

（四）印刷本书籍

古代的印刷技术有雕版印刷和活字印刷等。雕版印刷这种复制技术是把要复制的文字或图画先刻在木板上，后涂墨铺纸，再用棕刷在纸背上刷印，把版上文字或图画印在纸上。雕版印刷的材料，古人初用梓木，故称刻版为“刻梓”或“付梓”。后来多用梨木和枣木，故又称刻版为“付之梨枣”。

雕版印刷书籍开始于唐代，初行于民间，五代时后唐宰相冯道奉命雕版印刷儒家典籍，开始了官方印书，促进了印刷业的发展，至宋代出现了第一个雕版印刷书籍的高峰。随着印刷书籍的大量涌现，书籍的装订也出现了新的形式，出现了“包背装”和“线装”。

包背装是在蝴蝶装基础上发展而来的装订形式，又称裹背装、裹后背。因其包背纸（封面）包背而不穿纸捻，故称为“包背装”。这种装订形式出现于元初，元末明初开始大量使用。包背装的出现，标志着中国书籍装订形式已日益成熟。

线装是用线将书页连同前后书皮装订在一起的装订形式。线装由包背装演变而来，它与包背装的主要区别是：改纸捻穿订为线订；改整张包背纸为前后两个单张封皮；改包背为露背。线装产生于明朝中叶，线装书为后世各代广泛使用，一直沿用至今。今天的书籍装订虽有各种变化，但均未超出线装范围。

中国古代书籍装订的形式是随着古代书籍的发展而变化的，它经历了简策装、卷轴装、旋风装、经折装、蝴蝶装、包背装和线装等漫长的发展历程，为中国历史文化的发展和繁荣做出了贡献。

二、古代书籍的收藏与流传

有图书就有图书的收藏，有收藏就有世代流传。战国时期已经出现了“藏书”这个术语。在漫长的历史发展中，古代书籍收藏逐渐形成官府藏书、私人藏书、寺观藏书和书院藏书四大系统。

（一）官府藏书

官府藏书是指属于官府所有的各级政府藏书。官府藏书始于夏代，春秋战国时期官府藏书管理制度已经初具雏形，出现了官藏机构。在五代以前，书籍印刷还没有普遍使用，书籍的副本不多，官藏是书籍收藏的主体。

先秦官藏书籍的情况，现在还不清楚。战国时期百家争鸣，出现了大量的著作，各诸侯国肯定都有收藏。秦始皇灭六国建立统一的秦王朝之后，为加强思想控制，以极其严酷的措施禁止私人藏书、谈书。秦代时，书籍主要的收藏方式是官藏。

文献记载，历史上第一次大规模搜集图书的是汉武帝。公元前125年，汉武帝广开献书之路，百年之间，书积如山。当时的政府机构中设有太常、太史、博士诸职，司掌典藏；宫廷内建有廷阁、广内、密室，为藏书之府。为了统一保管和检索这些图书，公元前26年，汉成帝命令刘向校书。刘向校书19年后死去，其子刘歆继承父业，终于编成了中国第一部系统的官藏图书目录——《七略》。同时，经刘氏父子校写的新本，也被统一存放在汉王朝的国家图书馆——“天禄阁”中。《七略》反映了西汉一代典籍之盛。它著录的图书分6大类、38种、603家，共13219卷。但这些书籍在西汉末年的动乱中毁坏散落。

汉以后，历代帝王都曾大规模征集、收藏书籍，如曹魏政权建立后，即着手搜集图书，政府典藏又渐丰富。至西晋时期，官藏书籍多达29945卷。南朝梁武帝嗜书信佛，仅宫内文德殿就列藏各类图书2300卷，梁元帝时仅宫内藏书就达14万卷。隋朝藏书最盛时，有37万卷，为封建社会官府藏书的最高峰。唐代高祖时就已开始聚书，到唐玄宗开元时期，收藏达于极盛。

清乾隆时期，由纪晓岚等360多位高官、学者编撰，耗时13年编成的《四库全书》是当时图书编辑整理的巨大工程，丛书分经、史、子、集四部，故名四库。《四库全书》编辑完成后，乾隆皇帝命人手抄了7部，分别藏于全国各地。先抄好的4部藏于紫禁城文渊阁、沈阳文溯阁、圆明园文源阁、河北承德文津阁，称为“北四阁”。后抄好的3部分藏于扬州文汇阁、镇江文宗阁和杭州文澜阁，称为“南三阁”。《四库全书》完成至今200多年间饱经沧桑，多份抄本在战乱中被毁。如今《四库全书》只存3部半，其中文渊阁本原藏北京故宫博物院，后经上海、南京转运至台湾，现藏台北“故宫博物院”（也是保存较为完好的一部）。文溯阁本1922年险些被卖给日本人，现藏于甘肃省图书馆。文津阁本于1950年由中国政府下令调拨到中国国家图书馆，这是唯一一套原架原函原书保存的版本。而文澜阁本则藏于浙江省图书馆。

由于副本不多，历代官藏书籍大都在朝廷保藏，朝败书亡，这些书籍在改朝换代的动乱中屡遭毁灭性的破坏，很多已经失传。直到刻印书籍的兴起，官府藏书系统才有了进一步发展，形成了皇室、中央政府、地方政府藏书的系统，并建立了一套体制健全的藏书机构和管理制度。

（二）私人藏书

有书籍的使用和流传，就有私人的收藏。战国时期的百家争鸣和聚徒讲学的风气，也必然导致私藏书籍的发展。有文献记载的中国古代最早的藏书家是春秋时代的孔子、老子。战国时代名家惠施、纵横家苏秦都是藏书家。魏晋南北朝时期，纸张的普及，抄本的大量涌现，出现了藏书8万卷之多的大藏书家萧绎，并出现了私人藏书目录。隋唐时期，私人藏书迅速发展，韦述的收藏可与官府媲美。宋代和明代私人藏书更加繁荣兴盛，官僚贵族和平民阶层都出现了藏书家、藏书世家。宋代万卷以上的私人藏书家有400多人，明代更多达700多人，并出现了一批著名的藏书楼。现存最古老、最大的私人藏书楼“天一阁”就建于明朝嘉靖年间，珍藏各种珍贵书籍7万余卷，为浙东之冠。清代是私人藏书发展的最高峰，不仅逐步形成了地区性的藏书家群体，而且藏书家藏书的数量和规模都超过了前代。著名的藏书家有黄澄量和孙衣言等，他们分别建有五桂楼和玉海楼等藏书楼，其所藏图书目前大部分为浙江大学图书馆等机构收藏，并被史学家所看重。

在中国历史文化的发展过程中，私人藏书系统与官府藏书系统具有双向流动的特点，国家强盛时征集书籍，多数书籍从私人收藏流向官府收藏；王朝败亡时，官府藏书散落民间，成为私人藏书。私人藏书在书籍的保存、完善、编著、研究、传播等方面对中国历史文化的发展做出了巨大的贡献。

许多藏书家本身也是大学者，他们利用藏书编著出新的典籍，为中华民族文化增添新的内容。清代朱彝尊的《词综》、黄宗羲的《明文海》、严可均的《全上古三代秦汉三国六朝文》、张月霄的《金文最》以及《四明丛书》《金华丛书》等地方文献汇编都是其中的代表性成果。

许多藏书家本身又是出版家，他们各自利用丰厚的藏书、富足的资财刻印了品种繁多、质量甚佳的图书。其中，著名的如常熟毛晋汲古阁曾刻印图书600余种，为中国私家刻书之最。《中国丛书综录》所收古籍丛书有2797种（不包括佛道藏），收书38891部，其中大部分为明清时代私家所刻。书籍的刊印以及借阅、借抄，极大地促进了书籍的传播。

相关链接 搜索

天一阁

宁波市天一阁博物馆是以天一阁为核心，藏书文化为特色的专题性博物馆，占地31000平方米，包括历年修建和扩建的东园、南园、书画馆以及纳入天一阁统一管理的全国重点文物保护单位秦氏支祠。天一阁作为全国重点文物保护单位、全国重点古籍保护单位和国家4A级人文旅游胜地，其悠久精深的藏书文化、宛如天开的园林艺术、古朴典雅的古建筑风格及交通便捷的地理位置，每年吸引了30余万来自世界各地的游客前来观光休闲。

天一阁藏书楼是我国现存历史最久的私家藏书楼，也是世界上现存最早的三个私家藏书楼之一，建于明嘉靖四十年至四十五年（1561~1566年），原为明兵部右侍郎范钦的藏书处。现藏各类古籍近30万卷，其中珍稀善本8万卷，尤以明代地方志和科举录最为珍贵。近年来，该馆事业发展迅速，先后新增麻将起源地陈列馆、秦氏支祠等处。麻将起源地陈列馆展示了麻将的起源及与宁波的历史溯源。建于20世纪20年代的秦氏支祠以其独特的祠堂文化，精湛的民间工艺为游客所叹服，并被列入第五批全国重点文物保护单位。

宁波市天一阁博物馆主要职能为：征集、保存、整理、修复馆藏古籍、文物；结合馆藏及地方文化特色，开展学术研究，促进文献、文物的开发利用；保护、维修园区内文物建筑及园林景观，并加以合理利用，提供天一阁景区文化旅游服务；举办陈列展览等各类文化活动，促进文化传承、传播，进行对外文化交流。

——资料来源：天一阁博物馆官网.

（三）寺观藏书

佛教寺院藏书始于东汉末年，洛阳白马寺是最早收藏佛教典籍的寺院。随着佛教的发展，魏晋南北朝时期出现了以藏书著名的两个寺院，并产生了专门的佛教典籍目录《众经目录》和《综理众经目录》。唐代寺院藏书达到了极盛，从采集到分类、编目等，已经形成了比较完备的藏书工作程序和管理制度，并为后世所继承。寺院藏书在保存、整理、传播佛教典籍方面发挥了巨大作用。

道观藏书始于西晋，葛洪所著《抱朴子·遐览篇》是中国最早的道书目录。唐代道教的发展，促进了道观藏书的繁荣，大的道教宫观藏书往往在万卷以上。道观藏书以其丰富的内容，成为中国古代藏书的重要组成部分。

（四）书院藏书

书院始于唐，盛于宋，衰亡于清末。唐开元六年（718 年）设立的丽正修书院（唐开元十三年改称集贤殿书院），除了从事整理图书、著书以外，主要的任务是备皇帝垂询。私人创建的书院多是读书人自己读书治学的地方。宋代私人教学活动迅速发展，书院藏书才开始兴盛。著名的白鹿洞书院、应天府书院、岳麓书院、嵩阳书院、鹤山书院都藏有大量的书籍。其中鹤山书院藏书 10 万卷，数量已超过了当时的国家书库。

书院藏书的主要特点是重实用。虽然书院藏书系统在古代四大藏书系统中形成得最晚，其藏书版本也无法与政府藏书、私人藏书相比，但作为一种独特的教育组织，在藏书的公共性和开放性以及藏书的管理、借阅、刊印等方面都形成了一套制度，为后代如何利用图书提供了经验。

三、古代书籍的版本和目录学

（一）古代书籍的版本

“版本”一词，起源于唐中期雕版印书之后，那时人们常把写抄本的书称为“本”，把雕版印的书称为“版”。古籍版本主要指 1911 年以前历朝的刻本、写本、稿本、拓本等，数量最多的是雕版刻印的书籍。古籍版本的名称很多，从不同的角度，可以分为不同的类型。

从制作方法上划分，主要有手写本、刻本、活字本、影印本等。手写本是指毛笔蘸墨写成的书，包括稿本、写本、抄本等。刻本是指用雕版刷墨覆纸刷印制作的书，包括刻本、影刻本和写刻本等。活字本就是用活字排版印成的书，主要有木活字本、铜活字本和铜印本等。影印本是利用照相技术制版印成的书，主要有石版、铜版和珂罗版等。

从制作者的角度，可以分为官刻本、私刻本、书院本、坊刻本等。各类中又有许多名目，如官刻本这一类中，由皇帝钦定并由朝廷刊刻的书叫“内府本”，国子监刻印的叫“监本”，宋代公使库出资并负责刊印的书叫“公使库本”，清代武英殿修书处刻印的书叫“殿本”，等等。

从地域的角度，可以分为蜀刻本、闽刻本、浙刻本等。

从书面的特点，可以分为大字本、合璧本、乌丝栏本、五色本等。

从时代的角度，可以分为唐刻本、五代刻本、宋刻本、元刻本等。

从书籍的数量和质量上，可以分为孤本、罕传本、善本等。

在各种版本概念中，最值得关注的是善本。什么是善本？由于角度不同，认识也不一致。清末张之洞从读书的角度，给善本提出了三条标准：一是“足”，即无缺残、无删削之本；二是“精”，即精校、精注本；三是“旧”，即旧刻、旧抄本。与张之洞同时代的著名藏书家丁丙，从藏书的角度给善本提出了四条标准：一是旧刻；二是精本；三是旧抄；四是旧校。综合来看，旧、足、精、美可以作为善本的标准。旧是指时代早的旧刻、旧抄；足是指没有残缺；精是指精校、精注，罕有错误；美是指字体刀法、印纸墨色、版式行款、封面装帧、印刷技术等具有艺术性。古代书籍中最宝贵的是善本。

（二）古代书籍的目录学

目录学是研究图书目录工作规律的学科。“目”的含义是篇目，即一书的篇和卷的名称。“录”指叙录，即对一书的内容、作者生平事迹、书的评价、校勘经过等作扼要的介绍。二者合起来称为目录，或曰书目。一个完整的目录，大致包括书名、卷数、作者、版刻、提要、分类等项内容。

古代传统目录学是伴随着书籍收藏产生和发展的。各个历史时期对目录的称谓都有所不同。有的称“录”，有的称“略”，有的称“志”，有的称“簿”，有的称“书目”，有的称“书录”，有的称“解题”，有的称“考”，有的称“记”，有的称“提要”，等等。

古代目录学的分类法主要是七略和四部两大体系。“七略”是汉代刘歆创立的分类，即辑略、六艺略、诸子略、诗赋略、兵书略、术数略、方技略。辑略是提要汇集，实际为六大类。四部分类法是由西晋荀勖《晋中经簿》创立的，以甲、乙、丙、丁四部分别代表经、子、史、集。东晋李充撰《晋元帝四部总目》时，将四部按照经、史、子、集排列。从此，这种分类法便成为官修书目唯一的分类方法。经部主要有《易》《书》《诗》《周礼》《仪礼》《礼记》《春秋左传》《春秋穀梁传》《春秋公羊传》《论语》《孝经》《尔雅》《孟子》等儒家经典以及解经的书和小学（文字、音韵、训诂）；史部主要有纪传体正史及编年体、纪事本末体史书、野史，及地理、目录、考古、诏令、奏仪等；子部主要有古今诸子，包括《汉书·艺文志》的“十家”以及佛、道、兵书、数书、方技、阴阳、五行等；集部主要有诗歌，包括楚辞、别集、总集、诗文评论等。除上述两种主要的分类法之外，还有九分法、十二部分类法等，但都是大同小异，影响很小。

古代目录可分为综合性目录和专科目录两大类。综合性目录包括官修目录、史志目录、私人撰修目录和版本目录等；专科目录则为著录某一种学科书籍的目录，如中医学目录《圣济总录》、佛经目录《综理众经目录》、儒家经典目录《经义考》等。

在中国古代目录学著作中，集古代四部分类法之大成的是清代中叶编纂的《四库全书总目》（一名《四库全书总目提要》200 卷）。《四库全书总目》著录收入《四库全书》的古籍 3461 种、79309 卷，以及未收入《四库全书》的存目 6793 种、93550 卷，基本上囊括了清代乾隆以前的中国古代著作。

古书目录具有“辨章学术、考镜源流”的独特作用。了解目录学对读书研究都很有帮助，正如清代学者王鸣盛的《十七史商榷》中所说：“凡读书最切要者，目录之学。目录明，方可读书；不明，终是乱读。”可以说目录学是一把打开知识宝库的金钥匙。

四、古代的类书和丛书

（一）类书

类书是中国历史文化宝库中颇具特色的一种工具书，它是把群书的内容分类编排，有综合性的，也有专门、专题的。类书按照编排方式的不同可以分为义系、音系、形系三类。义系就是按照材料的义类分部编排，如天文、地理、人事类，每类中又分若干小类，古代类书大多属此类。音系是按照材料末一字的韵编入某韵，主要供编纂字、词典查找资料出处使用，例如元代的《韵府群玉》、清代的《佩文韵府》。形系是按照字形编排，把材料按照上一字的字形编入同字的类中，举出包含这个词语的诗文篇目，如清代的《骈字类编》。

古代最早的类书是三国曹魏时期编的《皇览》，但早已散佚。南北朝时期有很多类书，也多散佚。唐代的类书有五种，其中官修的三种：《艺文类聚》（欧阳询等撰）、《文馆词林》（许敬宗等撰）、《初学记》（徐坚撰）；私撰的两种：《北堂书抄》（虞世南撰）和《白孔六帖》（白居易撰）。宋代类书编纂规模空前，产生了许多大型类书，较为著名的有：《太平御览》《册府元龟》《山堂考索》（一名《群书考索》）、《玉海》等。明清两代官修和私辑的类书汗牛充栋，其中最具代表性的是明代的《永乐大典》和清代的《古今图书集成》。

（二）丛书

丛书又称“丛刻”“丛列”“汇刻书”。丛书就是把群书合在一起，成为一部或一套书，用一个名字命名。丛书起源于何时，众说不一。宋代以来，编印了大量的丛书。其中最大的一部丛书是清代皇家编纂的《四库全书》。清乾隆三十八年（1773 年），朝廷专门开设四库全书馆编纂全书，皇室郡王及大学士为总裁，六部尚书、侍郎任副总裁，纪晓岚任总纂官。从乾隆三十八年开始，到乾隆四十六年全书完成，前后费时约 10 年之久，总计所收著录之书 3470 种、79016 卷、36078 册、存目 6766 部、93556 卷。

复习与思考

一、 名词解释

仓颉造字　甲骨文　金文　小篆　文房四宝　类书

二、 简答题

1. 中国文字根据书写材料的不同，主要经历了哪几个发展阶段？

2. 从形体上看，汉字经历了哪几个发展阶段？

3. 古代书写的主要工具是毛笔，毛笔的制作工艺非常讲究，历史上曾经出现三大笔派，是哪三大笔派？

4. 图书是历史文化传承的重要载体，有图书就有收藏，中国历史上主要有哪几种图书收藏系统？

三、 单项选择题

1. 从科学的角度看，文字的真正起源并非神话传说中描述的那样，而是起源于(　　)。

A. 仓颉造字　　B. 陶符　　C. 甲骨文　　D. 青铜器铭文

2. 宋代出现不少造墨名家，被人们称为“墨仙”的是(　　)。他制造的墨“香彻肌骨，磨研至尽而香不衰”，被称为墨中神品。

A. 张遇　　B. 苏轼　　C. 王安石　　D. 潘谷

3. 以前，人们普遍认为是东汉的(　　)发明了造纸术。实际上，考古学家发现西汉时就已经有了纸张。他的主要贡献是改进了造纸术。

A. 毕昇　　B. 张衡　　C. 蔡伦　　D. 郭守敬

四、 多项选择题

1. 中国文字形体的演变可分为两个阶段：古文字阶段和今文字阶段，下列文字属于古文字的是(　　)。

A. 甲骨文　　B. 大篆　　C. 隶书　　D. 小篆

2. 从古至今，砚的种类繁多，产生了许多名砚，这些名砚除了端砚外，还有(　　)。

A. 歙砚　　B. 澄泥砚　　C. 洮砚　　D. 红丝砚

3. 从制作方法上划分，古代书籍的版本主要有(　　)等。

A. 手写本　　B. 刻本　　C. 活字本　　D. 影印本

五、 思考题

中国古代书籍形式经历了怎样的发展演变？什么是善本图书？这种图书在古代书籍中有怎样的价值和地位？

推荐阅读

1. 冯天瑜．中华文化史（上）［M］．上海：上海人民出版社，2005.

2. 王恩涛．中国古代文化史知识［M］．沈阳：沈阳出版社，1989.

第二章 中国历史文化的依托——传统社会结构和制度文化

本章导读

文化是人类的创造，不同地区和国家的人民因为政治经济环境等方面的条件不同，其创造的文化形态也有很大的差异。换句话说，一种文化的产生和发展，必定依托于一定的社会结构和社会制度。中国古代社会血缘和家族观念浓厚，宗法制度和礼制影响深远，建立在自然经济基础之上的专制主义中央集权制度对中国历史文化的发展有着深刻的影响。古代的选官制度、科举制度等都与中国历史文化的发展有着紧密的互动关系。

学习目标

知识目标

1. 掌握家族、宗法制度、家世和家谱、九族和五服、古代称谓等基础知识。
2. 掌握三礼、五礼等基本知识，了解皇权和中央集权等中国历史文化赖以发展的政治生态环境。
3. 了解中国古代中央和地方行政机构的设置以及官员选拔的相关知识。
4. 掌握世卿世禄制、客卿制度、九品中正制度和科举制度等基本知识。

能力目标

1. 通过对中国家族文化知识的学习，并结合旅游管理等专业实际，提高学生的理论联系实际能力。
2. 通过对中国古代社会结构和政治生态等历史问题的学习，锻炼学生用联系的方法思考问题的能力。

课程思政目标

1. 通过学习中国传统家族文化、礼仪文化和制度文化等内容，提高学生的中国历史文化素养。
2. 通过学习中国传统家族文化、礼仪文化和制度文化所包含的丰富文化内容，感受中国历史文化的博大精深，在提升学生的旅游管理专业基础素养的同时，坚定学生的文化自信。

案例

康百万庄园

康百万庄园又名河洛扆家，位于河南省郑州市下辖巩义市康店镇，始建于明末清初。河南郑州康百万家族，从明代到现代有功名的人物有412位，上自六世祖康绍敬，下至十八世康庭兰，一直富裕了12代、400多年。康氏家族中最具代表性的是清代中期的康应魁。他在前人的基础上，利用清廷镇压白莲教之机“尽忠发财”，富甲三省、船行六河，拥有土地达18万亩，财富无以数计。

康百万庄园保存下来的建筑主要分为寨上住宅区、寨下住宅区、南大院、祠堂区、作坊区、菜园区、龙窝沟、金谷寨、花园、栈房区等十余部分，有33个院落，53座楼房，1300多间房舍和73孔窑洞，总建筑面积达64300平方米，是山西乔家大院的19倍。20世纪60~70年代，河南康百万庄园、四川刘文彩庄园、山东牟二黑庄园，被称为全国三大庄园。目前，康百万庄园是全国重点文物保护单位、国家4A级旅游景区。改革开放以后，随着旅游业的发展，康百万庄园根植河南、闻名全国。

案例分析

1. 我们现在看到的康百万庄园就有33个院落，53座楼房，1300多间房舍和73孔窑洞，总建筑面积达64300平方米，其鼎盛时期的规模更加可想而知。那么，在其中生活居住过的人数也一定非常可观，这些人之间是怎样的关系？

2. 在长达400多年的历史中，曾经生活和居住在康百万庄园里的人们有着紧密的血缘关系，并以此为基础形成了一个庞大的家族。那么，这么庞大的家族通过什么得以维系，并延续这么长的历史？

第一节　家族文化和宗法社会

一、家族——中国传统社会的骨架

人群组合有多种形式，以血缘组合为家族、种姓；以地缘组合为邻里；以事业组合为行会；以信仰、志趣组合为教会、政党或社团。在传统中国，社会组织主要以血缘、地缘为联结纽带，社会组织最主要的是以血缘关系为基础而组合起来的家族、宗族团体。要了解这种社会组织，就需要理解家族、宗族和亲族等概念。

家族、宗族和亲族是关系密切而又互相区别的概念。家族的基础是血缘关系，家族是由具有相同血缘关系的同姓家庭组成的社会群体，那么由同一家族派生出来的各个分支家族就构成了宗族，所以家族和宗族的关系非常密切。与家族相对，亲族是由婚姻即姻亲关系发展而来的家庭社会群体。中国有着深厚的家族文化传统，家族（宗族）与亲族构成了中国社会庞大而复杂的人际关系网络。

古代中国社会是一个以血缘家族的社会组织为本位的宗法社会。宗法社会的组织核心是家族，家族是构成中国传统社会的骨架，反过来说，家族的延伸和拓展就成了中国古代社会的乃至国家的基本形态。宗法社会得以长期维系的一个重要纽带是宗法制。

二、宗法制度——中国传统家族文化的奠基

（一）宗法制度的产生

史前人类都曾经历了原始群居、氏族继而部落的组织阶段。氏族与部落都是血亲组织。进入文明时代后，由于各地自然环境与居民生活方式的差异，血亲关系在社会生活中的地位与作用及其表现形态在不同的国家和地区各不相同。就中国而言，广阔的大陆平原提供了中国先民们生活所需的一切，人们聚族而居，繁衍生息，一般人活动范围极其狭小。在“日出而作，日落而息”的定居农耕生活中，史前时代的血亲组织便留存下来。宗法制就是史前时代血亲组织在新时代的变体。

从甲骨卜辞与考古出土文物来看，商代的宗法组织和制度已相当严密、完备，宗族内部的等级层次、嫡庶之分已经很严格。周灭商之后，在周部落原有宗法制的基础上，吸收继承了商朝的宗法思想与制度，进一步发展完善，达至高峰。从整个宗法史来看，西周与春秋时代的宗法制度是最典型、最严密的。

（二）宗法制度的确立

宗法制度源于原始社会父系家长制家庭公社成员之间的牢固的亲族血缘联系，是这种血缘联系与社会政治等级关系密切交融、渗透、固结的产物。它的确立期在西周。西周宗法制度的创立者是周公，《尚书大传》说：“周公摄政，一年救乱，两年克殷，三年践奄，四年建侯卫，五年营成周，六年制礼作乐，七年致政成王。”制礼作乐一项最重要的内容就是确立宗法制，该制度的确立有三个重要标志，即嫡长子继承制、封邦建国制、宗庙祭祀制。

1. 嫡长子继承制

嫡长子继承制是宗法制的核心。目前有关夏代的材料还无法让人们弄清楚当时的继

承制，商代初期实行嫡长子继承与兄终弟继两种继承制，到商朝第 27 位国王康丁以后的 5 个王才稳定下来父子相继的方式。周代自成王之后推行固定的嫡长子继承制。那么，什么是嫡长子？由于贵族的许多妻子中有一个正妻，即“嫡”，其子即嫡子；其他的妻子为“庶”，其子即为庶子。

确定嫡长子继承制基本的关键是区别大宗和小宗。西周统治者分为 4 个等级：天子、诸侯、卿大夫、士。天子的嫡长子继承天子之位，为大宗，其余庶子被分封为诸侯，为小宗；诸侯的嫡长子继承诸侯之位，为大宗，其余庶子被封为大夫，为小宗；卿大夫之嫡长子继承其位，为大宗，其余庶子成为士，为小宗。庶子另立一家，即成为这一家的始祖，他也以嫡长子继承的传统世袭，世代以作为本家始祖的庶子为祖，称为大宗，一直传下去不再改变，即所谓大宗百世不迁。小宗各继承其第一代庶子。这种复杂的血缘关系最明显的标志便是丧服，丧服即在血缘关系网中某人死了，有关的人皆按规定穿着一定服饰以致哀悼，随血缘关系的远近丧服各有区别。小宗的血缘关系超过五世就没有了丧服，即小宗五世则迁。

这种嫡长子继承制以后被历代王朝采用，各代帝王、贵族封爵及其他政治地位都沿袭此制，本来是周代贵族政治权力继承的制度演化为社会各阶层的社会政治地位的继承制度，形成了中国传统社会森严的等级制。

2. 封邦建国制

宗法制度在确立了政治经济继承秩序的同时，又规定了特权地位继承人应依照血缘远近把部分权力与财产分配给族人的办法，以分封制来分享宗族的权利，进而区分尊卑贵贱以及每人相应的义务。分封制与嫡长子继承制构成了宗法制度的基本内容。

封邦建国，即封建制或分封制，是由宗法制度衍生出来的一种巩固政权的制度。西周创立此制的出发点和目的是“封建亲戚，以藩屏周”，即企图通过将土地和人民分封给同姓子弟亲属，由其建立地方邦国，以血缘关系为纽带联系起来，作为周王室的屏障。分封自周天子向下一级层层进行。诸侯受封后便成为地方邦国，但并非完全独立，在享受一定权利的同时，必须承担一定的义务。天子对诸侯有巡狩、命官、迁爵等权利，诸侯对天子有朝聘、进贡、出兵役劳役等义务。诸侯据此办法分封卿大夫，卿大夫领地称“采”或“邑”，即所谓采邑制。但采邑与封国有所不同，采邑没有封国的诸多独立自主权。卿大夫依此例封士，士为统治阶级中最低一级，通常要以技艺和才干为卿大夫服务。

3. 宗庙祭祀制

维系代代相传的继承制与血缘关系的根本力量在于对祖先的崇拜。宗法制度既然以血缘亲疏来辨别同宗子孙的尊卑等级关系，以维护宗族团结，所以十分强调尊祖敬宗。

祭祖就成为宗族中最重要的事。《说文解字》说“宗，尊祖庙也”，可见宗的本义即祭祖之宗庙、祖庙，宗法制与祭祖密不可分。宗庙祭祀制度就是为达到维护宗族团结而发展起来的重要手段。据《礼记·王制》记载，天子为七庙，诸侯有五庙，大夫为三庙，士为一庙。这一制度的发展，形成了中国传统的礼乐文化，造就了世代的中国人，而且影响到周边国家。

周代严格的宗庙祭祀制度对维护以家族为核心的宗法制度和巩固权力发挥过重要作用。秦汉之后这一传统被各个社会阶层所接受与发展。皇宫之前左宗右社的建筑制度一直延至明清。今北京故宫前左侧之劳动人民文化宫便是明清的太庙，右侧的中山公园是明清的社稷坛，也就是“左宗右社”的格局。“宗”即宗法的标志，“社”是国土的象征，共同表示着王朝的天下及对全部土地与人民的占有。在民间，宗族祠堂祭祖也成为维系人心、强化宗族力量的重要活动。

（三）宗法制度对后世封建社会家族文化的影响

受生产力发展和激烈的社会变革的影响，西周春秋时期的那种典型的宗法制度到战国以后已难以维持其先前的形态了。事实上，平王东迁以后，作为天下大宗的周天子只是徒有虚名，在春秋后期，各诸侯国内大夫、陪臣掌控国政的情况更是屡见不鲜，原来的宗法等级已经开始动摇。到了战国时期，各国为了固强争霸，纷纷进行变法。扩张君权，加强封建国家的中央集权，是变法的重要内容，贵族宗族势力集团成了推行中央集权政策的障碍。削弱贵族宗族势力，用新的官僚制度代替旧的世卿世禄制度成了历史发展的趋势。

秦汉以后，社会上大宗、小宗之分实际上已经不受重视，宗子之尊成了历史陈迹，封建大一统帝国的官僚行政系统也不容宗族组织插足各级政权，从这个意义上说，严整的宗法体系已不复存在。但是，如果从广泛的意义上来理解，宗法制度是一种以血缘关系为纽带，在各个家族内部体现尊卑有序，维护尊长特权，约束族人思想行为，以巩固统治秩序的规范和办法。封建社会的家族制度仍然深深地留有宗法的烙印。

在封建社会自然经济的条件下，聚族而居是一种普遍现象。秦汉时期一些宗族由于政治地位、经济力量以及人丁兴旺等方面的优势而成为强宗大族。强宗大族在地方上盘根错节，横行霸道，甚至阻碍政令的实施。为压制强宗大族，如汉武帝曾下令“徙强宗大姓，不得族居”。但从西汉后期开始，特别是在东汉时期，由于大地主庄园经济的发展和中央政权控制力的削弱，强宗大族的势力又迅速发展起来。他们把持地方，操纵官吏，在战乱之时更建立宗族武装，形成割据势力，最后终于使统一的帝国解体。这种强大宗族势力的进一步发展，就形成了魏晋南北朝时期的门阀制度。

由强宗大族发展而来的门阀制度，与西周春秋时期典型的宗法制度相比，其宗族内部的层次系统不是因大宗小宗血缘的远近而作明晰的区分，而更偏重于各个支系、各个家庭的政治权势和财富，宗族中官位最高、财富最多的成员成为实际上的首领，他们取代了宗子的地位，而对宗族的控制则更加严密。其重视血统和家世，以血统家世决定社会地位并在宗族内部实行家长制控制，区别尊卑贵贱，强调等级服从，从这个意义上讲，门阀制度和宗法制度又是完全一致的。

南北朝时期的世家大族在隋末农民战争中受到沉重的打击，隋唐以科举取士，废除了九品中正制，使许多庶族出身的士子有了更多的仕宦机会，门阀制度逐渐没落，但崇尚门第的风气在唐代社会仍在延续。

宋代以后，我国的封建社会进入了后期，租佃契约制的地主经济迅猛发展。受其影响，家族制度中的家谱、宗祠、族田、族长、族规和族权等得到发展和强化，但其中宗法制度的影响根深蒂固。

三、宗法制度影响下中国传统家族文化的内涵

（一）家世和家谱

家世，指家庭的世系，又称“门第”，古代一般以职业或官阶为标志来代表一个家庭或家族的社会地位。汉语中与家世相关的词很多，如门当户对、书香门第、将门之后、官宦人家、武术世家等。家世观念是封建父系家族制度的产物，其核心是以出身定高下，以家世来决定人的社会地位、衡量人的才能。这种观念曾经长期影响到中国人的政治、经济、文化和社会生活等的方方面面。

家谱又名族谱、宗谱、谱书、家牒、家乘。它是古代大家族记录血缘延续系统的文字，历史颇为悠久。甚至可以说，家族一出现，便有了它的历史。起初只是在家庭内部口耳相传，以便让自己的后代子孙知道自己的祖先是谁，家族延续的历史是怎样的。有了文字以后，便开始用文字来记录这些内容。不过在唐代以前，这主要是上层社会的专利，还有专门人员编撰。中下层民众一般还没有族谱。宋以后向中下层发展，开始出现平民百姓私家纂修家谱的民俗活动，政府也不加干预。明清时期，随着宗族活动的兴起，修撰家谱之风大兴，不仅在汉族民间盛行，而且影响到一些少数民族。

（二）宗祠和家祭

宗祠是宗族祭祀祖先的场所，是一种特定的建筑物，又称祠堂。除了祭祖外，祠堂还是宗族民俗活动的场所，诸如议事、修谱、节日活动、喜庆贺礼等。不过究其建造的主要原因，则是为了祭祖。

图 3-1　安徽西递胡氏宗祠

图片来源：百度百科

家祭由来已久，最先起源于远古时期的祖先崇拜，先民以为灵魂不死，祖先的灵魂可以保护后代子孙，为了获得这种保护，后代子孙会定期举办隆重的祖先祭祀活动，家族对祖先的这种祭祀就称为家祭。祭祀的目的除了祈求祖先神灵的佑护外，也有维护家族的血亲势力以及教育后代不要忘记先人的精神和遗训的目的。

封建大家族多把列祖列宗的牌位供奉在专门修建的祠堂中，普通家庭则将祖先的牌位供奉在家中，每年定期举行祭祀活动。祭祀的时间一般在每年的春节、清明、中元（农历七月十五）、中秋和冬至。在宗祠或家庙中举行的祭祀称"庙祭"，在墓地进行的称"墓祭"。

（三）九族和五服

九族和五服是界定一个宗族内部成员亲属关系范围的两个概念。对九族范围的解释很多，人们常常从纵向垂直关系来推算九族的范围，即以本人为基点，分别向上、向下推衍四代，向上推为父亲、祖父、曾祖、高祖；向下推衍为儿子、孙子、曾孙、玄孙。加上本人一共九代人，称为九族。

五服的概念与中国的孝文化有关，孝文化中有一项重要的内容就是对死者的祭祀。五服即是根据亲属与死者的远近关系来确定的五种不同的服丧标准。关系越亲近，服丧期就越长，丧服也越重。丧服的等级差别反映了中国封建社会的宗法制度和宗族关系，体现了父系母系有别，亲疏有别，男女有别，嫡庶有别的宗法制原则。五服以内的亲属被视为同族中关系最近的亲属，即直系近亲，又称本家；出了五服，即"五服"以外则为旁系亲属，不算亲族，而属于同宗，也可以称为宗族。

（四）亲属称谓

1. 称谓的作用和分类

在以血缘关系继承的家庭或家族内部，各成员之间的称谓含有三层意义：一是为了区别辈分；二是为了确定上辈、同辈、晚辈之间的相互关系；三是向社会呈现本家族的内部结构，便于外界了解和进行社交活动。

民族学一般将亲属称谓分为两种类型：一种是类别式称谓，基本特征是：在众多的亲属中，无论直系旁系，远近亲疏，只要辈分相同，都用同一种称谓来表示。例如，贵州省舟溪地区的苗族，对同辈男子一律称“伯”（兄弟），对同辈女子一律称“阿”（姊妹），对与父母同辈的男子都称“拔”（父）、女子都称“门”（母），拉祜族、傣族等少数民族也保留着类似的称谓习俗。另一种是叙述式称谓，其特点是：以“我”为基点，家族或亲族中的每个人都有相对应的专门称呼，汉族的亲属称谓即属于这一种，有“六亲”的说法。

2. 称谓的内容

汉语中常见的亲属称谓，比较精细的是叙述式称谓，对跟自己有血缘关系或姻亲关系的人，有所谓“六亲”的称谓。但六亲具体涵盖哪些人，汉文典籍如《新书·六术》《汉书·礼乐志》《汉书·贾谊传》《左传·昭公二十五年》《老子》《史记·管晏列传》诸书说法不一，但主要可以从直系、旁系和姻亲关系的不同来认识。

直系亲属，有父亲、母亲、祖父、祖母，曾祖父、曾祖母、儿子、女儿、孙子、孙女、重孙、重孙女等称谓。

旁系亲属的称谓可以分为四个层次：第一旁系，包括本人兄弟姊妹及三代称谓，有兄、弟、姐、妹。他们的配偶称嫂、弟妹、姐夫、妹夫；他们的子孙称侄子、侄女、侄孙、侄孙女等。第二旁系，包括本人父亲的兄弟姊妹及以下三代称谓，有伯父、叔父；他们的配偶称伯母、婶子；他们的子女称堂兄、堂弟、堂姊（姐）、堂妹；他们的子女称堂侄、堂侄女等。第三旁系，包括本人祖父兄弟姊妹及以下三代称谓，有从祖父、从祖母；他们的子女称叔叔，配偶称婶子；他们的子女称远房兄、弟、姊、妹。第四旁系，包括本人曾祖父的兄弟姊妹及以下三代称谓，有再从曾祖父、再从曾祖母；他们的子女、孙女关系与第一旁系更远，所以一般用泛称。

在姻亲关系中，与本人比较亲近的称谓，上行系列有岳父、岳母、舅父、舅母、外祖父、外祖母等；与自己平等的有姑表兄弟姊妹和姨表兄弟姊妹；下行系列有外甥、外甥女等。其他大都用泛称。

（五）家风、家教、家法和家规

古代社会教育不发达，对后代子孙的教育培养主要靠家庭教育来进行，因此，家风、家教、家法、家规等就称为古代家庭与家族生活及民俗文化的重要内容。

1. 家风

家风又称“门风”，指家族内部的传统习惯和生活作风，也指家族世代相传的道德准则和处世方法。家风是在家长或家族主要成员的影响下潜移默化、自然而然地形成的，对家族成员特别是对后代子女影响很大。中国古代家庭尤其是大家族多重视家风的建立与维护，为的是家族的兴旺发达。秦汉以来，汉族士大夫之家对门风的看重主要表现为宣扬忠、孝、节、义等思想，告诫子弟要光宗耀祖，力求家族子弟的行为“事显家庭，声著同族”。陆游就曾在《书感》一诗写道：“烟蓑雪笠家风在，送老湖边一钓矶。”尽管家风在对后代的教育和熏陶方面具有很大的积极性，但也不是万能的，古往今来，家风严谨的侯门之家、家风淳朴的寻常百姓之家也都常出现道德沦丧的不肖子孙。这就说明家风是受社会环境制约的，我们今天应当在继承优秀传统的民俗文化基础上，根据时代的要求，借助旅游活动对民俗文化的传播作用，建立平等、互助、友爱的新的社会主义家风，促进精神文明建设。

课堂思考

谈谈你家的家风是什么。

2. 家教

家教指家庭中父母对子女、长辈对晚辈的教育。中国人从古至今一直都十分重视家教，并把品德情操教育放在首位。封建家族的品德教育深受儒家思想的影响，并强调父权在家教中的作用，所谓“养不教，父之过”。

古代家教的核心在于教育子女怎样做人，主要是通过向他们灌输忠、孝、仁、义、礼、智、信这一整套伦理道德来规范其言行。同时，人们也非常重视家庭环境和母亲在家教中的重要作用，如西汉刘向在《列女传》中记载的“孟母三迁”和“孟母断织”的典故使人们普遍认为，孟子之所以成为大学者，和他母亲从小就对他的精心家教是分不开的。这些直到今天对人们仍然有很大的启发。

相关链接 搜索

戴圣《礼记·内则》节选

子能食食，教以右手。能言，男唯女俞，男鞶革，女鞶丝。六年，教之数与方名。七年，男女不同席，不共食。八年，出入门户及即席饮食，必后长者，始教之让。九年，教之数日。十年，出就外傅，居宿于外，学书记，衣不帛襦裤，礼帅初，朝夕学幼仪，请肄简谅。十有三年，学乐诵诗，舞勺，成童，舞象，学射御。二十而冠，始学礼，可以衣裘帛，舞大夏，惇行孝弟，博学不教，内而不出。三十而有室，始理男事，博学无方，孙友视志。四十始仕，方物出谋发虑，道合则服从，不可则去。五十命为大夫，服官政。七十致事。凡男拜，尚左手。

3. 家法和家规

家法和家规，是为保证家教的实行和维护家族结构而制订的法规和条例。它的目的是为了维护家长的权力和家族的权益，及时调解家族成员之间的关系。成员如果违反家法、败坏家风，就要受到惩罚和制裁。在封建家长制统治下，家法和家规具有很大的权威性，有时甚至把“国法”与“家规”相提并论，所谓“国有国法，家有家规”。家法和家规涉及的范围相当广泛，如居住、服饰、饮食、婚姻、丧葬、道德礼仪、财产继承、对外交往等方面都有家规约束。比如婚姻问题，古代人选择配偶必须征求父母的同意，所谓“父母之命，媒妁之言”，家业较好又有名望的，选择女婿须“门当户对”等。

4. 家训

为了使良好的家教和家风世代传承，历史上很多教子有方的名人，还留下了不少“家训”的文本，为我们研究传统家族民俗文化保留了珍贵资料。例如西汉刘向的《诫子歆书》、三国时诸葛亮的《诫子书》、北齐颜之推的《颜氏家训》、北宋司马光的《居家杂仪》、南宋陆游的《放翁家训》、清曾国藩的《曾文正公家训》等，都是其中的重要代表。

图 3-2 浙江宁海前童村民居门窗木雕

图片来源：顾希佳. 社会民俗学［M］. 哈尔滨：黑龙江人民出版社，2003.

其中《治家格言》，又名《朱子家训》《朱柏庐治家格言》，是明末清初江苏昆山人朱用纯（号柏庐）用来教育自家子女的教科书，全文仅 500 多字，但亲切具体，读来朗朗上口，后来成为各地私塾启蒙教育的重要读本之一，在全国范围内都曾产生过影响。如“黎明即起，洒扫庭除，要内外整洁；既昏便息，关锁门户，必亲自检点”，“一粥一饭，当思来之不易；半丝半缕，恒念物力维艰”，“祖宗虽远，祭祀不可不诚；子孙虽愚，经书不可不读”，“勿贪意外之财，忽饮过量之酒”．“施惠无念，受恩莫忘”等，许多人耳熟能详，在今天看来，也仍然有许多可取之处。

四、中国家族文化的特征

（一）以血缘为基本纽带

在人类社会中，人与人之间的关系是多层次的，而其中最基本的、最原始的是人与人之间以婚育为前提所形成的血缘和血亲关系。家族就是一个以血缘为纽带的社会群体，这一群体存在的唯一的合理性就是血缘关系。在中国传统社会中，这种自然形成的血缘关系不断被强化、延伸，渗透到生活的各个方面。家族的活动如修谱、立祠、兴办义学等，无处不体现出强烈的血缘精神。

（二）以守礼为核心观念

礼是传统家族文化的核心，在古代家族生活中，处处贯彻礼的精神，处处遵循礼的规范。礼包括礼制、礼节两个方面，礼制是指各个时代的典章制度，礼节专指人的行为规范、仪节。中国古代有三部关于礼的著作——《周礼》《仪礼》《礼记》，三者构成了我国古代礼文化的全部内涵，在中国古代社会生活中具有重大的影响。《礼记》共 17 篇，涉及人的社会生活的多个方面，而其中就有 7 篇是涉及家族仪礼，几乎涉及人的婚冠、丧服、忠孝、祭祀等家族习俗的所有内容。这些在后世成为人们家庭生活的基本准则，特别是在儒家文化的强烈影响下，渗透到人们生活的各个方面。人们处处依“礼”来规范自身的行为，恪守家族礼法成为传统家族民俗文化的核心观念。

（三）以秩序为主要目标

这种以守礼、尊礼为特色的家族文化，其根本的目标就是要建立一种秩序。首先是家族内部的生活秩序，家族礼法特别强调家族内部的男女、尊卑、长幼、嫡庶、上下、内外的等级界限，家族成员的关系都是根据血缘亲疏进行定位的，他们的辈分、嫡庶等家族地位和权利在出生的时候就已经确定了，由此决定的尊卑贵贱的关系都是不可变更的。家礼要求人们严格遵循父子、夫妇、兄弟、长幼、内外的人伦规范，完成自己的责任与义务。在一个家族中，只要男女、长幼、尊卑各有定分，每个人又都安守本分，家族内部就能井然有序。这种秩序推而广之，就建立了国家的秩序，关于这一点，历代的统治者看得很清楚，如雍正皇帝《圣谕·广训》中说：“圣人之德本与人伦，尧舜之道不外孝弟。孟子曰：人人亲其亲长其长而天下平。”正因如此，历代统治者都竭力标榜“以孝治天下”，选拔官吏也打出“求忠臣于教子之家”的旗号，而许多士人也因此追寻着先“修身、齐家”，然后“治国、平天下”的人生理想。

第二节　礼仪文化和礼制

中国被称为“礼仪之邦”，这是说中国是一个礼典完备、仪节详密、制度谨严的国家。“礼仪”在国家的社会生活中占有极其重要的地位。古代所谓“礼仪”，与今天的概念有些不同。今天所说的礼仪，指的是礼节和仪式。国家有国家的礼仪，如法定的庆典、外交活动、贵宾来访等，皆有一定的礼规。百姓也有礼仪，如男婚女嫁有婚礼；寿终辞世有丧礼；年节吉日有庆贺之礼；接待来宾有待客之礼。一般人的印象中“礼仪”大抵也就是这些内容。而在古代，“礼仪”的范畴要比今天大得多，它包括的范畴非常广泛，诸如政治体制、朝章法典、天地鬼神祖宗祭祀、水旱灾害祈祷、盟会锡命、学校选举、军队征伐、行政区域划分、宫殿房舍陵墓建造，以及衣食住行、冠笄婚嫁、殡葬丧服、言谈举止，无不与礼仪相关。它几乎是一个囊括了国家政治、经济、军事、文化一切典章制度及个人的伦理道德修养、行为规范和准则的庞大的概念。

由后代儒家学者整理成的礼学专著“三礼”——《周礼》《仪礼》《礼记》，记录保存了许多周代的礼仪。在汉以后两千多年中，它们一直是国家制定礼仪制度的经典依据，因此被称为“礼经”。今天，要研究探讨古代的礼制，“三礼”仍然是最重要的研究对象。

后代的礼学家按照《周礼》的说法，将礼制这个复杂而又宏大的系统分为五类，即“五礼”——吉礼、凶礼、军礼、宾礼、嘉礼。这种分类虽然不是很精确，但是它基本上涵盖了古代礼仪的全部内容，反映了各种礼仪的基本性质，简单明了，因此仍为现代学者广泛接受。下面，我们据此分类对传统礼制进行介绍。

一、吉礼

吉礼居五礼之冠，指祭祀之礼。吉训为福，是事神致福，也含有“祭神如神在”的敬畏与虔诚的意思，《礼记·祭统》说：“礼有五经，莫重于祭。”吉礼之中最为显著的是四个方面：祭天地、祭宗庙、祭日月星辰和祭社稷。

1. 祭天地

历代帝王都把行“封禅”之礼，作为国之重典。“封”指筑土为坛祭天，以示皇权受命于天。“禅”指祭地，以示德厚于地。古人认为“天以高为尊，地以厚为德”。而“圜丘祭天，方丘祭地”为历代相承，延绵不绝。此外，祭天还有“大雩”以求风调雨顺，“祈谷”以求五谷丰登，“明堂”以报上帝好生之德之意。祭地亦有对“五行”、“四方百物”之礼等。

2. 祭宗庙

祭宗庙是对祖先缅怀的一种祭祀活动，祭祀地点在宗庙之中，被祭者称为“神主”，是用木头做的一个牌位，保存于石匣中。祭者按不同的等级每年举行，“天子四祭四荐，诸侯三祭三荐，大夫、士再祭再荐”（《公羊传》）。其主要程式包括参拜、降神、进馔、受胙等，具体程式、所用器皿、摆设、祭者的服饰、仪仗都会因不同身份而各有详细严格的规定，表现出家族制与宗法制的特征。

3. 祭日月星辰

祭日月星辰则是表示人类对大自然的崇拜。其仪式十分严格，《礼记祭义》：“祭日于坛，祭月于坎，以别幽明，以制上下；祭日于东，祭月于西，以别外内，以端其位。”日坛又称“大明”“王宫”，祭在春分之朝；月坛又称“夜明”，祭在秋分之夕。黄帝时期，祭祀日月星辰的时候，要“奏黄钟，歌大吕，舞云门”。

4. 祭社稷

社稷是国家的象征，社指土神，稷乃谷神，祭社稷就是希望地利丰年，保国康宁。据《周礼·考工记》，社稷坛设于王宫之右，与设于王宫之左的宗庙相对，前者代表土地，后者代表血缘，同为国家的象征。《礼记·曲礼下》：“国君死社稷。”就是国君与国家共存亡。朝廷每年都举行祭祀，民间亦盛。例如，唐代诗人王驾在其《社日》中描述：“鹅湖山下稻粱肥，豚栅鸡栖对掩扉；桑柘影斜春社散，家家扶得醉人归。”宋代宗檩《荆楚岁时记》载：“社日，四邻并结，宗会社宰牲牢，为屋于树下，先祭神，然后飨其胙。”可见祭社稷已成节日，与农耕经济紧密相连。除此四祭，吉礼还有“腊祭”“禊祭”“望祭”“伏祭”等，内涵丰富，历代未绝。

二、凶礼

凶礼是对各种不幸事件进行悼念、慰问方面的礼节仪式，包括丧礼、荒礼、吊礼、禬礼、恤礼。

1. 丧礼

是指丧葬之礼，主要用于安抚死者灵魂，以示对死者的敬爱。此礼在各种礼仪制度中最繁复、严格，据《仪记・士丧礼》载：周代华夏贵族丧礼大致要经“抚尸”到“服丧”等18道程序，表现出对孝道的重视。分等施礼的宗法特征在丧礼中也表现得很充分，《礼记・曲礼下》载：“天子死曰崩，诸侯死曰薨，大夫死曰卒，士曰不禄，庶人曰死。”这些专用名词显示了宗法制的等级，也必然内含了丧礼的繁简差异。古代丧葬形式因不同地理环境和文化背景而也有不同，主要有“土葬”“火葬”“水葬”等。

2. 荒礼

是对某一国家或某一地区受到饥馑、疫疠的不幸遭遇，王与群臣都采取减膳、彻乐、变礼等措施来表示自己的同情。据《周官・地官・大司徒》记载：国家遇荒年，要采取12种措施来救灾：“以荒政十有二聚万民：一曰散利，二曰薄征，三曰缓刑，四曰弛力，五曰舍禁，六曰去几，七曰眚礼，八曰杀哀，九曰蕃乐，十曰多婚，十有一曰索鬼神，十有二曰除盗贼。”这些措施可以起到安抚民心、维护社会安定的作用，同时也有效地节省了财物，有利于人民的生产生活。因此，先秦以后，荒礼被社会各阶层所重视。

3. 吊礼

吊礼是对盟国或挚友遭受水旱风火等自然灾害，王与群臣派遣使者前往慰问。

4. 禬礼

“禬”是会合财货的意思。邻国发生祸难，发生重大物质损失，兄弟之国应该凑集钱财、物品以相救助。据《周礼秋官》载：“大行人”职掌有“致禬以补诸侯之灾”；“小行人”职掌有“若国师役则令犒禬之”。《春秋》襄公三十一年冬，“会于澶渊，宋灾故”。《穀梁传》云：“更宋之所丧财也。”意思是说补充宋国因灾祸而丧失的财物，使之尽快恢复正常的社会生活。据《左传》载：“闵公二年，狄人入卫，立戴公，以庐于曹。齐桓公使公子无亏帅车三百乘，甲士三千人以戍曹。归，公乘马，祭服五称，牛、羊、豕、鸡、狗皆三百，与门材，归夫人鱼轩，重锦三十两。”体现出国与国之间的和合思想。

5. 恤礼

恤礼是某国遭受外侮或内乱，其邻国应给予援助和支持。

三、宾礼

宾礼是接待宾客之礼。它主要包括“朝、宗、觐、遇、会、同、问、视”八项。宾礼首先是天子、诸侯间的朝聘之礼。宾聘之礼因时不同，称谓也不相同，《周礼》有“春见曰朝，夏见曰宗，秋见曰觐，冬见曰遇。时见曰会，殷见曰同。时聘曰问，殷曰视”（《春官·大宗伯》）说。其中，主要有“朝觐”与“会同”。朝觐礼用在诸侯或藩主向朝廷述职。会同是四方齐会、六服来朝的大典礼，参加会同典礼的天子、诸侯祭日月山川诸神，规模宏大。问礼，是远近诸侯不定期派遣下大夫级使臣来向王问安的典礼。视礼是每隔三年派遣卿级使臣向王问安的典礼。宾礼主要是指朋友往来的礼节，如《仪礼·士相见礼》。士相见时有“三传语”、“三揖让”等礼节。重此谦德，守其规矩，就合乎宾礼，否则就被认为非礼。历代的相见礼也不尽相同，如周代根据身份不同或以雉为贽，或以雁为贽，或以羔为贽；明代根据官爵或揖让，或再拜；清代有二跪六叩的礼节，以此表达敬意。

四、军礼

军礼指师旅操演、征伐之礼，军礼主要有大师之礼、大均之礼、大田之礼、大役之礼、大封之礼。大师之礼是军队征伐的仪礼。大师之礼最重视出师祭祀与誓师典礼。古代天子征众出师，必于征前祭天祭地，然后有告庙与祭军神、军旗仪式。唐宋以后依旧制天子六军之说，实行六纛之制，一军一旗，因此出兵之前要祭牙旗，也要祭六纛，设旗、纛神位等。唐代文人陈子昂、柳宗元写有《祭牙文》《祃牙文》记述甚详。大均之礼是王者和诸侯在均土地、征赋税时举行军事检阅，以安抚民众；大田之礼是天子定期狩猎，以练习战阵，检阅军马；大役之礼是国家兴办的筑城邑、建宫殿、开河、造堤等大规模土木工程时的队伍检阅；大封之礼是勘定国与国，私家封地与封地间的疆界，竖立界碑的一种活动。

五、嘉礼

嘉礼是饮宴婚冠、节庆活动方面的礼节仪式。嘉礼的主要内容有飨之礼、婚冠之礼、宾射之礼、燕之礼、脤幡之礼、贺庆之礼。

飨礼、燕礼本有区别，飨礼在太庙举行，烹太牢以饮宾客，但不享用；燕礼在寝宫举行，烹狗而食，可尽情享用。秦汉以后，天子宴群臣、皇帝诞辰均用此礼。饮食礼重视族内兄弟，分为逢祭而宴和以时而宴两种。

古代对成人礼与婚嫁礼特别重视。据《仪礼·士昏礼》记载，周朝士阶层婚嫁一般要经过“纳采”“问名”“纳吉”“纳征”“请期”“亲迎”6道程序（即六礼），而父母之命、媒妁之言尤为重要。后代嫌“六礼”过于烦琐，有所减省。例如，宋代礼规“士庶人婚礼，并问名于纳采，并请期于纳征”（《宋史·礼志》）；朱熹作《朱子家礼》，再作简省，仅存“三礼”（纳采、纳征、亲迎）。

冠礼是贵族子弟的成人礼，仪式在宗庙举行，由父亲主持，戴冠授礼。贵族男子行冠礼后若出门不戴冠，则被视为非礼。与冠礼相同的是女子成人礼，即笄礼。贵族女子15岁行笄礼，表明可以婚嫁。王室公主的笄礼更为隆重，在宫中殿庭举行，皇帝亲临。

射礼又分“大射”（天子、诸侯祭礼前选择参加祭祀人而举行的射礼）、“宾射”（诸侯朝见天子或诸侯相会时举行的射礼）、“燕射”（燕息之日举行的射礼）与“乡射”（地方官为荐贤举士举行的射礼）四类。而贺庆之礼，最隆重的是帝王改元、朝贺、千秋万寿节（皇帝诞辰）等庆贺活动。

五礼是古代礼制的核心部分，这些众多而细碎的行为规范，构成了中国古代社会中超越法制、宗教力量的礼治精神。

第三节　古代的政治结构和官制

作为超级社会组织，中国的专制国家是建立于小农经济和血缘宗法组织基础之上的，几千年来中国社会发生了无数次的政治动荡和朝代更替，但这些变化主要发生在政治表层上，只是表现在统治权在不同家族间的转移，很少发生国家政治结构形态与普遍社会组织及其生产生活方式的变化。就国家政治结构而言，传统中国一直是君主专制国家，并通过与之相适应的官僚制度和官僚群体来实现对国家的管理，而作为其基础的小农经济与宗法组织也一直未发生根本变化。中国历史文化是在怎样一种政治生态环境下发展的，这是我们应该了解的内容。

一、政体与皇权

（一）古代政体

政体指政权的组织形式，它包括两个方面：一是权力机关尤其是最高权力机关的结构、组织程序与职权分配；二是国家机构的组织原则，包括机关建立与机关活动的原则。我国古代政体经历过君主制的两种形式：奴隶主贵族宗法君主制和封建官僚帝国专制君主制。

中国古代国家由氏族社会直接转变而来，家族首领成为贵族集团。夏、商、周三代政体即由此发展而成。其表现是：行使国家最高权力的主体由君主和贵族组成的议事会共同构成，君主与贵族官员的任期都是终身的并且世袭；君主与贵族议事会有相互依存和制约的关系，君主对贵族官员有任免升降之权，而贵族也有对君主进谏之权；国家组织原则是宗法血缘关系，血缘的亲疏决定政治地位的高低，即政权系统与家族系统重合。

在国家结构形式上，夏、商、周三代实行方国联盟与分封制度，周代贵族议事会成员多为一身二任，既为王室官员，又为封国诸侯。但当封国实力赶超王室时他们便争取摆脱天子控制，贵族议事会成员们（诸侯）便不服从天子命令，“礼乐征伐自天子出”变为“自诸侯出”“自大夫出”。尤其到东周时代，一些诸侯与卿大夫力量大增，各国相互征战并对兼并的土地实行郡县制，官僚选拔代替了贵族世袭，至秦统一六国，最终确立了中央集权官僚帝国的君主专制制度。

（二）在与相权斗争中不断强化的皇权

皇权是秦统一六国，并建立起专制主义中央集权的君主专制制度后，伴随着皇帝制度的建立而形成的，其主要特征是：皇权至高无上并且不可分割，全部权力集中于皇帝之手；皇权不可转让，某人一旦登基便终身任职并实行世袭制，皇帝对所有官员皆有生杀予夺之权，除皇帝以外的所有人都是皇权的奴隶和工具。

这种体制大体可分为两个阶段和两种形式，从秦至元为宰相制君主专制，明清时代由皇帝直接行使中央政府的各种权力，无宰相制约的君主专制把皇权推到了顶峰。在宰相制下，以宰相为首的官僚系统受命于皇帝，它依托于皇权并从皇权中派生出来，皇权是最高的和绝对的；为保障国家机构的运行，宰相被授予某些制约皇帝的权力，以防皇权越轨运用而导致政府倾覆。例如，“封还诏书”与“拒绝平署”两项最重要的权力，便意味着宰相对皇帝不当的诏书可封还以示拒绝照办，对皇帝允准的奏请事项宰相可拒绝签字。另外，官僚系统也可运用汉儒的“天人感应”观，通过自然灾异现象和道德准则来约束皇权。但这两项办法都必须建立在皇帝具有儒学信仰和道德修养的理性前提之下才有某些效果，而不可能真正有效地制约皇权。明代废除宰相制度，由皇帝直接控制指挥政府各职能部门。这样，皇权越来越尊，臣民越来越卑，便成为传统中国政体演变的总趋势。其正面作用是建立并长期维护了一个统一的多民族的中央集权国家，创造了相当发达的古代物质文明与制度文明；其负面价值则在于扼杀了民族个体的活力与创造精神，使社会日趋僵化停滞。

（三）皇权的运作与皇位更替

1. 皇权的运作

皇帝居传统中国政治的核心，他通过官僚机构行使皇权并处理政务。皇帝与官员通常以朝会方式公开处理朝政。皇帝朝会有两种：一种是会见文武百官、诸侯和外国使臣的大朝，这是一种隆重典礼，通常在特定节日（如元旦、冬至、皇帝生辰）举行，实际上只是一种仪式，一般不在这种场合处理政务；另一种是皇帝每天或间隔数天在清晨会见主要官员处理日常政务（如宣布诏令、决定重大政策和活动等）的常朝，类似于官府中的早衙与晚衙。

皇帝要处理的政务可分为日常政务与非日常性政务。皇帝作为最高决策者与行政首脑，其下有文武百官管理各种政务，而各地各级官员掌管的事项均有定制规定（故而有“有司”之称），因此，对于日常政务，皇帝只要定期或不定期检查官员的职司履行情况就行了，因而即使有倦政之君不理朝政（如明嘉靖、万历皇帝），但政府机构照样运作，但这样易导致奸臣弄权。对非日常性政务（如叛乱、天灾饥荒、外敌入侵等），或下级官员根据定制无法解决的问题，皇帝就要与官员商议决策，通过官僚机构贯彻执行。尽管历代皇帝处理政务的具体方式不尽相同，但基本上都是通过一个特定的官僚集团实现权力的运作。这个官僚集团可分为中央和地方两部分，且也有一整套产生和运转的制度。

2. 皇位的继承与更替

至于皇位的更替，由于皇权至高无上，其无比强大的诱惑力使无数人倾心向往，为此不惜铤而走险的大有人在。同一家族中父子、兄弟之间的皇位转移伴随着阴谋与血腥，不同家族之间的皇位转移更是伴随着大规模杀戮与征战，从而使皇位的继承与更替成了皇帝制度的焦点。从中国历史来看，皇位更替的类型有两种：一是同姓相继，即同一王朝内的父子兄弟相交接；二是异姓相代，即改朝换代。同姓相继的情况有四种：一为预立太子，基本原则是“立嫡不立长”；二是密定皇储；三是禅位于子、弟；四是逼宫夺位。

除在大规模战争中夺取皇位外，皇位的异姓更替也有许多是以外戚、权臣、后宫的身份实现的。以外戚权臣地位夺取皇位的如王莽、曹丕、刘裕、杨坚等。在中国历史上，以后宫身份夺取皇位的则只有女皇武则天一例。

二、历代中央官制

职官的设置是随着国家的产生而出现的，因此，原始社会没有官制。一般认为，中国的职官始自夏代。自夏、商、周直到明、清的数千年间，职官制度也经历了一个产生、发展、变化、完善的过程。

（一）夏、商的“巫”“史”等职官

夏、商的君主称“后”和“王”，而在王的周围，权力最大的要算是“史”，即甲骨文中所出现的“卿史”和“大史”，古书中有时也称作“巫”。除巫史外，夏代的职官散见于文献的还有一些，如掌管历法的“羲和”、掌管诉讼的“大理”、传达君命的“遒人”、掌管贵族子弟教育的“官师”等，而他们也大都是由巫史担任的。此外，还有主管造车的“车正”、主管放牧的“牧正”、主管膳食的“庖正”，以及主管音乐的“瞽”和主管耕作奴隶的“啬夫”等。《礼记·明堂位》曾说“夏后氏百官”，但现代能够见到的文献中，除了上述名称外，已不多见。

商的中央职官较夏朝要系统和全面些。除负责宗教事务的巫、史（史官兼做记录）外，还有负责政务的“尹”“宰”等。商代后期还有“父师”“少师”之官，由王族长老（如箕子、比干等）担任，来辅佐商王。武职的最高统帅虽由商王担任，但军队中也开始有武官的设置。如从事戍守的武官曰“戍”，从事保卫的武官曰“卫”，掌管弓箭手的武官曰“射”“多射”，奉命领兵征伐的武官曰“亚”等。

总之，夏商时期，氏族社会遗风犹存，虽出现了某些职官，但巫史的影响还是比较大的。

（二）西周春秋的公卿制

周代，巫史的地位大大下降，担任中央政府最高职务的是太师、太傅、太保，合称“三公”。他们辅佐周王，统领百官，执掌朝政，是周王朝的中枢职官。而担任这些职务的一般都是有威望的贵族。如姜尚曾为太师，协助武王灭商。周公也曾任太师，并在成王年幼的时候摄政 7 年。周公的儿子伯禽也做过太师和太保。

“三公”之下的政务官是卿士，通常有 2~3 人，总管王朝的军事、行政和外交。卿士之下，设有分管具体事务的司徒、司马和司空，他们被称作“三有司”或“三有事”“三事大夫”。其中，司徒（金文作“司土”）管理土地、户口和徒役；司马管理军队和军赋；司空（金文作“司工”）管理百工及营建。此外，尚有掌管刑狱治安的“司寇”，掌管接待宾客的“大行人”等。除政务官外，周王朝还有掌管神事、教育、秘书

等部门的“太史”，掌管策命卿大夫之事的“内史”，有掌管图书档案的“御史”（或称“柱下史”），掌管占卜的“太卜”，掌管音乐及贵族子弟教育的“乐师”等。宫廷事务官方面，则有总管周王家务的“太宰”（或称冢宰），掌管王家膳食的“膳夫”，掌管周王衣冠的“缀衣”，掌管王家车马的“太仆”，负责周王侍卫的“虎贲”，等等。

春秋时期，各诸侯国的职官仍沿用西周的旧名，但因王室衰微，周天子失去了其天下共主的地位，所以周王朝的“三公”及卿士们也就无权去支配诸侯国了。诸侯国各自为政，各诸侯国主管国政的中枢之官被泛称为“执政”，执政之外，各国还设有司徒、司马、司空、司寇等众卿。例如，孔子就曾担任过鲁国的司寇。

（三）战国的将相制

战国时期，随着各国君主地位的极大提高和权力的高度集中，在国家机构中，巫史和宗室贵族已退居次要地位，君主的臣仆越来越受到重用。某些君主的臣仆侍从已由主管君主的私人事务而发展到管理国政，并被委以重任，于是在中央政府中便出现了以相、将为主的官制。

《尉缭子·原官》中说：“官分文武，君主二术。”也就是说，战国时各诸侯国在国君之下都分设有相、将职官。例如，赵惠文王便曾以蔺相如为相，以廉颇为将，京剧《将相和》演唱的便是他们二人同心协力共同辅佐赵王的故事。

除相、将之外，战国时期国君周围人员的职官也日益明确了，主要有御史、主书、御书、掌书、尚书等不同的名目。这些人员不但负责国君的文书档案，而且已开始具有监察其他官员的职能，后世的“御史”之类职官，便是由此再行分化、发展而形成的。至于一般的行政管理职官，各国还常常沿用司空、司徒、司寇等旧的名称。有些国家也设置了一些新的职官，如秦国掌管司法的“廷尉”，赵国掌管租税的“田部吏”等。

（四）秦汉的三公九卿制

秦始皇统一六国后，实行中央集权，建立了以三公九卿为主体的中央官制。三公，即指丞相、太尉、御史大夫，其中丞相总揽政事，太尉总揽军事兼及定爵、用人，御史大夫为丞相的副手，负责秘书工作和对百官的监察。九卿为郎中令、卫尉、宗正、太仆、廷尉、典客、治粟内史、少府、奉常。郎中令主要负责管理宿卫侍从和守卫宫殿门户；卫尉主要负责宫门警卫和征兵、屯兵之事；宗正掌管皇族事务；太仆负责管理皇帝所用的车马，同时监管全国马政；廷尉掌管刑辟，相当于全国最高司法官；典客主要负责管理和接待归附的少数民族；治粟内史掌管租税钱谷盐铁和国家的财政收入；少府主要掌管皇家钱财和皇室用品，负责宫廷事务；奉常主要负责祭祀和有关国家的礼仪制度。诸卿官署称“寺”，常以官名为机构名，每一主官有一事务长，而属官则由长官征辟任用，统称掾属。秦朝三公九卿中央官制的建立，表明中央集权国家的建立。

汉承秦制，制度略有变化。汉初除在名称上将郎中令改为光禄勋，典客改为大鸿胪，奉常改为太常，廷尉改为大理，治粟内史改为大司农外，其九卿的名称和职权范围基本上沿袭秦制。汉武帝以后，中央职官出现了一些变化，由于中央高度集权，汉武帝将朝官分为中朝与外朝。外朝官包括丞相以下的正规职官，为法定的正规机构。中朝官则由皇帝的近臣如侍中、常侍、给事中、尚书等组成，有时借以牵制丞相的权力。

到了东汉初年，光武帝以太尉、司徒、司空为三公，合称“三司”。但其时“三公”仅为挂名宰相，并无实权。正如《后汉书·仲长统传》所说：“虽置三公，事归台阁。”所谓“台阁”，乃对“尚书台”而言。尚书台本是皇帝私府中负责收发文书的一个尚书令“总典纪纲，无所不统”，东汉时成为执掌中央政务的事实上的宰相。汉代有一种无职务、官署、员额的“郎官”系统，如议郎、中郎、侍郎、郎中，服侍皇帝，执掌护卫陪从、随时向皇帝提供建议。中郎、郎中之首称“将”，如郎中有车、户、骑三将；中郎则分属五官中郎将、左中郎将、右中郎将，统称“三署”。

（五）魏晋南北朝的三省制

魏晋以后，尚书台从内廷独立出来，成为中央政府执行政务的总机关。尚书台在晋朝时被称为尚书都省，刘宋时被称为尚书寺，至南北朝梁代改称为尚书省。尚书省的首长是尚书令，副职是尚书仆射。这样，尚书省便相当于西汉初年的丞相府，而尚书令相当于宰相之职，成为最高的中枢职官。

由于尚书省权力过大，从魏晋开始，又另设中书省为文书处理机关，而让尚书省成为中书省的外围执行机构。中书省设在禁苑之中，时人遂称其为“凤凰池”，或简称“凤池”。这样，中书令又成为事实上的宰相。

从晋代开始，皇帝鉴于中书省的权力日益增大，又派亲信人员组成门下省，参掌中枢机密，其首长被称为侍中，副官有给事黄门侍郎、散骑侍郎等。南朝宋文帝时，侍中开始掌管机要事务，逐渐成为实际上的宰相。

总之，魏晋南北朝实行的便是这种尚书、中书、门下并列的三省制（各朝情况不完全一致），虽有所谓“八公”（太宰、太傅、太保、太尉、司徒、司空、大司马、大将军），然而都是空衔。

（六）隋唐的三省六部制

隋及唐初，三省制已成为正式的体制。不过此时三省已有分工，即中书掌管拟旨、门下掌管审核、尚书掌管执行，即所谓“三省分权”。三省首长同为宰相，共议国政。三省中，尚书省为政务实体，故又下辖六部、二十四司（见表3-1）。

表 3-1　隋唐的六部二十四司

六部名称	所属二十四司	掌管的事务
吏部	下辖吏部、司封、司勋、考功四司	掌管官吏的任免、考绩、黜陟、赏罚等
户部	下辖户部、度支、金部、仓部四司	掌管土地、户口、财政、赋税等
礼部	下辖礼部、祠部、膳部、主客四司	掌管礼仪、祭祀、科举、学校教育等
兵部	下辖兵部、职方、驾部、库部四司	掌管军政、车马、地图及武官选授等
刑部	下辖刑部、都官、比部、司门四司	掌管司法、律令、刑狱、审判等
工部	下辖工部、屯田、虞部、水部四司	掌管山泽、屯田、水利、工程营造等

六部包括吏部、户部、礼部、兵部、刑部、工部。六部长官均称尚书，副职称侍郎，下设郎中、员外郎、主事等职务。唐代中央职官除六部外，中央司法、行政等部门还有“九寺”“五监”。九寺是指太常寺（掌管礼乐祭祀）、光禄寺（掌管饮食）、卫尉寺（掌管器械文物）、宗正寺（掌管皇族属籍）、太仆寺（掌管车马）、大理寺（掌管刑狱）、鸿胪寺（掌管宾客）、司农寺（掌管仓储）和太府寺（掌管财货）；五监是指国子监（掌管文教）、少府监（掌管手工制作）、将作监（掌管土木工程）、军器监（掌管甲弩）和都水监（掌管水利）。这些机构和官员的设置，标志着我国古代封建国家的官僚制度已经趋于完善。

（七）宋代的二府制

宋代中央是由中书和枢密院共同执掌政、军大权，号称“二府”。

北宋神宗以前的100多年，尚书、中书、门下三省虽仍然设置，但已形同虚设。在三省之外，另设宰相的办公机构于禁中，称为“政事堂”或“中书门下”，简称“中书”。北宋神宗元丰改制后，重新恢复了三省六部的职权，而宰相的官称也屡有变更。

宋代的枢密院是掌管全国军务的最高机构，类似秦代的太尉府，以枢密使、副枢密使为其正、副长官。为防止武将跋扈，枢密院长官一般由文官担任。但枢密使虽有权调动军队，却须经皇帝批准。南宋宁宗以后，大多由宰相兼任枢密使，如文天祥既是右丞相又是枢密使。

宋代还设有翰林学士院，翰林学士负责起草机密诏令。但他们不属于以宰相为首的行政系统，而是直接属于皇帝。宋代的最高监察机构仍是御史台，并依唐制设台、殿、察三院，以御史大夫为最高长官。

（八）元朝的一省制

元朝实行一省制，只设中书省。其中枢权力汇集于中书省和枢密院、御史台。中书令的职位多由皇太子兼任，所以实际任宰相职务的是左右丞相及平章政事。元朝全国最高军事机构为枢密院，枢密使也由皇太子兼任，主持院事者实际上是枢密院副使及同知枢密院事。元代最高监察机关的御史台，以御史大夫、御史中丞为正、副长官。上述中枢机构全由蒙古人担任，不用汉人。

元代中书省和御史台还派出代表机构到各大区去主管军政大事，这就形成了“行中书省”和“行御史台”制度，简称“行省”“行台”。“行”是代行职权的意思。元朝曾将全国划分为11个大区，于是便有1个中书省（管辖邻近大都的“腹里”地区）和10个行中书省。这些“行省”最终演变成了中国地方的最高行政区划单位——“省”。

（九）明清的内阁制

明初中枢职官沿袭元制。明洪武十三年（1380年）废除中书省，并规定不再设丞相，由皇帝亲理国政。但由于政务繁忙，便由翰林院官员加殿阁大学士衔草拟诏书。明洪武十五年，太祖设殿阁大学士，并设有文渊阁、武英殿、华盖殿及东阁，由大学士侍奉左右。明成祖时，开始选拔儒臣进入文渊阁，参与机务，至此才正式有内阁之名。明仁宗宣宗年间，内阁的权力越来越大，入阁大学士也多是元老旧臣，号称“辅臣”；而首席大学士则称“元辅”或“首辅”，主持内阁大政，成为事实上的宰相，俗称“阁老”。大学士兼六部尚书者被尊称为“阁部”。明代，以大学士为首领的内阁仍带有皇帝私人秘书的性质，其主要权力是“票拟”，即根据皇帝旨意草拟诏令，经皇帝批准后再交六部办理。

但自明代中后期以后，宦官开始专政，宦官机构司礼监的秉笔太监也可草拟诏令，并代皇帝用朱笔批示奏章，称为“批红”。此后，内阁辅臣们又往往要听命于司礼监秉笔太监，宰相的实权实际上也在太监手中。这是导致明朝中后期宦官专权，政治黑暗，最终走向覆灭的重要原因。

清代中枢职官制度仿明朝，也实行内阁制。清入关前的内三院（内国史院、内秘书院、内弘文院）已设大学士、学士等参与机要。清顺治十五年（1658年）改内三院为内阁，设大学士，加殿阁衔，参与军国大事。而各部奏章及皇帝诏令的下达，皆要经由内阁。至清雍正间设军机处，内阁许多职权被军机处取代。清光绪庚子（1900年）官制改革，打破六部旧制，仿效西洋，逐渐使立法、行政、司法机构分立。清宣统三年（1911年）仿君主立宪制，将旧内阁与军机处合成责任内阁，在首席长官总理大臣之下分设外务、民政、度支、学、法、陆军、海军、邮传、农工商、理藩十部，成为其后北洋政府内阁的蓝本。

三、历代地方官制

（一）先秦乡遂制

西周初期，分封诸侯，受封诸侯可以说是周王朝的地方长官，但又不完全等同于秦以后的地方长官，因为诸侯可以在自己的封国内仿照王室的官僚制度，设置官吏进行管理，地方管理上实行“乡遂制”。“乡遂者，直隶于天子而行自治之制之区域也。王城为中央政府，王城之外郊甸之地，即自治之地方。”

春秋战国时期，一些诸侯国在边远地区和兼并地区设置郡、县，派员进行管理，开始产生真正的地方官制，即郡守和县令（春秋时各国县的长官称呼不一，楚称县公、县尹，晋称县大夫，战国时期县的长官才称县令），郡县同级。战国以后开始以郡统县，郡长官称“太守”，太守之下设“郡尉”以掌管军务；郡下设县，长官为令，令下设“丞”掌管财政、讼狱；“尉”掌管军务；“司马”掌管马政；“司空”掌管工程及刑徒。

（二）秦汉时期的郡县制

秦始皇统一中国后，在全国地方上设36郡，后增加到48郡，郡的官署称为郡府，其长官称郡守，掌管所辖郡内一切政务。郡下设县，官署称廷或寺，其万户以上县的长官称县令，万户以下的长官称县长。县以下还设乡、亭、里、什、伍等具有社会控制职能的乡亭里制。

汉承秦制，所不同的是郡县制与分封制并行。郡县长官仍是太守和县令。西汉至武帝朝在京畿地区的长官则称京兆尹、左冯、右扶风，合称“三辅”，其地位相当于郡太守。与郡县制相对应的是诸侯王国、侯国、邑、道。王国相当于郡，长官称丞相，后改称相；侯国、邑、道相当于县，侯国是封给列侯的县，邑为封给皇太后、皇后、公主的县；道为设有少数民族的县。汉代地方官制中，其刺史一职变化最大，汉武帝时，设十三部州刺史，州刺史本身是较为低级的巡视地方的朝官，巡视范围是大于郡的部，有纠察郡太守的权力，但其俸禄低于太守。至东汉末为集中军政权力，改监察区之部为大行政区，形成了县、郡、州制，改刺史为州牧，刺史成为郡守之上的地方长官。

（三）魏晋南北朝时期的州、郡、县三级制

魏晋南北朝时期，无论南北，地方上都施行州、郡、县三级制。汉献帝时曹操改汉末十三州为九州，曹丕又改为十二州，更改州牧为刺史，为州的最高行政长官。较之东

汉，魏晋刺史的职权要大。由于长年战乱，刺史、太守多带将军称号，权重者更有“使持节都督某州或某某数州军事”等头衔。凡无“将军”等头衔的被称为“单车刺史”。西晋以后，州、郡的辖境日益缩小，而数量大为增加。为了限制刺史的权力，有时又设立刺史属官如别驾、长史等代行刺史职权，叫作“行事”；有时在刺史之下另设“典签”官以监督刺史。东晋南朝还实行一种特殊的侨州、侨郡、侨县制度，与州、郡、县制度相互统领。

（四）隋唐宋时期的地方官制

隋朝统一南北以后，于隋文帝开皇三年（583 年）“罢天下郡”，实行州郡两级制，至隋炀帝大业三年（607 年），恢复秦制，改州为郡，以郡统县，历时甚短，却成为州制向道制的过渡阶段。

唐代地方官制分为三种。第一，唐代地方以道为主，唐代设道，犹如汉末设州，是由监察区演变为政区的，唐贞观元年（627 年）依山河形势将全国分为 10 个道：关内道、河南道、河东道、河北道、山南道、陇右道、淮南道、江南道、剑南道、岭南道。至唐开元年间（713~741 年），在前 10 个道中又划分出 5 个道，成为 15 个道。安史之乱（755~763 年）后，道成了州以上的一级行政单位，形成了道、州、县三级行政制。道的长官为巡察使、按察使，后改为采访处置使。第二，是“府”的建置，唐承北周大总管府制，在诸京都和皇帝驻跸之地设大都督府，另分上、中、下州设都督府，督都为最高军事主官。在边疆地区还置都护府，如唐中宗朝有安西、凉州都护府。第三，是节度使的设置。“节度”一名起于魏晋，起初只是官职，并无辖区，唐景云二年（711 年）以凉州都督府充任河西节度使，方正式列入官制。唐玄宗开元、天宝年间增至十节度使，主要是镇守边疆，此后在内地也设有节度使，使边地军事机构成为全国的政区。后节度使又兼刺史之职，手握军政大权，成为权势显赫的地方长官。唐中叶以后，节度使的权力越来越大，原有的道渐成虚设，成为唐末五代藩镇之乱的根源。

宋承唐制，仅将“道”改为由“路”管辖，职责相同。路的常设机构及长官有以下四种：一是“经略安抚司”，长官为经略安抚使；二是“转运司”，长官为转运使；三是“提点刑狱司”，长官为提点刑狱公事；四是“提举常平司”，长官为提举常平官。宋代县令之名虽存，但事实上朝廷另派员前去（主持）一县事务，故称知县；州一级行政长官又有朝臣担任，称“权知某州军州事”，简称知州。知县和知州是宋代主要的地方职官。

（五）元明清时期的地方官制

元代在地方实行行中书省制度，简称“行省”，为中央派至地方的最高级行政机关，长官为丞相、平章，皆由蒙古人担任，其下属有左右丞、参知政事等。元将地方分为11个行省，即岭北、辽阳、河南、江北、陕西、四川、甘肃、云南、江浙、江西、湖广。行省下设路、府、州、县。主要长官皆称“达鲁花赤”，意思为亲民的官，由蒙古人担任，其下还设有总管、知府、知州、知县等官。另外，将山东、山西、河北和内蒙古等地称作“腹里”。作为中央直属管辖的特区，“腹里”的设立是行政区划史上的一个创举，它有效地解决了困扰很多朝代的京畿防务及管辖问题，为都城建立了有效的缓冲带。

明代地方官制初袭元代，地方以行中书省总揽一切政务。后来，朱元璋为加强中央集权，于明洪武九年（1376年）改地方行中书省为承宣布政使司，设左右布政使各一人，掌管一省的民政、财政事务。另设提刑按察使司（主官为按察使），掌管一省的司法和监察。设都指挥使司，主官为都指挥使，掌管一省的军务，合称“三司”。三司并列，共同对皇帝负责，起到相互牵制的作用，以加强中央对地方的控制。明代州、府的长官称知州、知府，京都所在地的府称府尹，县称知县。此外，在一些少数民族地区还设土司（如宣慰司、宣抚司等），由当地头人任正职，世代相袭，管理当地事务。

清代地方行政设省、府（州或厅）、县三级。总督和巡抚是省级的最高长官（并称封疆大吏），握有省级军政大权。两者的区别是，总督辖一省、二省、三省不等，综理军民事务，一般都兼兵部尚书、都察院右都御使衔，又称制军、制宪、制台。巡抚仅辖一省，掌管军政刑狱，又称抚台。督、抚之下设布政使、按察使，布政史掌管一省财赋，又称藩台、藩司；按察使掌管一省典狱、监察，又称臬司、臬台。都督、布政使、按察使又合称“三大宪”。

清代府的长官称知府，又称“黄堂”；顺天府（京城所在地）、奉天府（陪都所在地）的长官称府尹。与府同级的有直隶州（直隶于省），长官为知州；少数民族地区还设直隶厅（直隶于省），长官是同知和通判。县的长官仍是知县。此外，清代府上还有“道”，是省的派出行政机构。道有两类：一是“分守道”，管理若干府、县民政；二是“分巡道”，管理某一项事务（如河务、盐、茶等）。道的长官称道员，又称“道台”，无兼衔。作为省的派出机构，道即是后来“专署”的前身，专员也是由道员演变而来的。

据《清史稿地理志》，清光绪年间设置22个省，有1700多个府、厅、州、县，可以说清代地方官制是古代职官制度中最为完备的朝代。

第四节　选官制度与科举

一、夏商周从世卿世禄制到乡举里选

夏商时期，官吏选拔基本上是贵族世袭制，如《尚书·微子》“旧有位人”，《盘庚》：“亦惟图任旧人共政”。西周时期，大夫以上的高级官员依然是世袭。西周时期，大夫以下的低级官吏则开始实行乡举里选制。周代的“乡”指城市及其近郊，为贵族居住之地；“里”是按族划分的基层居民点。所谓“乡举里选”，即由乡、里评论，推选出“秀士”“俊士”等优秀人才，然后经诸侯上贡给周天子的一种制度。这种活动每三年进行一次，考察内容主要是“六德”（智、信、仁、圣、义、忠）、“六行”（孝、友、睦、姻、任、恤）、“六艺”（礼、乐、射、御、书、数）。此外，还有一些德行优异者，可被选入国学，受教育后，成绩优异者通过司马推荐为官，被推者称为“进士”。这些“进士”经天子考试其射艺，再被封官晋爵，取得低级爵位和官职的，称为“命士”。西周的“士”是贵族的最底层，通常指武士。

二、春秋战国的养士之风和客卿制度

春秋、战国时期，社会发生巨大变革，各诸侯国为在争霸中取得优势地位，纷纷进行改革。选士制开始由唯亲向唯贤转化，按照“选贤任能”的原则来选拔官吏。例如，齐桓公主张：“匹夫有善，可得而举”。战国“士”阶层的崛起，出现了相对自由的选才方式，最突出的当数六国的“养士之风”及秦国的“客卿制度”。

养士，是六国招揽人才、扩充实力、争霸天下的一种方法。例如，齐国在临淄城下设稷下学宫、燕昭王筑造黄金台礼聘天下贤智，贾谊《过秦论》中“齐有孟尝、赵有平原、楚有春申、魏有信陵，此四君者，皆明智而忠信，宽厚而爱人，尊贤而重士”提到的“四君子”正是战国养士的典范。由此上演的一幕幕诸如窃符救赵、鸡鸣狗盗、狡兔三窟、完璧归赵、冯谖市义、千金市骨、毛遂自荐等脍炙人口的“活剧”，使得战国时期成为中国历史上充满活力和创造力的时代。

秦国的客卿制度，是指为相者多为他国之士，如公孙鞅是卫国人、楼缓是赵国人，张仪、魏冉、范雎是魏国人，蔡泽是燕国人，吕不韦是韩国人，李斯是楚国人。这些外国之士入秦为仕，也有两种情况：一是受秦王赏识直接为官；二是先拜客卿再因军功而升为相。

相关链接　搜索

《史记·孟尝君列传》节选

初，冯驩闻孟尝君好客，蹑蹻而见之。孟尝君曰："先生远辱，何以教文也?"冯驩曰："闻君好士，以贫身归于君。"孟尝君置传舍十日，孟尝君问传舍长曰："客何所为?"答曰："冯先生甚贫，犹有一剑耳，又蒯缑。弹其剑而歌曰'长铗归来乎，食无鱼'。"孟尝君迁之幸舍，食有鱼矣。五日，又问传舍长。答曰："客复弹剑而歌曰'长铗归来乎，出无舆'。"孟尝君迁之代舍，出入乘舆车矣。五日，孟尝君复问传舍长。舍长答曰："先生又尝弹剑而歌曰'长铗归来乎，无以为家'。"孟尝君不悦。

居期年，冯驩无所言。孟尝君时相齐，封万户于薛。其食客三千人。邑入不足以奉客，使人出钱于薛。岁余不入，贷钱者多不能与其息，客奉将不给。孟尝君忧之，问左右："何人可使收债于薛者?"传舍长曰："代舍客冯公形容状貌甚辩，长者，无他伎能，宜可令收债。"孟尝君乃进冯驩而请之曰："宾客不知文不肖，幸临文者三千余人，邑入不足以奉宾客，故出息钱于薛。薛岁不入，民颇不与其息。今客食恐不给，愿先生责之。"冯驩曰："诺。"辞行，至薛，召取孟尝君钱者皆会，得息钱十万。乃多酿酒，买肥牛，召诸取钱者，能与息者皆来，不能与息者亦来，皆持取钱之券书合之。齐为会，日杀牛置酒。酒酣，乃持券如前合之，能与息者，与为期；贫不能与息者，取其券而烧之。曰："孟尝君所以贷钱者，为民之无者以为本业也；所以求息者，为无以奉客也。今富给者以要期，贫穷者燔券书以捐之。诸君强饮食。有君如此，岂可负哉!"坐者皆起，再拜。

孟尝君闻冯驩烧券书，怒而使使召驩。驩至，孟尝君曰："文食客三千人，故贷钱于薛。文奉邑少，而民尚多不以时与其息，客食恐不足，故请先生收责之。闻先生得钱，即以多具牛酒而烧券书，何?"冯驩曰："然。不多具牛酒即不能毕会，无以知其有余不足。有余者，为要期。不足者，虽守而责之十年，息愈多，急，即以逃亡自捐之。若急，终无以偿，上则为君好利不爱士民，下则有离上抵负之名，非所以厉士民彰君声也。焚无用虚债之券，捐不可得之虚计，令薛民亲君而彰君之善声也，君有何疑焉!"孟尝君乃拊手而谢之。

——资料来源：司马迁《史记·孟尝君列传》

以上选官已有荐举和考功因素，然而没有形成固定、系统的选官制度，直到汉代察举制度确立，中国才有了系统的选官制度。

三、汉代的察举与征辟制度

汉代，随着强大的中央王朝的建立，单靠养士和军功以选拔人才的办法已不能适应现实的需要，于是又产生了一些新的选官的途径，这就是察举和征辟。

察举是由公卿及郡守通过考察，向朝廷推荐品德高尚、才能出众的平民或下级官吏。所谓“察”，即“察孝廉”；“举”，即“举秀才”。孝廉偏重德行，秀才偏重才能。西汉初年，汉高祖刘邦就曾下令地方郡守察举民间德高望重之人。至文帝以后，察举遂形成制度。西汉以举秀才为主。秀才又叫贤良、文学。东汉以察孝廉为盛。东汉避光武帝刘秀之讳，改秀才为茂才。

从汉武帝开始，被荐举的人通常还要经过皇帝“策问”才能授官。“策问”有两种形式：一是对策，即由皇帝提出一些政治、经义方面的问题，写在简策上发给应试者作答。二是射策，即由应试者用箭投射简策，并据所射中之策而回答问题，颇似后来的抽签考试。例如，董仲舒被举为贤良文学，在射策时便极力宣扬天人感应和大一统思想，由此深得汉武帝赞赏，即被任命为江都王之相。“射策”后来成为一个典故，常被用来指应举考试。汉代的这种“策问”，可视为科举制度的萌芽。

“征辟”是指皇帝或官府直接征聘某些有名望的人，授予官职。其中，由皇帝直接聘请者称为“征”，由官府聘请者称为“辟”。皇帝征召者多是德高望重、学识渊博之人，如著名科学家张衡因精通天文历算而被汉安帝征召为郎中，后又升迁为太史令。

此外，汉代进入仕途还有多种途径，如“任子”、“纳赀”、军功等。“任子”是两千石以上官吏任期满两年后，可保举子弟一人为郎。例如，苏武便因为父亲苏建做过代郡太守，从而被任命为郎官。“纳赀”又称“赀选”，实质上是公开的买官卖官，即交纳一定的钱财就可以取得入选做官的资格。

四、魏晋南北朝时期的九品中正制

早在东汉末年，曹操就曾提出“唯才是举”的用人方针。曹丕称帝后，于220年采用吏部尚书陈群的建议，正式制定了九品中正制。

所谓“九品”，是将察举的对象分为九等，即上上、上中、上下、中上、中中、中下、下上、下中、下下九品，由政府按等级录用。“中正”是各州郡所设的品评人才高低的官员，初为各郡长官推举，后来多由朝官中有声望的人担任。州郡中正官所定之品即“乡品”，还要送中央司徒府最后审定，甚至要经过一定的考试，然后移至吏部决定“官品”以授官。

九品中正制度最初实行时，基本贯彻了曹操“唯才是举”的方针，品评也比较客观，起到了较好的作用。但到了曹魏后期，特别是晋代，各级中正官多由豪门大族任命或直接担任，人物品评全被豪门贵族所操纵，其品评的标准也逐渐以门第出身（即家世谱牒）为唯一的条件，个人的德才表现（即“行状”评语）根本不被考虑。于是，九品中正制便沦为了巩固门阀特权的工具。正因为如此严重的弊端，隋朝统一中国后，就把选官权力收归中央，用科举制代替了九品中正制。

五、科举制度的确立

隋朝时废除九品中正制，大小官吏都由中央政府直接任命，无须经过中正官的评定。而选官的办法则是分科公开考试。自隋炀帝大业二年（606年）始置进士科，以“试策”取人，这标志着中国科举制的确立。除进士科外，隋代也设有“明经”科。

唐承隋制，继续实行科举取士，并增加了“明法”“明字”、“明算”等50余科，而以进士、明经两科为主。进士科重文辞，明经科重经术。唐高宗以后，进士科尤为社会所重视。进士科、明经科每年都要举行考试，称为“常科”。常科之外，唐代还有制科，即由皇帝临时诏令设置的科目，有“贤良方正直言极谏”科、“才识兼茂明于体用”科、“文辞秀逸”科、“风雅古调”科等百余种，考期不固定。

唐代制科考试合格后可直接授官，但常科及第后却不能马上授官，还须参加吏部的考选，谓之“选试”。“选试”合格者方能授予官职。选试包括身（体貌）、言（言辞）、书（书法）、判（判词）四个方面，并分为“博学宏词”“拔萃”等名目。柳宗元便是以“博学宏词”被授为集贤殿正字，白居易以“拔萃”被授为秘书省校书郎。唐代考生及第后，称考官为座主、恩门，对考官自称“门生”，同科及第者互称“同年”。

六、宋元科举制的改革与发展

宋朝沿袭唐朝科举制度，有常、制、武诸科，但在实施过程中，在科举形式上却有些改革。

1. 殿试制度的建立及录取名额的扩大

宋太祖为了直接控制科举，于开宝六年（973年）开始举行殿试，即在礼部试后，再由皇帝主持最高一级的殿试，以决定录取名次和名单。这样就避免了唐代以来主考官和考生之间形成的“恩师”与“门生”的特殊关系，而把所有及第的人都变成“天子门生”，只对皇帝感恩戴德，防止了科第结党之风，此后成为定制。殿试分五等三甲发榜：一甲（一、二等）称“赐进士及第”，二甲（三等）称“赐进士出身”，三甲（四、五等）称“赐同进士出身”。北宋时进士第一名称“榜首”，第二、第三名称“榜眼”，统称“状头”；南宋开始将第一名称“状元”，第二、三名称“榜眼”与“探花”，以后成为定制。

2. 考试内容的改革

宋初，常科有进士、明经（九经、五经、三礼、三传）、明文、明法及武举诸科，而仍以进士科最受重视。宋神宗采纳王安石的建议，废除明经等科，常科只保留进士科。而进士科考试的内容也不再是诗赋、帖经和墨义，改以经义、论策取士。即强调经书义理的阐明，而取消唐代偏重记忆的考试内容。

3. 考试程序和方法的改革

宋代实行乡举（州试）、省试（礼部试）、殿试三级制。宋初考试年限未定，至宋英宗时规定每三年举行一次。考试实行春秋两试制，乡试（州试）在八月，称“秋闱”；省试在次年二月，称“春闱”，合称春秋两试。举子通过州试后即可参加省试。宋代为了防止科场舞弊，力求平等，实行弥封、誊录制。将举子试卷上的姓名、籍贯等密封起来，再全部重新誊录，将誊录后的试卷送考官评阅，录取后才拆封检视姓名。

元代也实行科举考试。但由于元代统治者实行民族歧视政策，将全国划分为蒙古人、色目人（北方各少数民族）、汉人（灭金后所收服的人）、南人（灭宋后所收服的人）四个等级，所以其科举制度带有明显的民族歧视色彩。其考试约每三年举行一次，分为乡试（行省考试）、会试（礼部考试）、御试（殿试）三级。各级考试，蒙古、色目人都与汉人、南人分开，考试内容的难易与录取标准的宽严也有很大差别。蒙古、色目人较易，而汉人、南人较难。御试后，蒙古人、色目人为一榜，称为“右榜”；汉人、南人为一榜，称“左榜”。

七、明清科举制度的鼎盛

（一）童试

明清科举制的一个重要特点，是科举与学校的结合。学校分国学和地方学校，国学初名国子学或太学，后改称国子监，属于国家级的学校。地方学校则分为府、州、县三级，一般称为郡县学，也称儒学。尽管学生不一定全都在校读书，但在名义上，科举却必须经由学校，因而进学便成了科举的必由之路。

明清读书人要“进学”，首先必须经过“童生试”，简称“童试”。童试包括县试、府试和院试三个阶段。由本县知县主持的考试称为县试。由知府主持的考试称为府试。院试是指由各省学政（又称学台、宗师）主持的考试。清朝的县试多在二月，府试多在四月。应试者经县试、府试及格后，无论年龄多大，都被称为“童生”。童生要通过院试后才能最后成为“生员”。院试又包括两种考试：岁试和科试。童生只需通过岁试就算是“进学”了，即成为国家承认的一名学生，称“生员”，又称“诸生”“庠生”“博士弟子员”，俗称“秀才”“相公”。县试、府试、院试第一名都称“案首”。

童生录取为生员后，分别被安排在府学、州学和县学中学习，并分别由教授、学正、教谕及其副职训导教他们读书。学校称作学宫，又由于学宫中有泮池，故入学又称“入泮”。但实际上生员多数时间都不到校，只是名义上属于这些学校罢了。生员是“功名”的起点，并且已开始享有某些特权，如免除徭役，见了知县不必下跪，以及官府不能随便对他们用刑等。

（二）乡试

童试在明清仅是一种资格考试，而正式的科举考试是乡试、会试和殿试三级。

乡试通常每三年在京城及各省省城举行一次，一般在子、卯、午、酉年举行，称为“大比”。乡试时间是八月，故又称“秋试”“秋闱”“秋榜”。乡试之前，也要先举行一种资格考试，即科试，又叫科考。科试由学政主持，考试成绩分为六等，凡考为一、二等者，即取得了乡试资格。如是小省，三等的前五名可以参加乡试；如是大省，三等的前十名也可以参加乡试。其余三等者，或因故未考者，以及在籍之监生、贡生等，再经学政考试，名为“录科”。录科录取者也可参加乡试。此外，明清时期还于乡试之年的七月在省城集中举行一次科试的补考，凡科考、录科未取者均可再考一次，称为“录遗”。录遗录取者也可参加乡试。

乡试的考场称为贡院，贡院四周墙上遍置荆棘，故又称“棘闱”。考生答题处被称为号房，食宿皆在号房之内。号房以《千字文》的“天地玄黄”等编号。乡试分三场，八月初九第一场，考经义；十二日第二场，考论、判、诏、诰、表等；十五日第三场，考时务策等。第一场最重要。每场都于头一日点名入场，后一日交卷出场。入场要经过严格搜检。试卷要弥封、誊录、对读。考生原卷用墨书写，称为墨卷；而誊录则用朱笔，称为朱卷。朱卷经与墨卷对读无误后，再送房官校阅。各房官将自己选中的试卷加圈加批，推荐给主考，称为荐卷。最后由主考定夺。

乡试于九月发榜，其时正值桂花开放，故又称“桂榜”。乡试考中的称举人，俗称孝廉。第一名称解元。乡试中举叫乙榜，又叫乙科。发榜后要由巡抚举行宴会，宴请考官及新科举人，席间唱《鹿鸣》诗，宴会亦称鹿鸣宴。考中举人，便可以参加全国性的会试，即使会试未能及第，也已具备了做官的资格。例如，清顺治时规定，举人参加会试三科不中者准予铨补知县，一科不中者许以教职。清乾隆以后，又定“大挑”之制，即三科以上会试不中的举人，挑取其中一等者用为知县，二等者用为教职。大挑每六年一次。

（三）会试

会试于乡试后的第二年春天在礼部举行，故又称礼闱或春闱。时间一般在丑、辰、未、戌年的二月或三月。参加会试者是各省的举人。因举人赴京由布政使发给路费，故又称入京应试者为“公车”。例如，1895 年赴试举人的上书便被称为“公车上书”。会试考场的规矩与乡试基本一致。

会试也分三场，分别安排在二月或三月的初九、十二、十五日，每场三日。考中者被称为贡士，第一名称会元。会试发榜日期，清康熙时为三月五日或三月十五日，清乾隆十年（1745 年）后因会试改为三月，放榜日期也顺延到四月十五日内。会试发榜时正值杏花开放，故又称“杏榜”。放榜之后，新贡士的朱卷、墨卷一般要由皇帝选派大臣进行磨勘（即复查）。新贡士还要到礼部填写“亲供”，并在殿廷复试。磨勘、复试合格，便取得了参加殿试的资格。

（四）八股文和试帖诗

以上各阶段的考试，包括童试、科试、乡试、会试等，均以考八股文和试帖诗为主。八股文的题目出自“四书”“五经”，应试者要用古人的语气作文，即所谓“代圣贤立言”。经义发挥，也主要以朱熹的《四书集注》为准。

八股文亦称制艺、制义、时艺，每篇由破题、承题、起讲、领题（或曰入手）及起股、中股、后股、束股八部分组成。由于起股至束股四股是文章的主要部分，而每段又有两股排比对偶的文字，合计八股，故被称为“八股文”。八股文不但结构有一定程式，而且字数有一定限制。清顺治二年（1645 年）规定每篇限 550 字，康熙二十年（1681 年）规定为 650 字，至乾隆四十三年（1778 年）又增至 700 字，违者不录。此后，遂成定制。

试帖诗，清代乡、会试用五言八韵，童试用五言六韵，岁考、科考、复试、朝考均用五言八韵。不但限韵，而且其结构和做法也与八股文略同。至于诗中词语，也不得出现美人、红粉、狐鬼、破败、死亡等不吉的字样。

（五）殿试

殿试即由皇帝主持的考试，在会试之后举行。参加殿试的是贡士。协助皇帝进行考试的有读卷官、提调、监试官等。读卷官从大学士、六部九卿中选派，负责具体阅卷。

清初殿试在四月初举行，自乾隆二十六年（1761 年）开始定为四月二十一日。殿试的地点，最初在天安门外，后改在太和殿前丹墀下，如遇风雨，则改在太和殿的两庑。从乾隆五十四年（1789 年）开始，固定在保和殿内举行。殿试以一天为限，不准给烛，也不准带出补写。不能完卷者，列入三甲之末。

殿试内容，只有经史时务策一道，由内阁中书用黄纸书写，然后列印、散发。试卷用白宣纸裱成，前面是素页，备写三代履历；后面画一红线，接下写策文。殿试第二天即开始阅卷，读卷官为八人，一般两日内即阅卷完毕。

殿试分三甲录取。第一甲赐进士及第，只取前三名，第一名称“状元”，第二名称“榜眼”，第三名称“探花”，合称“三鼎甲”。第二甲赐进士出身，其中第一名称“传胪”。第三甲赐同进士出身。一、二、三甲通称“进士”。进士榜称甲榜，或称甲科，因其用黄纸书写，故又俗称金榜，并称中进士为金榜题名。宣布殿试结果，要举行一种隆重的仪式，称为“传胪”。传胪后第三天，在礼部为新进士举行宴会，称为“恩荣宴”，又称琼林宴。之后还要在国子监立碑镌名。

? 复习与思考

一、 名词解释

家族　嫡长子继承制　九族和五服　家风　嘉礼　内阁制　九品中正制　八股文

二、 简答题

1. 宗法制度的主要内容有哪些？试简要加以说明。

2. 宗法制度虽然随着我国奴隶社会的结束而退出历史舞台了，但是它对中国传统社会家族文化产生了深刻的影响。中国家族文化的特征有哪些？

3. 中国古代礼制这个复杂而又宏大的系统可分为五类，具体指哪五类？

4. 秦汉时期中央官制中的三公九卿指的是哪些职位？

5. 隋唐时期的三省六部制具体包括哪些职位？

6. 科举制度是什么时候确立的？简要说明其具体内容。

三、 单项选择题

1. 家族制度的基础是(　　)。

A. 上下级关系　B. 宗法关系　C. 血缘关系　D. 等级关系

2. 对宗庙的祭祀，在中国古代属于“五礼”中的(　　)。

A. 吉礼　B. 凶礼　C. 宾礼　D. 嘉礼

3. “巫”“史”等职官出现在我国的(　　)。

A. 原始社会　B. 夏、商时期　C. 秦汉时期　D. 隋唐时期

4. 客卿制度出现在中国(　　)。

A. 原始社会　　B. 夏、商时期　　C. 春秋战国时期　　D. 秦汉时期

四、 思考题

科举制度在明清时期达到繁盛，主要表现在哪些方面？你如何看待科举制度对中国社会的影响？这种制度对现在的社会有没有产生影响？

推荐阅读

1. 梁文娟．中国经典传统文化［M］．西安：西北工业大学出版社，2010.

2. 张崇琛．中国古代文化史［M］．兰州：甘肃人民出版社，2005.

3. 王增斌．中华文化史要略［M］．北京：光明日报出版社，2011.

第四章 中国历史文化的精髓——思想文化

本章导读

中国历史文化博大精深，枝繁叶茂。祖先们为我们留下了丰富的历史文化遗产，这些遗产涵盖了科学技术、文学艺术、哲学思想以及史学等精神文化财富，还包括建筑、园林、服饰、饮食、器物等文化范畴。中国历史文化中最核心的、最精华的内容无疑是思想文化。从春秋战国时期的“百家争鸣”开始，到汉武帝时期“罢黜百家，独尊儒术”，儒学思想逐渐成为中国历史文化的正统，并在长达两千多年的封建社会中占据了统治地位。但是，汉代时从印度传入的佛教及其中国化，以及道家思想和道教的文化潜流，共同塑造了中国思想文化的架构，那就是儒、释、道三家互补的文化形态。

学习目标

知识目标

1. 了解和掌握儒家、道家、法家、墨家等“诸子百家”学说的主要创立者及其历史地位等基础知识。
2. 重点了解儒家和道家思想的主要内涵。
3. 了解董仲舒对儒家学说改造的内容，掌握儒家学说取得独尊地位的知识。
4. 掌握宋明理学的主要代表人物，了解理学的思想内容及其对中国社会的影响。

能力目标

1. 提升学生将儒学知识运用到专业实践中去的能力，例如景区讲解、旅游资源的规划与开发等能力。
2. 通过对古代思想文化的提炼，启发学生将其运用到旅游企业文化管理中并提升相应能力。

课程思政目标

1. 通过学习儒家学派、道家学派等诸子百家思想流派，以及秦汉以后中国思想文化的发展等内容，提高学生的中国传统思想文化素养。
2. 在本专题内容的学习中，坚持取之精华、弃之糟粕的历史唯物主义观点，使学生在学习中国优秀思想文化传统的同时，感受中国历史文化的博大精深，在提升学生的旅游管理专业基础素养的同时，坚定学生的文化自信。

案 例

孔庙

自春秋时期孔子创立儒家学派，到汉初儒学取得独尊地位，儒学思想统治了中国两千多年。由于儒学思想在中国传统社会中的重要地位，历朝历代中央和地方政府都非常重视孔庙的建设。尤其是唐贞观四年（630 年），命令州县学都兴建孔庙，孔庙遂遍于全国各地。虽经过五四运动以来新文化的冲击，目前中国仍有数量庞大的孔庙得以保存下来或得到重修。据不完全统计，全国现存文庙有 1600 座左右，加上韩国、日本、越南等国外地区历史上所建文庙，世界范围内能够看

图 4–1　山东曲阜孔庙棂星门

到的文庙有 2000 多处。就中国大陆而言，规模较大的有四大文庙，即山东曲阜孔庙、北京孔庙、南京孔庙和吉林文庙。这些景观，为当地旅游产业转型升级，开发深度旅游产品提供了丰厚的旅游资源。而其他地方的文庙如郑州文庙、哈尔滨文庙、苏州文庙、上海文庙等，也成为当地现代城市文明繁荣之下独特的文化景观。也是当地文旅融合发展的重要条件。

案例分析

1. 你所生活的城市有没有孔庙等儒学建筑古迹？如果有的话，你能否从导游的角度，撰写一篇介绍本地孔庙翔实的导游词？

2. 现代中国社会，很多成功的企业家在企业发展到一定规模和水平的时候，都希望从中国传统国学中获得管理思想方面的启发。被称为“中国式管理大师”的台湾学者曾仕强的《易经中的管理智慧》等作品和讲座广受欢迎，就验证了国学的现代价值。那么，你认为学习儒学思想文化能否为旅游企业的文化管理带来启示呢？

第一节　儒家学派

一、孔子和儒家思想体系的形成

（一）孔子生平

图 4-2　孔子像

孔子（前 551～前 479 年）名丘，字仲尼，春秋时鲁国（今山东曲阜）人（见图4-2）。孔子幼年丧父，大约 20 岁时在家乡办私学，以礼、乐、射、御、书、数诸科教授生徒。他有教无类，广收门徒，在中国教育史上做出了开创性的贡献。孔子在中年时一度从政，表现出特殊的政治才干。55 岁时，孔子率领弟子周游列国，宣传自己的政治理想，13 年间他和弟子们历经卫、宋、陈、郑、蔡、楚等国，非但没能被人重用，反而颠沛流离，历尽艰险，几次陷入绝境。孔子在 68 岁时返回鲁国，不再参与政治活动，把主要精力用在授徒讲学方面。为了教学的需要，他集中研究、整理了一批古代文献，编纂审定《诗》《书》《易》《礼》《乐》《春秋》六经，为中国文化的发展奠定了基石。

孔子是我国古代伟大的思想家和教育家，儒家学派创始人，世界最著名的文化名人之一。孔子对后世影响深远，虽说他“述而不作”，但他在世时已被誉为“天纵之圣”“天之木铎”“千古圣人”，是当时社会上最博学者之一。后世并尊称他为“至圣”（圣人之中的圣人）、“万世师表”。孔子的思想主要集中反映在由他的学生记录整理的《论语》一书中。孔子生活在奴隶社会处于崩溃、封建社会正在形成的社会转型时期，针对当时的社会动荡，他极力主张恢复周礼（周代的社会制度），创立了儒学思想体系。

（二）孔子儒学思想体系的主要内容

1. 仁：孔子儒学思想体系的核心

“仁”是孔子儒学的思想核心。孔子谈论任何问题，无不围绕着这个“仁”字。“仁”既是人一切行为的出发点，又是人一切行为的归宿；既是人安身立命的原则、人的最高道德信条，又是人之所以为人的根本，是人的本质。有人统计，《论语》共有

15900 字，而其中“仁”字出现了 109 次。这足以证明，孔子的学说思想，无处不围绕着“仁”去展开。仁是关于道德的学说，“仁”作为人的本性的最高表现是“孝悌”，即父义、母慈、兄友、弟恭、子孝；作为人的美德的最高概括是“爱人”。“仁”的核心是“忠恕”。提倡“志士仁人，无求生以害仁，有杀身以成仁”，“克己复礼为仁”，主张将社会外在的规范化为个体内在的自觉。作为社会的个体成员应该“己所不欲，勿施于人”，“居处恭，执事敬，与人忠”，“恭则不侮，宽则得众，信则人任焉，敏则有功，惠则足以使人”等。孔子的“仁”学构筑了中国传统文化伦理、封建政治的基本框架结构。

2. 礼的思想

以礼作为行为规范。孔子面对春秋时期“礼崩乐坏”的局面呼吁恢复周礼，恢复周礼的办法是正名，即“君君、臣臣、父父、子子”；强调“名不正则言不顺，言不顺则事不成，事不成则礼乐不兴”。希望把人们的所有活动都纳入礼的规范之下，所谓“非礼勿视，非礼勿听，非礼勿言，非礼勿动”，并且把礼看作是实现其最高理想“仁”的重要途径，“一日克己复礼，天下归仁焉”，以此建立一套严格的等级社会秩序。

3. “为政以德”的德政思想

首先，为政要“宽”：滥用刑杀会众叛亲离。其次，为政要“惠”：实行富民政策，只有人民富足了，国家才能够强盛。孔子到卫国，冉有问：“像卫国，人口已经多了，下一步做些什么事情呢?”孔子曰：“富之。”再问：“富足起来之后怎么办呢?”孔子曰：“教之。”最后，使民以时：役使老百姓要避开农忙时节，“劳而不怨”“择可劳而劳之，又谁怨?”

4. 伦理和教育思想

孔子学说中最有价值的是其教育思想。他第一次提出“有教无类”，一定程度上打破了奴隶主贵族对教育的垄断。在教学实践中，孔子强调“诲人不倦”“循循善诱”，进行启发式教学，注意发挥学生主观能动性，在学生感到有问题时才加以指点。“不愤不启，不悱不发。举一隅不以三隅反，则不复也。”注意因材施教，针对学生的不同情况采取不同的教育方法。这些思想在中国教育史上产生了无比深远的影响。

二、孟子对儒家思想的贡献

先秦儒家第二位大师孟子（约前 372~前 289 年）名轲，字子舆，邹国人。孟子三岁丧父，孟母艰辛把他养大。孟母从小对他管教很严，“孟母三迁”、“孟母断织”的故事成为千古美谈，使孟子最终成为一代儒圣，被称为“亚圣”。他终生以授徒讲学为业，全面发展了儒家学说。其思想主要反映在由他本人讲论并与弟子共同编订的《孟子》七篇中。

民本思想是孟子政治观的精华。他认为，对一个国家来说，“民为贵，社稷次之，君为轻”。“君有大过则谏，反复之而不听，则易位。”“诸侯危社稷，则变置。”所谓“易位”“变置”都是撤换的意思。孟子还说：“君之视臣如手足，则臣视君如腹心；君之视臣如犬马，则臣视君如国人；君之视臣如土芥，则臣视君如寇仇。”把君臣之间看成是在一定程度上相互对等的关系，没有天生的服从和隶属的义务，这和坚持“君君臣臣”之道的孔子有所不同。

孟子哲学的核心是“性善论”和“良知论”。他认为，每个人都具备道德观念的基本萌芽：“恻隐之心，仁之端也；羞恶之心，义之端也；辞让之心，礼之端也；是非之心，智之端也。”四端就像人的四肢一样，与生俱来。有的人不能成为善人，不是人性有什么差别，而是由于他不去培养扩充这些善端，从而失去本性。孟子还说：“圣人与我同类”，“人皆可以为尧舜”，不承认人有先天的等级差别。宋以后，孔子被尊称为“至圣先师”，孟子被称为“亚圣公”。

三、儒家思想对中国社会及文化的影响

儒家思想对中国社会和文化产生了深刻的影响，尤其在汉武帝刘彻采取儒生董仲舒“罢黜百家，独尊儒术”的建议以后，儒家思想成为占统治地位的意识形态和中华民族传统文化的核心与主体，构成了中华民族精神文化的重要内容。它对中国社会和文化的影响是多方面的。

1. 对历代政治思想的影响

儒家思想有着浓厚的人文主义精神，认为人为宇宙的中心，所以历来的统治者在实行政治统治的时候，崇尚礼仪道德，以仁为本，实行仁政，主张“爱民”“重民”“以德治天下”。它要求君王勤政爱民，力行仁政，臣子也要以圣君的标准监督君王的言行，有利于封建统治的延续和改良。但随着专制主义统治的日益加强，君权、族权、夫权等的扩大，儒学中制约君主的理论几乎成为一纸空文。儒学期望通过君王个人的道德感悟来约束自己而不是通过制度和法制来控制，体现出中国政治生活中强烈的“人治”特点。

2. 对个人修养和中华民族精神的影响

儒家历来重视人的自身修养和气节操守。孔子提倡“杀身以成仁”“修己以安人”，孟子说“舍生而取义”。他们都希望通过增强道德意识的自我约束力，铸造理想的人格，以

追求理想政治的实现。在此基础上产生的克己奉公、以天下国家整体利益为重的观念已成为中华民族的优良传统。这一精神特别表现在无数仁人志士为国家利益牺牲个人利益乃至生命时的强烈的爱国主义精神中，显示了中华民族强大的凝聚力，铸就了中华民族的灵魂。

3. 对自然观念和社会伦理的影响

儒学重视人与自然、人与人之间的和谐统一，提倡天人合一、天人相通，“克己复礼”，以礼来规范人与人之间的关系，具有丰富的协调各种人际关系的伦理理论和道德原则，可以改善随着物质利益为中心而造成的冷漠的社会关系和家庭关系，重建人们的人生信仰和做人之道。例如，儒家提倡的敦厚真诚、勤俭朴实、谦虚好学、坚强乐观等仍是现代社会所倡导和认同的。

4. 儒家思想有着重要的现实意义

儒家思想中重视人伦、求和谐、盼安定、讲诚信等观点，有利于社会的稳定和长治久安。在国际政治上，儒家思想中的讲王道，不要霸道的理论，对于人们反对强权政治，维护世界和平有着积极意义。在经济管理上，儒学讲究发展的和谐性，提倡儒家体系的管理方式，对经济发展和可持续发展都提供了可贵的思想依据。在文化上，儒家弘扬集体观念，讲忠孝，持中庸的观点，对多极文化并存和国家利益的维护与和平共处、共同发展的国际政策都有积极意义。

第二节　道家学派

一、老子与道家思想体系的形成

图 4-3　老子像

老子（约前 571～前 471 年），姓李名耳，字伯阳，又称老聃，后人称其为“老子”，楚国苦县（今河南省鹿邑县）人，我国古代伟大的哲学家和思想家，道家学派创始人，世界文化名人（见图 4-3）。老子生活在春秋时期，曾任东周藏室史（相当于国家图书馆馆长）。他博学多才，孔子周游列国时曾向老子问礼。老子晚年乘青牛西去，在函谷关（位于今河南灵宝）写成了《道德经》。《道德经》含有丰富的辩证法思想，老子哲学与古希腊哲学一起构成了人类哲学的两个源头，老子也因其深邃的哲学思想而被尊为“中国哲学之父”。老子的思想被庄子所传承，形成道家学派，老子创立的道家学派从一开始便形成了丰富的思想体系。

（一）老子“道法自然”的本体论与宇宙观

“道”是老子及其后来的庄子思想的核心，是最高的哲学范畴，所以他们被称为道家。道法自然有两层含义。第一，道是世界的本原。“有物混成，先天地生，寂兮寥兮，独立而不改，周行而不殆，可以为天下母，吾不知其名，字之曰道。”就是说，有一个浑然一体的东西，生在天地之先。它可以成为天下万物的母亲，不知道它的名字，就把它叫作“道”。老子进而认为，世界生成的模式是：“道生一，一生二，二生三，三生万物，万物负阴而抱阳，冲气以为和。”第二，“道”是自然界普遍的不可改变的永恒的自然法则。“道常无为而无不为”，“独立而不改，周行而不殆”。在他看来，“道”的作用是自然而然的，任何事物都要遵守这种规律：“天大，地大，人亦大，域中有四大，而人居其一焉。”“人法地，地法天，天法道，道法自然。”

（二）朴素的辩证法思想

他指出，世界万物存在着互相矛盾的两个对立面，“有无相生，难易相成，长短相形，高下相倾，音声相和，前后相随”。并且，矛盾双方只有在相互比较中才有相对的价值，“天下皆知美之为美，斯恶也”。同时，矛盾双方又会在一定条件下互相转化。“曲则全，枉则直，洼则盈，弊则新，少则得，多则惑。”“多易必复难。”“祸兮，福之所倚；福兮，祸之所伏。”另外比较重要的是，事物的本质往往隐藏在它的对立面。“大成若缺，大盈若冲，大直若屈，大巧若拙，大辩若讷，大智若愚。”最后，事物的转化要经历一个过程。“合抱之木，生于毫末；九层之台，起于累土；千里之行，始于足下。”所以要“图难于易，为大于其细”。

相关链接　搜索

《淮南子》节选

近塞上之人，有善术者，马无故亡而入胡。人皆吊之，其父曰：“此何遽不为福乎?”居数月，其马将胡骏马而归。人皆贺之，其父曰：“此何遽不能为祸乎?”家富良马，其子好骑，堕而折其髀。人皆吊之，其父曰：“此何遽不为福乎?”居一年，胡人大入塞，丁壮者引弦而战。近塞之人，死者十九。此独以跛之故，父子相保。

——资料来源：刘安《淮南子》

（三）老子“无为而治”的政治思想

既然作为万物起源的“道”都以自然为法则，那么统治者治理国家也应顺其自然，实行“无为而治”的方针。老子认为，越是对老百姓宽厚，民风就越淳朴；越是严刑峻法，民心越是“不古”，劝统治者“处无为之事，行不言之教”，和“无为而治”相联系，老子向往“小国寡民”的自由思想。老子认为，人在自然中具有重要地位和作用。“故道大，天大，地大，人亦大，域中有四大，而人居其一焉。”对人的肯定表现在回归自然、避世的观点之中。老子厌恶人世间钩心斗角和尔虞我诈，期望进入“小国寡民”的理想社会之中，在那里，“甘所食，美其服”，“安其居，乐其俗”，“邻国相望，鸡犬之声相闻，民至老死不相往来”。老子的这一政治理想显然是幼稚的，不符合历史发展的规律。

为了达到这个理想，老子显然站在了儒学的对立面，他鄙视仁义礼智，认为任何文明都是腐蚀人心，败坏风气的，把仁义智慧看作“道”的对立物、理想社会的绊脚石。因此主张“绝仁弃义”“绝圣弃智”“绝巧弃义”，只有这样，才能使“民利百倍”“民复孝慈”“盗贼无有”，从而回到“小国寡民”的理想社会状态。

老子政治思想中也有其消极的内容，那就是其愚民思想。他认为“民之难治，以其智多。故以智治国，国之贼，不以智治国，国之福”。从这种认识出发，他宣称“古之善为道者，非以明民，将以愚之”。圣人治理天下，应该对老百姓“虚其心，实其腹；弱其志，强其骨。常使民无知无欲，使夫智者不敢为也”。老子的这种愚民主张，充分反映了他对社会进步的阴暗心理。这种主张和孔子的治国权谋一样，都是为统治者所设计的。这种愚民政策实施的结果，大大阻碍了社会进步，压抑了民智的开发，遏阻了民族精神的发展。

二、战国时期庄子对道家思想的发展

图 4-4　庄子像

庄子（公元前 369～前 286 年），名周，字子休，战国时期宋国蒙城（今河南商丘）人，是继老子之后道家的主要代表人物（见图 4-4）。也是战国时期对道家思想的发展做出贡献的主要人物。著有《庄子》（道教称《南华经》），约十万字，富有哲理，想象丰富。

（一）天道无为与宿命论

庄子的思想来源于老子，却比老子更消极。庄子的“道”是“天道”，把老子的理论神秘化，认为道是超越时空的无限本体，生于天地万物，无所不在。然而又是自在无为的，在本质上是虚无的。他把老子的客观唯心论发展为主观唯心论。他以“物不胜天”作为中心理论，在“道”面前，人是无可奈何的，这种无可奈何叫作“命”。“得者，失也，失者，顺也。安时而处顺，哀乐不能人也。”“知其不可奈何而安之若命。”从而否定了人的主观能动性，具有宿命论倾向。但也包含了只有尊重客观规律，才能获得自由的合理因素。

（二）万物齐同的思想——相对主义认识论

庄子把老子的辩证法思想发展为相对主义诡辩论，实际上是抹杀事物之间的界限，从而走向不可知论。如前所述，庄子认为既然在“道”面前人无可奈何，就只能“无为”。无为即无是非、无成败、无梦醒、无生死、无时间空间，“天地并”，“古今无”。他主张“齐是非”：“是亦彼也，彼亦是也。彼亦一是非，此亦一是非”；“齐物我”：“我”与自然万物之间并无界限，“天地与我并生，万物与我为一”，最好取消“我”与“非我”之别，如“庄周梦蝶”等；“齐生死”：“方生方死，方死方生”，“其生之时，不若未生之时”，故“生而不悦，死而不祸”；“齐大小”：“天下莫大于秋色之末，而太山为小”，细大不可分，也不必分。庄子认为客观事物的一切差别，都是人为的产物，因而也可以在主观上加以泯灭。

（三）消极避世的政治思想

庄子的社会政治观同样继承了老子，他提倡“无君”的社会，认为正是因为有君王的存在、有圣人的存在，社会才有了纷争，才有了令人憎恨的“窃钩者诛，窃国者为诸侯，诸侯之门而仁义存焉”的不平等现象。进而他主张抛弃一切现有文明，回到原始社会状态以消除纷争。

（四）追求精神自由的思想

庄子的人生哲学充满悲观厌世的消极因素。他认为既然人在“道”（自然）面前是无可奈何的，再以有限的生命追求无限的知识，人们将承受巨大的压力和痛苦。因此，人们应当追求精神上的解脱。他说：“人生天地之间，若白驹过隙，忽然而已。”认为生死不过是“假于异物，托于同体”，人应以“生为附赘悬疣”，以死为“决疣溃痈”，活着不如死了痛快。所以他自甘贫贱，自我麻醉，与世无争，讥笑一切改造社会的努力，劝说人们不要为世所用，无用就是大用。庄子追求精神自由的积极意义是，告诫人们安时处顺，在逆境中学会自我解脱。

第三节　春秋战国时期的其他学派

一、墨家

（一）墨家的产生

图 4-5　墨子像

墨子（约前468~前376年），名翟，鲁国人（见图4-5）。墨翟原为木匠，制造器械的技艺跟当时的著名工匠鲁班齐名。有学者认为他由于长年在室外劳动，晒黑了皮肤，故称其为“墨”；也有人推测木工操作离不开墨绳，故以“墨”冠其名。墨翟是当时的社会下层人民的思想代表，因其思想体系在中国历史上有着重要的影响，被称为墨子。

据说墨子早年学习过孔子的儒家学说，觉得儒家的礼过于烦琐，特别是厚葬传统浪费钱财，致使百姓贫穷，对国家对人民有害，所以抛弃了儒学，自己创立一派，并产生了重大影响。一直到战国末年墨家与儒学并称为“显学”，有相当大的社会影响。墨子有众多的弟子，并组织起来，成为一个纪律严明的帮会团体。《墨子》一书记载墨子及其弟子的言论，由其弟子和再传弟子编辑而成。

（二）墨家思想文化的要点和影响

墨家思想主要包括10个要点，即尚贤、尚同、兼爱、非攻、节用、节葬、非乐、非命、天志、明鬼。墨家思想的核心是“兼爱”和“非攻”。兼爱是天下人平等地友爱。非攻是反对战争。墨家在讲友爱的同时，也重视获利，即“兼相爱，交相利”，这与儒家“君子耻言利”很不相同。墨子提倡的兼爱是不分等级、不分亲疏的，爱他人的父母和爱自己的父母是一样的。而儒家的仁爱则有血缘亲疏与关系远近的差别。孔子反对诸侯之间的吞并战争，是要求诸侯们都服从周天子的统治；墨子反对战争则是因为战争破坏了生产，给人民带来了苦难。

墨子以后，他的继承者有三派，对墨子的学说作了不同的解释和发展。今存《墨子》一书中的《经上》《经下》《经说上》《经说下》《大取》《小取》共6篇文章，论及对自然现象的认识和逻辑知识的探讨，是墨子的某一派后学者们所写，后人统称上述6篇文章为《墨辩》或《墨经》。

墨子及其后学们非常重视自然科学知识、军事知识、劳动知识的学习和实践，对中国古代科学技术的发展有很大贡献。他们在力学、光学、数学以及机械制造等方面都取得了巨大成就，在世界科技史上也占有重要地位。只是可惜，墨家重视自然科学的优良传统没能被后世继承下来。

墨家也十分重视生产劳动，积极鼓励人们从事生产，尤其是农业生产，认为这是人们赖以生存的基础。他说："凡五谷者，民之所仰也"，"食不可不务也，地不可不力也"。由于创造社会财富之艰难，墨家主张生活节俭，这些都是墨家学说中积极的内容。

二、法家

（一）法家的产生和主要代表人物

法家没有单独个人的开创者，它是春秋以来一些思想家、政治家对政治活动中逐渐形成的理论和实践经验的总结。早期的法家人物有魏国的李悝、赵国的慎到、韩国的申不害等，甚至一些实行社会改革的开明政治家如齐国的管仲、郑国的子产等也可以看作法家的先驱人物。据《左传·昭公六年》记载，子产曾把法律条文铸在鼎上。以后又有郑国的邓析将法律记载在竹简上。后来，李悝著有《法经》，虽已失传，但在《晋书·刑法志》《唐律疏议》等文献中还可见其内容。在秦国，商鞅变法是法家学说的一次重大实践，为后来秦始皇统一天下奠定了基础（见图4-6）。最终在战国后期由韩非子对以前的法家理论和实践经验做了总结和系统的论述，所以说，韩非子是法家的集大成者（见图4-7）。

图4-6 商鞅像

图4-7 韩非子像

（二）法家学说的主要内容

法家在理论上提出了进化的历史观，认为人类历史是一个发展的过程，社会不同发展阶段都有各自的特点和主题，所以应“世异则事异，事异则备变”。

法家重视法律的作用，主张实行富国强兵的耕战政策，反对因举贤任能而降低君主的权威，其最终目的是建立极端的君主专制独裁统治。法家的政治学说主要是讲法、术、势三位一体。

法，是指法律，要公之于众。法律主要针对民众，民众了解了法律，就知道应该遵守什么、不该做什么，就知道一旦违反法律，将受到严厉的惩罚。韩非子说：“法者，编著之图籍，设之于官府，而布之于百姓者也。”国家“明法者强，慢法者弱”。国家必须制定法令：“家有常法，虽饥不饿；国有常法，虽危不亡。”韩非子反对在法令之外还讲什么仁义、恩爱，他说：“行义示则主威分，慈仁听则法制毁。”要使法令生效，就须法令统一、法不阿贵、严刑苛法。

术，是指权术、政治手段，主要针对群臣。法家要求君主必须能够控制、驾驭臣下，这样才能巩固自己的统治地位。君臣之间的利害是不可能调和的，韩非子说：君臣“上下一日百战”，时时刻刻都处于敌对的关系。因此，权术对于君主来说，就像每日吃饭和寒冬穿衣服那样，不可须臾离开。权术是不能公开的，君主要把它藏起来，显示出高深莫测的样子，让人感到不可捉摸。君主心中洞察一切，但是不动声色，严格督察群臣的得失以论其赏罚，群臣们就不敢违法篡权，安守本分了。

势，是指形势、权势。韩非子说：“势者，胜众之资也。”君主应该利用自己的权力和地位。有了权势即使是平庸之人，也可以统治天下。好比一棵普通的树，如果把它种在高山上，它就高高在上，并不是树长高了，而是借助了山的高度。君主掌握了权势，就像树借助了山的高度。

韩非子的思想强调暴力和权术，鄙视仁义道德，讲究运势而治人的权术。他的理论后来为秦国所利用，加速了秦统一中国的进程，但也加速了秦王朝的灭亡。法家思想一直是以后中国历代统治者秘而不宣的、十分重要的封建统治术。

三、名家

（一）名家及其主要代表人物

名家即辩者，又称刑名家，主要讨论名实关系和概念同异、离合问题。早期的“辩者”（名家），是春秋时郑国人邓析，能操两可之说，设无穷之辞，被称为名家的创始人。但名家最著名的代表出现在战国，代表人物有公孙龙、惠施等。他们擅长论辩，探索了事物的同一性和差别性，对古代逻辑学的发展做出了贡献。

惠施（约前370~前318年），战国时代宋国人，做过魏国的相同，曾随同魏惠王拜见齐威王，联合魏国、齐国及楚国，实行“合纵政策”。他是庄子的朋友，两人进行过多次论辩。据说惠施著书五车，但已全都散佚。《汉书·艺文志》收录有《惠子》一书，已失传。有关惠施的言行片段散见于《庄子》《荀子》《韩非子》《吕氏春秋》等书中。

公孙龙（约前325~前250年），复姓公孙，名龙，字子秉，战国末年赵国人。曾当过平原君的门客，跟邹衍等阴阳家及儒家代表人物做过面对面的争论。现存《公孙龙子》一书只有6篇保存在《道藏》中，其中5篇文章是公孙龙本人所写。

（二）名家的主要思想

名家并无相同的政治思想或经济主张，仅仅是他们都以“名”为研究对象，并以此区别于其他学派。名家以论证某一命题的成立为核心，当然其中也夹杂着使用诡辩去论证某个假命题，以逞其能。在名家内部，由于观点不同又形成若干派别，其中主要有“合同异”派和“离坚白”派，其代表人物分别为惠施与公孙龙，两派侧重点不同，各持一端。合同异派夸大事物普遍联系和变动不居的特性，犯了相对主义的错误；离坚白派则夸大事物的相对独立和相对静止性，犯了绝对主义的错误。

四、阴阳家

阴阳家是先秦时期以阴阳五行说为中心、以同类相应为基础，重视先兆征象、顺应四时规律的哲学流派。此流派多由古代天文家、占星家而来。他们在长期天象观测中，看到“天则有日月，地则有阴阳；天有五星，地有五行”，掌握了自然界阴阳五行变化的某些规律。他们把本来带有朴素唯物主义性质的阴阳五行神秘化，用五行生克的理论说明王朝的更替，以“五德终始”说为新兴王朝提供理论依据，使阴阳五行理论走向了唯物主义的反面，并赋予其强烈的神秘主义色彩。在我国古代，阴阳家还是古代的术数家，对社会的作用就是以天象来预测人事的吉凶祸福，从而又把科学和巫术结合在一起。

阴阳家作为一个哲学流派，是科学从属于巫术的矛盾体系。一方面，从科学生产实践中，他们掌握了天象运行规律和作物生长周期，积累了丰富的阴阳消长和五行生克的朴素辩证法思想；另一方面，在说明世界的统一性时，他们往往把自然和社会混同，用天象变化来比附、隐喻人事的吉凶祸福，宣扬天人感应的神秘主义。

第四节　秦汉之后中国思想文化的发展

一、两汉经学

（一）经学的兴起

秦王朝推崇法家思想，实行极端的中央集权统治，最终激起农民起义，秦王朝仅存14年就灭亡了。西汉之初流行黄老之学，这对经过长期的战乱后恢复社会生产，人民休养生息有着重要意义。但随着经济的恢复和国力的增强，黄老思想已不能适应统治者的需要了。汉武帝采纳儒生董仲舒的意见，“罢黜百家，独尊儒术”，把儒学作为统治思想的基石，从此，儒家经学成为中国封建时代的“国学”，儒家思想成为封建社会的正统思想，中国哲学进入了一个经学时代。所谓经学，就是训释或阐述儒家经典之学。经学又有今文经学（董仲舒为代表）和古文经学（刘向、刘歆、班固、王充等为代表）之分，今文经学与古文经学之争成为中国学术史上最大的争论。中国古代哲学思想出现了以儒家思想为主的第一次大融合，给整个封建社会的意识形态带来了深远的影响。

（二）董仲舒与两汉经学

图 4-8　董仲舒像

在两汉经学独尊地位确立的过程中，董仲舒的思想及其对儒家学说的改造起了决定性作用。董仲舒（前179~前104年），广川（今河北省景县）人，汉景帝时为博士，汉武帝时任江都相、太中大夫，晚年居家讲学（见图4-8）。主要著作有《春秋繁露》《举贤良对策》等。其思想主要包括以下几个方面。

1.“天人感应”与君权神授学说

董仲舒在解答宇宙的起源、演变、结构时，以先秦儒家为基础，吸收其他各家，特别是阴阳五行家的观点，创造出一个高居宇宙本原之上，具有意识和道德的人格神——“天”。他说：“天，仁也”，“天者，百神之君也，王者之所尊也”，天运动阴阳二气产生各种自然现象。他不仅明确了自孟子以来就存在的“天人合一”论，而且提出了一个命题，即“天人感应”，认为大自然的灾异是天对人事的“谴告”，如果社会太平则天降各种“符瑞”表示赞许。

在“天人合一”“天人感应”论的基础上，董仲舒宣称人间的君权、三纲、五常与天、阴阳、五行配合成对，“是故仁义制度，尽取之天”。皇帝是天的儿子，所以叫天子。阴阳、五行都是“天命”的体现，君权是上天所授，天至高无上，所以君主至高无上，反君就是逆天，建立起一套“君权神授”学说，为皇权专制披上了神圣的外衣。

2. 董仲舒的人性论和“三纲五常”社会伦理观

董仲舒以天有阴阳之气论证人具有善恶的两重人性，并把人性分为天生能善的“圣人之性”，贪欲难改、只能为恶的“斗筲之性”和可为善可为恶的“中民之性”。在此基础上，他把各种封建伦理关系固定化绝对化，明确提出“三纲”（君为臣纲、父为子纲、夫为妻纲）和“五常”（仁、义、礼、智、信），作为维护封建秩序的永恒道德规范。他认为这些都是上天的安排，因而是不可改变的。董仲舒的这套思想很能适应封建统治者的需要，所以得到汉武帝的赞赏。

3. 历史循环论

董仲舒的思想也体现在历史循环论上，比较著名的是他的“三统”说。他认为每个朝代代表一种颜色，夏为黑统，商为白统，周为赤统，到了汉代又回到黑统，如此循环不已。服色、正朔之类具体形式的改变，并不影响封建根本制度的延续。所以说：“王者有改制之名，而无易道之实。”于是他进而主张“奉天而法古”，把封建制度神圣化之后又使之凝固化。

董仲舒的“天人合一”和“天人感应”论，到西汉末东汉初演变为“谶纬”神学。谶是图谶，以图画、文字进行宗教式预言，如所谓河图、洛书等；纬是用迷信的方法对儒家经典进行的解释，假托神意，以隐晦难懂的语言，预言吉凶。后来在东汉章帝主持下，班固编织了集谶纬之大成的《白虎通义》。经、纬互补，唯心主义、形而上学的经学终于完整化，系统化，正式成为官方哲学。

汉武帝之所以采纳董仲舒的“罢黜百家，独尊儒术”建议，把儒家经学提高到“独尊”的垄断地位，原因有二：第一，董仲舒“大一统”的思想，可以作为加强中央集权的理论根据，对于想有所作为的汉武帝非常有吸引力。第二，董仲舒通过对儒家思想的改造，吸收了道、法、阴阳五行等学说中有利于统治者的内容，提出“天不变，道亦不变”（道家的天道观）、“正法度”（法家法治思想）和“五德始终”（阴阳家学说），为新形势下汉朝统治中央集权制度的形成，以及国家的统一提供了思想基础。

二、魏晋玄学

玄学是中国魏晋时期出现的一种崇尚老庄的思潮，一般特指魏晋玄学。魏晋时期的士大夫们把道家的《老子》《庄子》和儒家的《周易》合称为“三玄”。他们一方面以儒家思想解释《老子》《庄子》；另一方面又把《周易》道家化，这样儒道两家合二为一，形成了所谓的“玄学”。

玄学的出现与魏晋时期的政治斗争形势及门阀士族夺取和巩固政权之间有着密切的关联。东汉末年政治极度腐败，外戚与宦官轮流执政，正常的封建秩序几乎被完全破坏。儒家的名教（指正统儒家所确认的社会规范、评价体系，引申为一般的社会秩序以及与之相应的封建宗法等级制度）和礼法流于形式化、虚伪化。这时，王弼、何晏、夏侯玄等人引道入儒，以老庄思想注释儒家经典，试图以道家的思想资源充实儒学、改造儒学，从而使儒学走上了玄学化的道路。

北魏宣武帝正始年间（504～508 年），何晏作《道德论》，王弼注《老子》《周易》，以“贵无论”开创了所谓的“正始玄风”，提倡“贵无”，认为道家的虚无是本，儒家的仁义礼乐是末，认为“名教出于自然”，主张统治者“无为而治”。从人与社会的角度讲，就是要“守名教而顺自然”。东晋以后，玄学开始与佛教结合，道家的“无为”，佛教的“涅槃”“有无”和“色空”一脉相通。玄学的盛行，在魏晋南北朝时期产生了极大的影响。两晋时“学者以老庄为宗，而黜六经”。儒学在这一时期被湮没了。

图 4-9　竹林七贤像

在这种背景下，还出现了以阮籍、嵇康为代表的玄学“异端”，他们认为“名教不合自然”，应该“越名教而任自然”（见图 4-9）。认为儒学违背人的本来意愿，是反自然的，唯有尊重人的内在意愿才真正体现了自然的原则，那么必然要超越名教。此时，玄学的发展由完善名教走向了反名教。但后来放达派放浪形骸，颓废堕落，沉迷于虚无之风、肉体之乐，失去了追寻崇高的精神境界。

名教与自然之辩，是玄学家们对理性自觉与意志自愿内在统一，人文原则和自然原则有机融合做出的苦心探索，在哲学上具有深刻的意义。但值得注意的是：第一，这些问题并不是单纯的哲学问题，也与当时的政治密切相关。第二，玄学在提倡人性解放、反对封建礼教上有进步的一面，但它的虚无浮夸和所提倡的放荡的生活作风，造成了不良的社会影响。

三、南北朝——隋唐时期的儒、道、释的融合

魏晋时期，人们认识到儒学压抑人性的缺陷后，开始扬道抑儒，援引道家的思想来解释儒家的理论，使儒学和道家思想互相融合。同时，两汉时传入中国的佛教，由于在思想上与玄学有相似的地方，这一时期也得到了快速的传播，儒、佛思想也在二者的异同、本末等问题上发生了冲突。动荡不安的时代和暗淡的政治前景使儒家学者沉溺于谈玄说空之中，佛教则借助大量的译经活动广泛流行开来，并渗透到政治、经济、社会和文化等各个方面。不仅皇家成员大多信佛，而且建立了很多佛教寺院，佛教寺院经济也极度膨胀。

南朝儒佛冲突主要围绕着神灭、神不灭的问题展开。何承天与范缜是反佛的代表人物，在《神灭论》中，范缜提出了“形神相即”“形质神用”的观点，明确表示精神是会随着形体的灭亡而灭亡的。这场冲突，也促使佛学和儒学相互融合、相互借鉴。

到了隋唐时期，由于统治阶级的大力支持，佛教的影响超过了儒学。在这种情况下，韩愈、柳宗元等人大力提倡“古文运动”，主张“文以载道”，宣扬儒家的圣人之道，反对统治者沉迷于佛教的玄、空、来世。韩愈的《谏迎佛骨书》就是为劝阻唐宪宗迎佛骨入宫而写的。柳宗元则好佛学，主张儒佛调和，为以后的儒释道合流奠定了基础。

四、宋明理学

宋代儒学又称为理学，因为它以“理”为宇宙最高本体、最高范畴；它又被称为新儒学，因为它以儒家礼法伦理思想为核心，佛学的思辨结构做骨架，吸收老庄“道生万物”的宇宙观，是对孔孟思想加以改造而建立起来的一种新的思想体系。

（一）理学产生的历史背景

第一，唐安史之乱以后，面对儒学没落，其他思想体系兴起而发达的情况，一些儒者认为有责任复兴儒学，重整纲常。第二，三教合流为理学的产生准备了思想基础。第三，从政治上看，理学的出现适应了赵宋王朝加强封建中央集权的需要。宋代统治者面对唐末藩镇割据的局面，要建立一个有序的封建等级制森严的王朝，必须要有思想舆论做先导，因而对理学的兴起和发展起到了鼓励和推动作用。

（二）理学的产生与发展

宋代理学大致分为三个时期：开创时期、奠基时期和集大成时期。

1. 开创时期

周敦颐被认为是理学的开山祖师，他的思想主要体现在《太极图说》和《易通》之中。他在书中构建了宇宙的生存图式：无极—太极—阴阳—五行—男女—万物。从中导出“无欲故静”的结论，同时把礼乐作为规范人们思想、调和人际关系的工具，从而使社会达到既有等级秩序，又能和谐统一的理想社会，为理学的发展确定了方向。

2. 奠基时期

奠基时期的代表人物是张载与二程（程颐、程颢）。张载在《西铭》中探讨了“天（宇宙）”“人（伦理）”合一的关系。由于张载家居关中，后人称他的理论为“关学”。张载在心性、义理、道德修养等领域进行了深入研究，使儒学呈现出全新的面貌。

程颐、程颢兄弟是宋明理学的实际创立者，他们所创立的“洛学”，使理学具备了完整的形态。他们把天理作为宇宙的本体，并把全部学说建立在天理的基础上，“理”是封建伦理道德的总称。他们把封建制度及其作为这种制度的人的行为规范，提升到宇宙本体的高度来认识，如果谁违反了它，也就违背了天理。他们认为“理即礼也”，一切按照封建伦理道德行事，才符合“理”的要求。可见，它为高度集中的集权统治提供了可靠的依据，并且成为整个后期封建社会统治者的政治思想基础，在很长的历史时期起到了维护封建制度的作用，当然，越是到封建社会后期，这种作用越是消极。“存天理，灭人欲”是二程理学的最高境界，也是其伦理修养的最高要求。

3. 集大成时期

图 4-10　朱熹像

到南宋时，朱熹成为理学的集大成者。朱熹（1130~1200 年），徽州婺州（今江西）客家人，18 岁登进士第，少年时潜心于道、佛，31 岁时专攻儒学，在充分吸收释道哲理的基础上，成为自先秦以来儒家最著名的代表人物之一（见图 4-10）。朱熹一生从教近 50 年，做官不到 10 年，但朝廷以“祠禄”养其一生，使其安心读书、讲学、著述。有《朱子语类》140 卷，《文集》121 卷。朱熹非常重视儒家经典的整理和义理化的解释，同样把理作为最高哲学范畴而统领宇宙万事万物，无所不在，无所不包。他注重道德修养，主张在持敬、格物致知及知先行后等方面下功夫。建立了庞大而精深的新理学思想体系，开启了儒学史上的新篇章，在中国后期封建统治思想领域长期占据统治地位，并在13世纪传到海外，对日本、朝鲜等国都产生了相当大的影响。

明代时理学继续发展，其重要的代表人物是王阳明。王阳明本名守仁，字伯安，浙江余姚人。他在全面继承和批判儒家人性论的基础上，着重对孟子的“尽心”说和陆九渊的“心即理”说进行吸收和改造，创建了以注重内心为特色的新儒学——阳明心学，从而使理学发展到顶峰。阳明心学是明代儒学革新的产物，它在形式上打破了程朱理学的理论框架，重新建立了“心即理”“知行合一”“致良知”等为基本范畴的心学思想体系，并在内容上强调人的价值与地位，影响极为深远和广泛。在“心即理”这一命题中王阳明主张“吾心之良知，即所谓天理也”。他批判了朱熹的格物致知说，认为那会使主观之心与客观之理不能统一。“心即理”学说充分肯定了自我的道德力量和自我成圣的潜在能力。“知行合一”说充分体现了儒家的实学精神，具有经世致用的功利主义倾向和人本主义意义。“致良知”是王阳明“心学”的核心思想。在王阳明看来“良知”就是道、天理、本心；“致”就是使良知“明觉”和“发用流行”，就是把良知扩充、推及万事万物中，以发扬光大，从而将人的潜在道德意识转化为现实的人生价值。

五、清代朴学

宋明理学倾心于“天理”“人欲”，不出“心、性、气、理”范畴，淡忘儒学忧时济世传统，空谈误国。理学的发展面临着深刻的危机。另外，清初统治者为了加强和巩固其统治，乾隆、嘉庆时期，对文化加强了控制，大兴“文字狱”，深刻影响了哲学思想的发展。在明清时三大思想家顾炎武、王夫之、黄宗羲等人对宋明理学进行批判的基础上，朴学在与宋明理学的对立和斗争中发展起来。针对理学的危机，更是为了避祸，清代的学者注重于资料的收集和证据的罗列，主张“无信不征”，以汉儒经说为宗（因此又成为汉学），从语言文字训诂入手，主要从事审订文献、辨别真伪、校勘谬误、注疏和诠释文字、典章制度以及考证地理沿革等，少有理论的阐述及发挥，也不注重文采，因而被称作“朴学”或“考据学”，成为清代学术思想的主流学派。清代朴学以惠栋的吴派和戴震的皖派最著名，其余还有扬州学派、浙东学派等。这些学者都以考证为基本特征，对古籍和史料的整理做出了重大的贡献。

惠栋崇尚汉代儒学，大力提倡由文字音韵训诂以寻求经书义理的治学宗旨，其弟子王鸣盛的《十七史商榷》是清代史学的重要成就之一。钱大昕的《二十二史考异》也对史学研究贡献很大。

戴震是清代中叶最具个性的儒学大师，他继承和发扬了自顾炎武以来的学术传统，提出“由故训以明义理”“执义理而后能考据”的学术思想，在《孟子字义疏正》中对儒家经典进行重新诠释。戴震之后，以段玉裁和王念孙、王引之父子的影响较大。段玉裁的《说文解字注》《六书音韵表》后世评价甚高；王氏父子在训诂学和校勘学方面都取得了很大的成就。

清乾隆三十八年（1773 年），清政府开四库全书馆，推动了清代考据学的进一步发展。这时儒生们埋首故纸堆，缺少对现实的关心和理论的创新。中国文化在这种缺乏思维与创造的学术风气引导下，面临着新的、深刻的危机。19 世纪初，面对西方资本主义的侵入，龚自珍和魏源等儒者想重倡儒家经世之学，对腐朽的封建社会和冷落沉寂的思想界进行揭露和批判。但无奈大势已去，加之西方文化的冲击，在日益严重的民族危机面前，一批知识分子走出书斋，寻求匡时济世的学说，试图通过对儒家文化的重新解释，探寻变法维新的历史依据。“托古改制”的维新变法运动虽然失败了，但为西方文化的大力传播创造了有利条件。随着辛亥革命推翻了清朝的封建专制统治，同时也宣告了儒家学说作为封建意识形态的终结。

复习与思考

一、 名词解释

三孔　性善论　三纲五常　“离坚白”　理学

二、 简答题

1. 孔子儒学的思想体系包括哪些内容？在战国时期有哪些发展？

2. 试述儒家思想对中国社会及文化的影响。

3. 老子创立的道家学派主要有哪些思想内容？战国时期的庄子对其有哪些发展？

4. 法家学派的思想要点包括哪些内容？

5. 董仲舒的学说主要包括哪些内容？谈谈你的认识。

6. 宋明理学的主要代表人物有哪些？理学的主要内容有哪些？对中国社会产生了怎样的影响？

7. 谈谈你对魏晋玄学思想的认识。

三、单项选择题

1. 孔子儒学思想体系的核心是(　　)。

A. 礼　　B. 仁　　C. 义　　D. 孝

2. 性善论的主要代表是(　　)。

A. 孔子　　B. 荀子　　C. 孟子　　D. 庄子

3. 愚民思想的提出者是(　　)。

A. 孔子　　B. 孟子　　C. 老子　　D. 庄子

4. 法家的集大成者是(　　)。

A. 韩非子　　B. 申不害　　C. 李斯　　D. 慎到

5. 春秋战国时期，对我国古代逻辑学的发展做出重要贡献的学派是(　　)。

A. 墨家　　B. 法家　　C. 阴阳家　　D. 名家

6. 玄学是一种崇尚老庄的思潮，出现在(　　)时期。

A. 秦汉　　B. 魏晋　　C. 隋唐　　D. 宋明

7. 理学的集大成者是(　　)。

A. 周敦颐　　B. 程颢　　C. 朱熹　　D. 张载

四、思考题

你是否认为中国古代思想文化过于高深，离我们的现实生活太遥远？实际上，无论是长期处于“显学”地位的儒家思想，还是被隐士们津津乐道的道家思想，或者是被称为“帝王术”的法家思想，都包含一种以天下为己任的治国思想。那么，具体到管理一个旅游企业，我们可以从中获得什么启发？

推荐阅读

1. 冯友兰．中国哲学简史［M］．北京：生活·读书·新知三联书店，2013.

2. 南怀瑾．论语别裁［M］．上海：复旦大学出版社，2012.

第五章 中国历史文化的传承——古代教育

本章导读

中华文明作为四大历史文明古国之一，是唯一没有中断历史文化传承的一种文明。其原因是多方面的，一个重要的原因就是中国古代发达的教育。本章内容以历史发展为线索，系统地介绍了中国古代教育从周代形成初步的教育体制，中间经历秦汉时期的发展，魏晋南北朝时期的时断时续，再到隋唐时期教育体制的完备，以及宋元明清时期学校教育与科举的结合与书院的兴起等内容。这是中国历史文化得以一脉相承的重要保证。

学习目标

知识目标

1. 了解和掌握周代“乡学”“国学”“私学”等古代教育的基础知识。
2. 掌握汉代官学和专门学校发展的基本知识。
3. 了解魏晋南北朝、隋唐、宋元明清时期教育发展的基本线索。
4. 了解蒙学和书院教育的特色，掌握宋代四大书院等在教育中的作用。

能力目标

1. 通过对中国历代教育发展的基本线索的梳理，锻炼学生系统地分析问题的能力。
2. 通过对宋代四大书院等知识的学习，提高学生将所学知识运用到专业实践中去的能力。

课程思政目标

1. 通过学习中国传统教育文化等内容，提高学生的中国历史文化素养。
2. 通过学习中国传统教育文化所包含的丰富文化内容，感受中国历史文化的博大精深，在提升学生的旅游管理专业基础素养的同时，坚定学生的文化自信。

案　例

嵩阳书院

嵩阳书院，位于河南省登封市城北3千米峻极峰下，因坐落在嵩山之阳故而得名。书院是中国封建社会特有的一种教育组织，在中国古代教育史上占有重要地位。历史上嵩阳书院以理学著称于世，是中国古代四大书院之一。嵩阳书院被称为研究中国古代书院建筑、教育制度以及儒家文化的“标本”。1961年，嵩阳书院被列为首批国家级重点文物保护单位；2009年，郑州大学嵩阳书院成立，使古老的嵩阳书院再放华彩，为传承中华民族优秀的国学文化做出新的贡献。2010年8月1日，嵩阳书院作为“登封‘天地之中’历史建筑群”的子项目，被联合国教科文组织正式列入世界文化遗产名录（见图5-1）。

图5-1　嵩阳书院牌楼

案例分析

1. 游客们来到登封嵩阳书院，未入景区，首先会看到“高山仰止”牌楼。宋代洛派理学家程颢、程颐、司马光，范仲淹等均曾在此讲学，当时的文化盛况不禁令人神往。而“程门立雪”的典故也发生在这里，你知道故事的内容吗？这个典故千古流传，是在弘扬一种什么精神？

2. 宋代与嵩阳书院齐名的还有岳麓书院、应天书院和白鹿洞书院等，其中岳麓书院据称有“潇湘洙泗”之称，你知道是为什么吗？

第一节　教育体制初步完备的周代

一、西周时期：“乡学”“国学”并立

西周时期，官办教育较为完备。西周教育是官师一体的，即由在职或已经致仕归于

闾里的官员负责。有“国学”和“乡学”两种，这两个系统无论是人员、学宫地点，还是教学内容等方面都存在差异。

西周乡学的学宫包括塾、庠、序。乡学是一般贵族子弟的学校，既是学习场所，也是地方议事处所。周代乡学教育以德教、必备的生活知识与礼仪知识为主，主要培养民众的德行，以政令及身教教育民众。文教方面以“六艺”为主，并以考论的方式选才、选士，以兴贤治民，或向更高一级的教育机构提供人才。

国学设在王都和诸侯国都城里，是大贵族子弟的学校。国学又有大学、小学之分。小学，又名西学，是启蒙教育，除教习识字外，还教洒扫应对进退的规矩和六艺知识，“六艺”即礼（礼节仪式）、乐（音乐和舞蹈）、射（箭术）、御（驾车）、书（写字）、数（算法）。大学又名东序、瞽宗、上庠、成均、辟雍、泮宫等，教的是更高深的修身、齐家治国、平天下的本领。设在王都的大学叫“辟雍”，设在诸侯国都城的大学叫“泮宫”。

周代教育官分师氏、保氏、乐氏等职。师氏教“三德”“三行”，即德行方面及孝敬父母、尊重贤良等方面的内容；保氏教“六艺”“六仪”，这属于国学的基础教育；乐氏教“乐德”“乐语”“乐舞”，是更高一级教育形式，教学内容上包括《诗》《书》《礼》《乐》等文教知识。西周时期推行政教合一的礼乐政治，以培养文质彬彬的大人、君子为教学目标。《诗》主要由乐官在国学中进行教授。教授的内容包括与《诗》相关的乐德、乐仪、乐语、乐舞等。《诗》在西周的整个教育系统中占有非常重要的地位。

贵族子弟 8 岁入小学，15 岁入大学，小学 7 年，大学 9 年。小学要考是否安学亲师、敬业取友，兼查学问、德行。大学要考是否能博学无方，义理通达。直到近 30 岁时才算完成学业，才有资格参与治理国家。“三十而立”，即是这个意思。学习结束后，经过严格考试和评选，双优者才能取得做官的资格，这就是孔子所言“学而优则仕”。大学教育的最终目的就是培养能“化民易俗，近者说服，而远者怀之”、有德有才的各级政治人才。

二、春秋战国时期：官学衰而私学兴

平王东迁之后，春秋时期官学教育基本延续了西周官学的教育制度与形式。但至春秋末期，随着诸侯之间征伐战争的日益频繁，礼乐制度随之瓦解，官学衰败而私学兴起。

春秋时期的官学基本保持了西周官学的教学内容，仍然以《诗》《书》《礼》《乐》四教为重，但多出了《周易》《军志》等内容。不过，这些内容在官学中可能并不常设。西周时几乎包揽了所有的文教内容的乐官的文教范围逐渐缩小，开始向纯粹的作乐、演奏与乐教集中。而最初由周代乐官所掌的文教内容在战国时期开始逐渐地向民间的诸子私学以及朝廷中的博士官转移。

自春秋中后期，私学逐渐盛行。战国时期“诸侯并争”，经济实力以及人才资源成为制胜的根本，当政者为了本国的强盛，积极招揽贤士。私学发展到了鼎盛时期。私学与学派互不可分，一家私学就是一个学派。各家私学都形成了自己的独特风格。这一时期的私学尚没有固定场所，教师到处游学。私学的创办，使受教育对象扩大了。私学招收的学生基本上没有年龄限制。只要对私学内容有兴趣，均可入学受教，只要交纳一定的学费即可。学生的身份也对入学受教没有影响。同官学一样，私学教授的主要内容也是《诗》《书》《礼》《乐》，也属于以礼乐教化为主的人文教育。孔门私学“学而优则仕”的箴条，激发了众生以天下为己任的胸怀，使入仕为宦逐渐成为求学的目标。法家私学通过争鸣使法家主张为统治者所接纳，并使得其师徒纷纷被尊为各诸侯国的座上宾。

随着私学的兴起，也出现了一批教育家。其中孔子、墨子、孟子、荀子最为著名。他们积累了丰富的教学经验，为我国古代提供了系统的教育理论思想。例如，孔子提出了“有教无类”，指出教育对象的广泛性；提出了因材施教、诲人不倦、举一反三的教育方法，至今还有积极的作用。

第二节　秦汉时期教育的发展

一、秦代无教育

秦统一六国，建立中国历史上第一个中央集权的封建帝国。儒家学派不满意秦始皇专制集权的封建统治，主张分封制，反对郡县制。秦始皇就采纳了李斯的意见，禁止私学，焚毁除了医药、卜筮、种树以外的所有私人藏书。而令天下百姓“以吏为师”，“以法令为学”，只学习一些法令。秦王朝没有开设国学，又禁绝私学，学校及教育遭到摧残。

二、汉代儒学独尊形势下教育的发展

（一）汉代兴学的背景

汉高祖刘邦起初厌恶儒生，动不动就骂他们是“竖儒”。后来，叔孙通制定朝仪，

使那些莽撞的武臣朝见时无不“振恐肃敬”，刘邦才开始意识到知识分子的作用，于是开始兴学。

汉武帝铲除异姓王，讨平七国之乱，汉朝的统治得到了真正的巩固，也开始集中精力解决教育问题了。汉武帝接受董仲舒的建议，兴太学，立“五经博士”，国学渐渐兴盛起来；罢黜百家，独尊儒术，从此儒学成了占统治地位的正统思想。于西汉元朔五年（前124年）设立了封建社会的第一所大学——太学。后来又建立了地方级的郡国学。这样，中断了数百年之久的官学又出现了。

（二）汉代官学

汉代官学有三类：太学、郡学和专门学校。太学设在京师长安，是汉代传授知识、研究专门学问的最高学府。当时进入太学的方式和条件，一是由中央太常直接选补，条件为18岁以上，仪貌端正；二是从各地方挑选，标准是“好文学，敬长上，肃政教，顺乡里，出入不悖”。

太学以儒家经学教育为职任，设有《诗》《书》《礼》《易》《春秋》5个门科，同时要求兼习《论语》《孝经》。内容上以今文经学为主，注重阐发经典的“微言大义”，以五经内容的深浅程度排定《诗》《书》《礼》《易》《春秋》的顺序。教学上严格依照师法和家法，师法指传经时以太学立为博士的人的经说为准绳，如《公羊春秋》以董仲舒所言为师法；家法指博士的弟子或门人传经时，又有所心得，更为章句，形成一家之言，如“颜氏公羊”和“严氏公羊”即为家法。汉代把道德教育置于首位，无论是学校教育还是社会教育都以道德培养为主，在选拔人才时，也往往注重“德”的要求。

两汉太学的教师通称博士，是朝廷任命的国家正式官员，博士领袖称仆射，东汉时改称祭酒。博士参加政治和学术方面的讨论，有时还去巡视地方政教一类的工作。博士选择和任用方法，两汉是不一样的。西汉以征辟或荐举的方式选用名流，东汉则用考试进行挑选，还需有人写“保举状”，说明被保举人的道德、学问、经验和师事什么等。要求教师“明于古今”“通达国体”，条件相当高。

太学弟子，每人研习一经，学生按政府规定的顺序和标准招收，入学后可享受免除赋税徭役的待遇。太学生完成学业后，可根据其考试成绩的优劣，授以相应的官职。西汉太学的规模，自汉武帝以后逐渐扩大，据有关史料记载，汉武帝时有5名博士，汉宣帝时增至14人，汉元帝时有博士15人。汉武帝时学生仅50人，汉昭帝时100人，汉宣帝时200人，汉元帝时达1000人，汉成帝时增至3000人。而到东汉时期，太学已成为有学生3万余人的大学校了。

由于太学是根据政治需要而设，学习内容是圣贤之言和治国之道，学习目的是做官从政，因而太学生常参与政治，评议朝政。他们绝大多数人常以青年的满腔热情和强烈的社会责任感过问现实政治问题。我国历史上最早记载的太学生干预政治的事是西汉哀帝时太学生援救敢于抨击专权外戚的司隶鲍宣的事件。其时千人上书请愿，声势浩大。东汉桓帝和灵帝时，宦官专权，政治黑暗腐败，太学生的出路日益困难，于是他们和社会上正直的名士同宦官进行了坚决斗争。在斗争中，虽有不少人遭迫害、打击，但他们英勇不屈，表现了知识阶层在混浊的政局中所应有的刚正品格。

汉代中央官学是由皇帝下诏兴建，郡国学则根据朝廷的指令，由地方主管官员负责兴建。郡学源于汉景帝末年，蜀郡设立的地方学堂。汉景帝末年蜀郡守文翁率先在益州（成都）设立地方学堂，并派遣人员以官费到京城学习五经和律令。汉武帝时下令天下郡国以其为范，设立学堂，于是成为制度。地方官学中的教师亦为国家正式官员，地方官学的学生虽没有太学生那样优越的条件和优厚的待遇，但其出路也颇宽。地方主管官员利用其向朝廷察举士人的权力，往往把辖区内官学中的优秀者荐举上去。与太学一样，郡学也修习儒经，但更重视《孝经》，这与汉代乡举孝廉制度相契合。

（三）汉代的专门学校

汉代的专门学校包括贵胄学校、宫廷学校和鸿都门学。

贵胄学校是东汉时期为外戚子弟开办的“四姓小侯学”。四姓小侯学，始创于东汉明帝永平九年（66 年）。“四姓”指外戚樊氏、阴氏、郭氏、马氏四家，“小侯”是因四姓都不是列侯。初设时，以学习《孝经》为主，兼习《尚书》《论语》等儒家经典。后来又扩大招生，不限于四姓子弟，其他贵族子弟也可以入学修业，当时匈奴也曾派子弟来此求学。汉安帝元初六年（119 年），诏征“济北王、河间王子女年五岁以上四十人，又邓氏亲近子孙三十余人”入学修业，并为年幼者置配师保，邓太后亲自驾临监视，给予特殊待遇。

宫廷学校，是对皇宫女子与宫中妇女进行经学及仪礼教育的学校。开展宫廷教育，为汉代邓太后始创，其进步意义及对后世的影响非同一般，为汉代官学的一大特色。

鸿都门学，创建于东汉灵帝光和元年（178 年）二月，因校址设在洛阳鸿都门而得名。它是为了打击朝臣和太学生的力量创办的学校。学生由州、郡三公择优选送，多数是士族看不起的社会地位不高的平民子弟。开设辞赋、小说、尺牍、字画等课程，打破了专习儒家经典的惯例。宦官派为了壮大自己的势力，对鸿都门学的学生特别优待。学生毕业后，多被赐予高官厚禄，还有的被封侯赐爵。鸿都门学一时非常兴盛，学生多达千人，但延续时间不长，之后随着汉王朝的衰亡而结束。鸿都门学不仅是中国最早的专科大学，而且是世界上创立最早的文艺专科大学。它开唐代专科学校之先河，打破封建官学儒家经典教育的界限，而代之以文学艺术，以辞赋取士，促进了文学艺术的繁荣与发展，其价值与影响远超过其存在本身。

（四）汉代的私学

西汉初年，统治者没有创办官学，却对私学实行不干预政策，民间私学开始复苏起来。当时的教学内容可谓不拘一格：既有儒家的《诗》《书》《易》《礼》，也有黄老、刑名、法律等。秦汉之际至汉武帝元朔五年（前124年）近百年间，汉代教育全赖私学以维持。官学制度建立以后，私学未见削弱，反而与官学相互补充。汉代私学在先秦私学发展的基础上，已开始形成初步体系，即以书馆为主要形式的蒙学教育，以“乡塾”为主要形式的一般经书学习，以“精庐”或“精舍”为主要形式的专经研习。

两汉相比较，东汉私学更为昌盛，规模甚至官学，名师众多，收徒甚盛。名儒开门授徒，读书人千里寻师，云集门下。有的私学入门弟子与著录弟子达万人，是汉代学校教育发展的一大特色。专经研习阶段的私人教学大都建立了稳定的治学和讲学场所，名为“精舍”或“精庐”，多建在名师家乡或山水胜地，亦带有隐居性质。这种专经传授的精舍或精庐，对后世书院制度的建立与发展有极大影响。

第三节　教育时兴时废的魏晋南北朝教育

魏晋南北朝时期的教育，总的形势是官学时兴时废，似断又续。官学教育也发生了变革，在教学内容、方法以及学校类型上都有重大变化。这一时期教育的延续主要依靠私学、家学。

一、官学时兴时废

魏晋南北朝时期，太学还是国家最高学府。东汉末，因战乱太学基本上处于瘫痪状态。至魏文帝时又重新在洛阳恢复太学。虽然政局极不稳定，但由于曹魏诸帝对太学的重视，太学仍得以延续下来，但已经出现了贵族子弟不愿进太学同平民子弟一起学习的现象。

晋代时，于太学之外设立国子学，专为士族贵胄开设，唯有五品以上的子弟才可以入学。国子学设祭酒一人，博士一人，助教十余人。太学所收学生则为庶族子弟，包括弟子、门人、寄学、散生等，生源较为复杂，地位比国子学低。太学、国子学双轨教育制度至此形成，教育等级化的出现，是教育发展史上的一个新现象，反映了当时等级森严的门阀制度。但按门第而不是按学识才干用人的九品中正制，使国子学和太学的教学效果都非常差，学生都不肯用功，这是魏晋南北朝教育的致命伤。

十六国时期，学校教育的持续性被打乱。但是以儒学为核心的传统教育并未断绝，无论是各少数民族或是汉人建立的政权，均视之为教育的重心。

南朝近170年中，学校教育仍处于时兴时废的状态，儒学一统学校的局面已被打破，专科学校相继设立，学校的类型趋于多样化。南朝宋文帝元嘉年间，先后开设了儒学馆、元（玄）素馆、史学馆、文学馆，史称经、玄、史、文四馆，使教育冲破了独尊儒术的藩篱；相继开创了史学、文学、律学、书学、佛学、道学等学科教育，从而使教育与社会发展的联系更紧密。另外，国学课程除讲授五经外，还增设了黄老、庄老、太史公、楚辞、汉赋等科目，这与这一时期玄学的兴盛密切相关。

二、私学的繁盛

魏晋南北朝私学兴盛。社会变革与动乱使官学无法得到持续稳定的发展，而私学恰恰在这种情况下发展起来，儒、道、玄、佛，诸种思潮并存，学术思想比较活跃，形成了私学繁荣昌盛的局面。出现了大批淡泊名利、不畏权势、潜心教学的学者，培育了大批人才。例如，三国时的管宁、邴原，西晋的束皙、李密、王裒、范平、刘兆，东晋的孔衍、范宣等都是当时著名的私学家。他们聚徒讲学，追慕者多达千百人。到南朝时，私学的内容更加广博，儒学、玄学、老庄佛学等均以不同方式成为私学活动的内容，在战乱及频繁的改朝换代中，维系和促进着文化教育的发展，成为中国文化教育史上的第二次百家争鸣。

魏晋时家族制度强化，家族教育获得了长足的发展，可谓达到了一个高峰。家族教育，以家族内长者亲授学业、耳提面命的传统模式为主。名门大族中累世学业相袭的现象十分普遍。出现了大批的文学世家，如曹氏父子、琅琊王氏、汝南袁氏、琅琊颜氏、陈郡谢氏等。“唐诗晋字汉文章”，书法在晋代取得了很大的发展。著名的书法家，如王羲之、王献之父子和卫瓘、卫恒父子的书法技艺，都为家传。王羲之及其七子（王玄之、王凝之、王徽之、王操之、王涣之、王肃之、王献之），在当时都以书法闻名，除王玄之、王肃之外，其余五人都有墨迹传世。

魏晋南北朝，家训大为流行。世家大族乃至一般家族对家风都十分重视，常常从自己的亲身经历和感受出发，对子孙严加训诫，规范他们的思想和行为，使之保家兴族不辱先祖，从而使得魏晋南北朝的“家诫”“家训”大量问世，可考者至少有80余篇（部）。著名的如：诸葛亮的《诫子书》和《诫外甥书》，曹魏王修的《诫子书》、王肃的《家诫》、嵇康的《家诫》、王昶的《诫兄子及子书》，东晋陶渊明的《与子俨等疏》和《命子诗》、宋颜延之的《庭诰文》。其中以《颜氏家训》为人们所熟知，被誉为“古今家训之祖”。

相关链接　搜索

颜氏家训

上智不教而成，下愚虽教无益，中庸之人，不教不知也。古者圣王，有“胎教”之法，怀子三月，出居别宫，目不邪视，耳不妄听，音声滋味，以礼节之。书之玉版，藏诸金匮。生子咳提，师保固明孝仁礼义，导习之矣。凡庶纵不能尔，当及婴稚识人颜色、知人喜怒，便加教诲，使为则为，使止则止，比及数岁，可省笞罚。父母威严而有慈，则子女畏慎而生孝矣。

吾见世间无教而有爱，每不能然，饮食运为，恣其所欲，宜诫翻奖，应呵反笑，至有识知，谓法当尔。骄慢已习，方复制之，捶挞至死而无威，忿怒日隆而增怨，逮于成长，终为败德。孔子云：“少成若天性，习惯如自然。”是也。俗谚曰：“教妇初来，教儿婴孩。”诚哉斯语。

凡人不能教子女者，亦非欲陷其罪恶，但重于呵怒伤其颜色，不忍楚挞惨其肌肤耳。当以疾病为谕，安得不用汤药针艾救之哉？又宜思勤督训者，可愿苛虐于骨肉乎？诚不得已也！

父子之严，不可以狎；骨肉之爱，不可以简。简则慈孝不接，狎则怠慢生焉。

人之爱子，罕亦能均，自古及今，此弊多矣。贤俊者自可赏爱，顽鲁者亦当矜怜。有偏宠者，虽欲以厚之，更所以祸之。齐朝有一士大夫，尝谓吾曰：“我有一儿，年已十七，颇晓书疏，教其鲜卑语及弹琵琶，稍欲通解，以此伏事公卿，无不宠爱，亦要事也。”吾时俯而不答。异哉，此人之教子也！若由此业自致卿相，亦不愿汝曹为之。

——资料来源：颜之推《颜氏家训》

第四节　教育制度渐趋完备的隋唐时期

隋唐时期，是中国古代教育制度的发展期。隋文帝初年创立了专门的教育机构国子寺，炀帝时更名为国子监，这一称呼一直沿用到清代。然而隋朝国祚短暂，教育方面并无太大建树。

一、唐代教育制度的完备

唐朝沿袭隋制，教育制度逐渐完备，建立了从中央到地方完备的学制体系。既有中央官学，又有地方官学；既有以传授儒家经典为主的经学学校，也有以传授专业知识为主的职业学校；还有留学生制度。在教学管理上更规范：官学学生从入学到毕业都有相应的制度规定，不同的学校有不同的教学内容，形成完备的考试、升学、假期制度等。

唐代在京师设立国子监，长官为国子监祭酒，管理学校教育。当时京师学校都隶属国子监，包括以下 6 类学校。

（1）国子学：主要招收文武三品以上子孙，学习经、史及文字学。

（2）太学：主要招收文武五品以上子孙，学习内容与国子学相同。

（3）四门学：招收文武七品以上子弟和庶人中的俊士，学习经史，还学习一些时事政务策论之类。

（4）书学：招收八品以下子弟及庶人中通学者，学习文字学。

（5）算学：招收八品以下子弟及庶人中通学者，学习《九章算术》《周髀算经》《缀术》等。

（6）律学：招收八品以下子弟及庶人中通学者，以律令为专业，兼习格式法令。

国子学、太学和四门学属于贵族学校，书学、算学和律学属于专科学校。这 6 所学校的教师称某科博士，如国子学博士、律学博士。学生有定额，入学年龄为 14~19 岁。

另外，中央还有弘文馆、崇文馆、崇玄馆、医学、卜筮、天文、历数、漏刻、兽医、校书等。弘文馆和崇文馆学习内容与国子学相同，前者隶属门下省，后者隶属东宫；医学分医科、针科、按摩、咒禁、药师 5 个分科，隶属太医署；卜筮隶属太卜署；天文、历数、漏刻都隶属司天台。

二、唐代的地方学校

按区域划分，唐代地方学校包括京都学、府学、州学和县学。前三类学校以经学为中心，兼学医学；县学专学经学。唐代教育以官学为主，唐玄宗天宝以后，国家动乱，官学衰微，私学才开始兴盛。唐代教育体系完整，学校教育与科举考试紧密结合，确立了如算学、天文、医学等自然学科为学习内容的专门学校，这种有关专业的训练，在世界教育史上也具有先进的地位。另外，唐朝还建立了留学生制度。周边国家如日本、新罗、高丽等国多次派遣留学生来唐学习经史、法律、礼仪、文学、科技等。

唐代既重视儒学教育，又重视文学、审美教育，但并不搞“独尊儒术”，多元化的特点使唐代儒学教育区别于汉代和宋明时代。唐代中期，儒学教育有衰落的趋势，主要是科举取士制所造成的。前期，科举考试（指进士）考的是帖经、墨义和策问，考试内容主要是对儒家经典的记忆和理解，要通过学校教育。从唐高宗和武后时起，科举考试逐渐以诗赋为主，主要考查文章写作能力和文学创作能力，文学创作能力难以通过学校教育来培养，因此，自科举考试侧重于诗赋之后，自学逐渐成为士人的主要学习方式，学校教育开始衰落了。大致从唐中期开始，读书主要靠自学，所谓“十年寒窗”即指士人居家苦读。学校教育衰落，儒学影响下降。

第五节　教育与科举相连的宋元明清时期

唐代以后，宋金元明清几代的学校教育始终与科举选士相粘连。官学就建制而言，从中央到地方，堪称完备。一般来说，历代多数帝王热衷于科举取士，而忽视培养人才的学校，尤其在每一朝代后期，学校徒有形式，仅为生员取得科举考试的一种资格而已。

一、宋代教育

宋太宗时，国子监下设国子学，并置广文、太学、律学三馆，不久，太学从国子学中分离出来，单独建校，招收八品以下官员子弟和少数庶人俊秀者。地方官学有明文规定，九类人不得进入官学：①“隐匿丧服”；②“尝犯刑”；③“亏孝悌有状”；④“两犯法经赎”；⑤“为乡里害”；⑥“假户籍”；⑦“父祖犯十恶”；⑧“工商杂类”；⑨“尝为僧及道士”。

宋代太学以外，还有律、算、书、画、医等专业学校。宋代仁宗时期，由范仲淹倡导，提出科举考试应当以学校教育为本的观点。神宗时期，在王安石的倡导下，改革了学校制度而创立了三舍法，即将太学分为外舍、内舍、上舍三部分。将竞争机制引入学习中，学生凭学习成绩由“外舍”升“内舍”及“上舍”，上舍学生优秀者可免去乡试、省试，甚至直接补官。实质上是通过“三舍法”选拔优秀毕业生做官。太学在教师聘任上网罗天下名儒，教学内容上也涉及经、史、诗、赋、书，但由于其起源与归宿都是为了科举，为了入仕，学生必然是一批死记硬背的求同思维之人，不可能有创新，更不可能有丰富多彩的人才格局。

宋代地方教育比汉、唐发达。例如，设立了专管地方教育的行政长官。国家拨给学校一定数量的土地，作为其固定资产，学校将这些土地租给附近的农民耕种，收获的粮食和租金用作教育经费。另外，还注意发展地方科技教育和武学教育等。

辽在国子监下曾置上京、中京、东京、西京、南京五国子学。金国和元代除仿宋在国子监辖下除设立国子学外，还设立以本民族语言进行教学的学校，如女真国子学、蒙古国子学等，亦分别称国子监。其目的在于保存和发展本民族的语言文字，保持本民族的性格特征与传统。

二、元代教育

元代官学在国学、乡学外，在乡村建立了社学。50 家为一社，选举年长而通晓农事的人，立为社长，教习农桑。每社建立一所学校，选择通晓经书者为教师，农闲时社中子弟入校学习。元代社学的建立，对普及乡村教育起到了作用。清代在农村设立社学，普及文教，即传承于元代。

三、明代教育

明代确立了“治国以教化为先，教化以学校为本”的文教政策，推崇程朱理学，实行文化专制。

明代中央官学主要有国子监，另有宗学、武学、医学、阴阳学、四夷馆等。明代国子监分南、北两监（南京和北京），监生来源广泛，主要有贡监、举监、荫监和例监四类。明代扩大了招生范围，不再规定只有几品以上子弟可以入学。用钱可以捐买国子监生的资格或身份，即所谓的例监或捐监。明代在国子监读书的还有少数民族及日本、高句丽学生。明代国子监的教学管理制度较之前代更为完备。其一，建立分堂教学和积分制。国子监教学组织分为六堂，其中“正义”“崇志”“广业”为初级，“修道”“诚心”为中级，“率性”为高级。监生按其程度进入各堂肄业，然后逐级递升。其二，有周密的课程安排。除朔望两天的例假外，每天都安排课业，分晨午两课举行。晨课在晨间，由祭酒率领属官出席，祭酒主讲；午课在午后举行，主要为会讲、复讲、背书、论课等，由博士、助教主持。其三，实行监生历事制度。即到京城各衙门历练事务，三个月考核。优秀者进入候选为官。

明代地方官学较为发达，管理周密，制度比较健全。主要有府学、州学、县学等，另外府州县皆设有武学、医学、阴阳学，农村设有社学等。

地方官学学习内容，明洪武初年（1368 年）“令生员专治一经，以礼、乐、射、御、书、数设科分教”。明洪武二年（1369 年）又重新规定，分为礼、射、书、数四科，要求生员熟读精通经、史、礼、仪等书，初一、十五必须学习射击，每日练习书法 500 字，数学方面须精通《九章算术》。地方官学有严格的考试制度，月考每月由教官举行一次，岁考、科考则由掌管一省教育行政大权的提学官主持。

四、清代教育

清代教育由低到高分为蒙学、社学、国子监。

蒙学多为私学，多属识字教育。社学是政府倡导设立的。每一乡设立一所社学，挑选通晓文义、行谊谨厚，足以为人师表者充任教师。办学经费由官府筹集。社学教育从蒙学教育的第二阶段开始，主要学习《四书》《五经》及史政、诗文、掌故等。社学学生考列第一等者，可以升入官学取得廪生资格，廪生无缺额，则以增广生员的资格入学，待廪生有出学者递补；增广生员无缺额者，以附学生员资格入学，依次递补。社学是官学的预备学校。生员，又称秀才，来自童试录取者。一旦取得生员资格便脱离民籍，可以穿着蓝色长袍，免除差徭，进入绅衿之列。生员出学除考中举人之外，还有五种方式，都是选送国子监深造。

清代国子监来源复杂，有贡有监。贡生有六种：拔贡、优贡、副贡、恩贡、岁贡和例贡；监生有四类：恩监、荫监、优监和例监。被录取的贡生、监生并不都坐监读书。取得入监读书的资格要通过考试，名为考列。考列一、二等者再试，名为考验。贡生考中一、二等者，监生考中一等者方取得入监资格。国子监的课程设置与府、州、县学大同小异，以《四书》《五经》《性理》《通鉴》等书为必修，其他八经、二十一史（《明史》修成后为二十二史）及其他著作可由学生自选。此外，还要求每日临摹晋、唐名帖数百字。诏、诰、表、策、判等文体亦在课程之内。考试分为月考和季考。考试内容都是《四书》《五经》和诏、诰、表、策、判。此外，每月还有其他小考。

总之，宋代以后，学校教育与科举选士密切相连。思想统治越来越强化。等级限制逐步消失。“存天理灭人欲”的理学教育思想，到南宋末年以后，更获得正宗地位。元代开始，朱熹注的《四书集注》被御定为基本教材。国子学与太学的等级限制已趋宽松。元、清是中国境内少数民族所建立的统一政权，统治以汉人为主体的国家，故学校的民族界限极其森严。少数民族生员的待遇与出仕，均优于汉族国子监生。但就同一民族的学生而言，等级限制逐步趋向消失。形成了较完善的学校管理制度。宋以后分别建立了府、州、县、社各类学校的建制与廪养制度（规定教官名称、职责以及学生人数和待遇）、教学制度、考试制度、奖惩制度，以及向中央国子监输送监生的贡士制度等。

另外，宋、元、明三代，官学体制完备，私学教育也遍及城乡。这一时期的私学设置一般分为两类：一类是蒙学性质的，教授识字和国学基本知识，称为小学、乡校、村学等；另一类是研究学问的地方，学生多为年长者，如私设经馆、书院等。

第六节 中国古代的普及教育——蒙学

一、先秦时期蒙学的兴起

人类的文明，社会的进步，有赖于整个国民素质的提高。当今不少国家对适龄儿童、少年采取义务教育的方式进行全民教育，旨在提高整个国民的文化素质。在中国古代，也很重视对儿童的教育，这种教育叫蒙学。蒙学创始于夏朝，秦汉时期得以不断发展，唐宋以后逐步形成相对稳定的教学内容和程序，主要进行读书、习字、作文的教学，大多属于私学性质。

早在夏、商、周时期，就有“小学”教育。周代就有了供学童识字、习字用的字书。《汉书·艺文志》载：“《史籀篇》者，周时史官教学童书也。”《史籀篇》是著录于史册的最早的蒙学课本。周代时，贵族子弟8岁入小学，小学7年。学习内容为六艺即礼（礼节仪式）、乐（音乐和舞蹈）、射（箭术）、御（驾车）、书（写字）、数（算法）。

二、秦汉以后蒙学的发展

汉代启蒙教育的场所主要是“书馆”，教师称为“书师”。“书师”由从事私人教学的担任。入学儿童的年龄一般在8岁左右。学习的主要内容是识字、习字。已经有了比较稳定的通用教材，教学内容和要求趋向统一。汉代小学的字书有《仓颉篇》《训纂篇》《谤喜篇》《凡将篇》《急就篇》等，保存到现在的只有《急就篇》。汉代的书馆又可分为坐馆和家馆两种类型。前者是书师以家室或公共场所，坐馆施教，附近学童可入馆就学，人数不等，多则百人；后者是贵门富户聘请书师来家施教，本家或本族学童在家就读。在汉明帝永平九年（66年）专设“宫邸学”教育贵胄子弟之前，皇家子女也是通过私学性质的“家馆”来接受启蒙教育的。周秦至隋这一时期，启蒙教育几乎就以识字为主。萧梁时周兴嗣作《千字文》，成为后来最通行的字书。

唐代的童蒙教育基本属于私学性质。唐代文人来自社会的多个阶层，不同的社会地位和家庭状况往往也决定了他们所选择的教育形式。唐代童蒙教育的形式主要有两类：一为师授；一为家传。皇族、贵族官宦家中人为学一般都由师授。在家中设塾延师，建学馆、家塾、学院之类以教子弟。很多下层的家庭是没有能力聘师上门的，那就只有去乡学及村学、私塾中读书。

唐代一如前朝，《急就篇》《千字文》都是启蒙时的常用字书。早期曾流行《急就篇》，著名学术大师颜师古还专门为其作过注。后来基本就以《千字文》为主。识字之后，唐政府规定并提倡的进行道德教化的教材是《论语》《孝经》。《论语》一书，主要教人为学、做人的道理，《孝经》则系训诫子弟忠君尊亲事长之守则。另外还学习儒经史书、诗赋文章等。

宋代是古代蒙学发展较为完备的时期。童蒙教育呈现出大众化的趋势。教育对象除宗室子孙和一般官僚地主家庭的子弟以外，相当一部分是出身于平民的农家子弟。除了有专门为皇室、贵族子弟设立的宗学、诸王宫学、内小学等贵胄性质的学校和由官方设立并管辖的国立、地方小学以外，还有大量的为广大中下层知识分子和普通百姓子弟设立的，包括私塾、义学（义塾）、家塾、村塾、冬学在内的各种私学。

家庭教育作为宋代童蒙教育的主要形式之一。不少家长亲自担任教师，对子弟进行启蒙教育。例如，宋代理学家朱熹在 11～14 岁时，也是受业于家中的。此外，“宗约”“义约”“家规”等社会教化形式，也是宋代童蒙教育的重要途径。

宋代童蒙教育以道德教育为重，以立志、明人伦、孝悌和正心敬身为主要内容，将以孝悌为主要内容的“明人伦”的教育作为童蒙伦理道德教育的核心。宋代许多著名学者如朱熹、吕祖谦、吕本中、陈淳、王应麟等，十分重视童蒙教育，亲自创作出了高水平的蒙学读物并广为流传，如王应麟的《三字经》、刘克庄的《千家诗》、吕本中的《童蒙训》、吕祖谦的《少仪外传》、朱熹的《童蒙须知》和《小学》、程端蒙的《性理字训》、真德秀的《家塾常仪》、无名氏的《百家姓》等。在重视伦理道德教育的同时，非常重视对蒙童进行一些自然、科学常识的教育。反映出宋代童蒙教育开始重视自然和科技知识教育的趋向。

元代童蒙教育沿袭宋朝，道德教育方面的文献进一步增加，如许衡的《小学大义》、熊大年的《养正群书》、郭居经的《二十四孝》都是这类作品。此时的最大变化是随着印刷技术的进步，出现了图文对照的蒙养教材，代表作是虞韶编的《日记故事》。

明代童蒙课程内容分为五项：考德、背书诵书、习礼或课访、诵书讲书、歌诗。童蒙教材因为前代的积累，数量可观，但学者们还继续编写新教材，逐渐重视历史常识和自然知识的传授教育。最有代表性、影响最大的两部新创作的蒙学文献是丘睿（也有说是程登吉写的）《幼学琼林》和萧良有撰写的《龙文鞭影》。

清代蒙学有多种办学形式：馆学、义学、族学、家塾等。民间知识分子设馆授徒称为馆学；村中大户人家出资建馆聘师，本村子弟免费入学，称为义学；族学同义学相似，同宗之人聚族而居，家族的族长利用家族产业兴办学校，供本族子弟入学就教。清代蒙学教育一般分为识字和读书两个阶段。识字阶段，先是读《三字经》《百家姓》《千字文》等识字入门书籍。其后陆续讲授《小学》《圣谕广训》等文学、伦理书籍，开设浅显的历史、地理、博物常识课，如《高厚蒙求》《史学提要》《名物蒙求》等，以扩展知识面；开设通俗诗教育课，如《神童诗》《千家诗》等，用以陶冶性情。多数学馆的教育到这一阶段就停止了。有一些义学和族学将蒙学教育发展到第二阶段，即以读书为主的阶段。教学内容主要是与官学的招生考试相衔接，如《四书》《孝经》以及政书、史书及著名的诗词、文范篇，同时还要学作制艺，即八股文。在第二阶段中便不断有人出馆，或考取官学，或进入社学，或学业中辍改而务农、经商、从幕、投考吏等，而以考官学为正途。当然也不乏不屑于仕途而以专心治学为务者。

第七节　独特的高等教育形式——书院教育

一、书院的发展

（一）书院教育的兴起

书院之名始于唐代，分官、私两类，但都不是聚徒讲学的教育组织，前者如集贤殿书院为藏修书之所，后者为文人士子治学之地。唐代“安史之乱”以后，国家由强盛走向衰落，政治腐败，民生凋敝，文教事业也受到严重冲击，官学废弛，礼义衰亡。于是一些宿学鸿儒受佛教禅林的启发，纷纷到一些清静、优美的名胜之地读书治学。此后，归隐山林、论道修身，聚徒讲学之风逐渐兴起。真正具有聚徒讲学性质的书院至五代末期也基本形成。

五代时期江西庐山设立白鹿洞国学，至北宋初更名为白鹿洞书院，成为中国古代真正意义的书院的发端。古代书院，有名可考的不下上千所，仅宋代就有379所，最著名的是北宋初的四大书院和南宋四大书院。宋初四大书院有两种说法：一种说法为白鹿洞书院、石鼓书院、应天书院、岳麓书院；另一说法无石鼓书院，而列入了嵩阳书院。后人综合这两种说法，再加上江宁府的茅山书院，称为宋初六大书院。宋代书院普遍订立了比较完备的条规，这是书院制度化的重要标志。

南宋书院的数量远远超过北宋。根据名声，南宋四大书院指的是白鹿洞书院、岳麓书院、丽泽书院和象山书院。

（二）元代以后书院教育的发展

元统一江南之后，南宋有骨气的知识分子大多不愿与蒙古统治者合作，不肯到元朝政府入仕为官，也不肯到元朝所立的官学中去讲学，甚至不愿他们的子弟在元朝政府设立的官学里学习。因此不少南宋学者退而建立书院，自行讲学。统治者为缓和蒙汉民族的矛盾，笼络汉族人心，对书院采取保护提倡的政策。一时书院之盛超过南宋，不仅在南方得到继续发展，而且以强劲之势向北方推进。

元政府也逐渐对书院加以控制，使元代书院日益呈现官学化的趋势。其采取的措施有：第一，朝廷和地方官府委任书院山长，或由政府派遣人员出任山长。政府授予官衔，纳入国家官制，按品级领取官俸。第二，书院的直学、教授、学正、学录等职务的任命与提升，都必须经过政府的批准。第三，元代各级政府遣员承担了书院山长及教职员的考查与稽查。第四，财权上，元政府鼓励民间绅士和官僚出资聘请学者兴办书院，书院山长被授予官衔并领取官俸，并干预书院本身的财政管理。第五，对书院的招生、考试、学生毕业后的去向等一系列管理和人事方面的问题，严加控制。书院学生，在学有所成后，可由地方官员推举，经监察机关的考核，符合标准的学生，有的成为教官，有的入仕做官。

元代对儒家文化非常尊重。程朱理学和科举制度结合之后，被正式确立为官方正统。与理学一体化的书院等视为官学，书院建设者之中，既有汉人、南人，也有蒙古与色目人，因此而有“书院之设，莫盛于元”的说法。在书院的发展史上，元代的最大贡献是，将书院和理学一起推广到北方地区，缩短了新形势下形成的南北文化差距。

明代书院的发展经历了“沉寂—勃兴—禁毁”的曲折道路。明初因政府重视发展官学，提倡科举取士，使官学兴极一时，程朱理学长期处于官方学说地位，失去了往日的进取而流于僵化，书院近百年不兴。到了正德、嘉靖年间，以王守仁、湛若水为代表的思想家，就以书院为阵地，发动了一场思想解放运动。书院再度辉煌，推广到边远地区，形成鼎盛之势。据统计，明代的书院数量远远超过唐、宋、元三朝的总和，而大多数都是在这一时期兴建的。随着书院讲学的政治色彩越来越浓，“讽议朝政、裁量人物”，统治者深感“摇撼朝廷”。明代后期，当权者先后四次禁毁书院，严重地戕害了学术思想的发展。尤其是“洞学科举”的创设，使书院、官学、科举逐渐融为一体。

清初，统治者为压制舆论，消除南明的复国情绪，对书院严加限制。从元代开始的书院官学化倾向，到清代达到极致。清初，顺治皇帝下令“不许别建书院”。康熙皇帝虽以文韬武略著称，但也始终不肯撤销禁令，而仅仅以颁额、赐书给书院来引导其发展方向。雍正皇帝采取扶持与控制相结合的政策，将一批书院迁出深山老林，建在各省省城，以便控制。乾隆时，连招生择师、课业考核、奖惩办法等都在诏令中有明确规定。政府还掌握了书院主持人和讲学者的任命权，并制定了考核、奖励、提升的制度。请政府给予山长以优厚的待遇，掌握和控制了书院设置的审批权。书院的选址、山长的任命、教师的聘请以及书院的设置等，实际上全由清政府掌握与控制。随着书院官学化的日渐加强，清代书院原有的教学风格与学术研究的性质，其独立性和自主性已所剩无儿，实质上已成为官学的一个类别。与府、州、县学一样，大多数成了十足的科举考试的预备机关。同时，由禁止而达到控制目的的文化政策，加上文字狱的影响，使书院改变了学术追求，一种离现实政治较远而以实事求是的态度去考究经典的学风终于形成，此即所谓乾嘉考据之学。伴随与学术的再度结合，书院得到了长足发展，清朝时书院基本普及城乡。

鸦片战争之后，闭关锁国百余年的“天朝上国”的大门终于被西方列强的“坚船利炮”所打破。在“师夷制夷”的洋务运动中，洋务学堂如雨后春笋般兴起。清政府采纳了张之洞、刘坤一的建议，于清光绪二十七年（1901 年）下诏将各省城书院改为大学堂，各府书院改为中学堂，各州县书院改为小学堂，并多设蒙学堂。至此书院制度走完了近千年的曲折历程之后，最终汇入了近代学校教育的洪流之中。

二、书院的教育方式

书院是介于私学与官学之间的一种特殊的教学组织形式，它具有“非官非私”“既官既私”的特征。从其办学特质上，一是有官方的认可、扶助。以岳麓书院为例，北宋真宗皇帝召见其山长周式，颁书赐额，岳麓书院之名始闻于天下，有“潇湘洙泗”之誉；清代，康熙和乾隆分别御赐“学达性天”和“道南正脉”匾额。二是注重藏书、读书。宋代“书院之所以称名者，盖实为藏书之所”，而藏书的目的是为了读书。三是自由讲学，研讨学术。宋明的书院，更多地承袭了私学讲学自由、各有所本之风习，以传播学术思想为职志，宋代理学的流行与书院自由讲学、研讨学术的追求密不可分。

书院与官学最大的区别是书院有自身的品格和学术追求，有其独特的教学方法。一是自学。书院藏书丰富，这为学生自由读书和独立钻研提供了方便，书院教师的职责就是指导学生自修读书。朱熹提出的读书六条（循序渐进，熟读精思，虚心涵泳，切己体察，著紧用力，居敬持志）对后世产生深远影响。强调读书须有疑，有疑而又深思未得者即当请教大师，这就叫作“质疑问难”。二是讲演辩论。有“升堂讲说”“学术会讲”等。书院大师除了阐发自己的学术见解外，还十分重视不同学术观点的论辩交流。宋代最著名的学术论辩是“朱陆异同”。朱熹与陆九龄、陆九渊兄弟当时分主不同书院，授徒讲学，各立“理本论”与“心本说”，多次在江西鹅湖论学（史称“鹅湖之会”）。明代后期的顾宪成、高攀龙就特别制定了书院会讲制度、规定：“每年一大会”“每月一小会”，并订有“会约”“会规”，以道义相磋磨，学术相珍重。另外，书院努力将学术研究与教育活动结合起来，他们一方面通过学术研究深化学理探讨，促进教学活动；另一方面通过教学和学术研究培养人才，扩大学派影响。正是这样交互递进，极大地推动了中国封建社会思想和学术的发展。

复习与思考

一、 名词解释

国学　乡学　太学　蒙学　鸿都门学

二、 简答题

1. 谈谈中国古代教育的发展与演进。
2. 简述中国古代书院的发展概况。
3. 中国古代书院的教育方式如何？

三、 选择题

1. 我国封建社会设立的第一所大学是（　　）。

A. 太学　B. 贵胄学校　C. 宫廷学校　D. 鸿都门学

2. （　　）被誉为“古今家训”之祖。

A. 诸葛亮的《诫子书》　B. 嵇康的《家诫》

C. 颜延之的《庭诰文》　D. 《颜氏家训》

3. （　　）是著录于史册的最早的蒙学课本。

A. 《仓颉篇》　B. 《训纂篇》　C. 《史籀篇》　D. 《急就篇》

4. “博学之、审问之，慎思之，明辨之，笃行之”是（　　）的教规。

A. 白鹿洞书院　B. 石鼓书院　C. 嵩阳书院　D. 岳麓书院

5. （　　）位列南宋四大书院之首。

A. 白鹿洞书院　B. 应天书院　C 嵩阳书院　D. 岳麓书院

推荐阅读

孙培青．中国教育史［M］．上海：华东师范大学出版社，2009.

第六章

中国历史文化的倒影(一)
——宗教文化之佛教

本章导读

佛教是世界三大宗教之一，其产生于古印度，繁荣于中国，并通过中国传遍东亚各国。本章主要介绍了佛教的产生和发展、佛教的基本教义、佛教在中国的传播、佛教的中国化及其突出代表禅宗和佛教对中国历史文化的影响等内容。

学习目标

知识目标

1. 了解和掌握佛教的产生、创立者以及佛教的基本教义等基础知识。
2. 了解佛教的发展阶段，佛教传入中国的标志和在中国传播的基本情况。
3. 了解佛教与中国传统文化的碰撞和中国化的过程，掌握禅宗在佛教发展史上的地位和作用。
4. 了解佛教对中国历史文化的影响。

能力目标

1. 通过对佛教文化的了解，提升用辩证的观点理解宗教文化的能力。
2. 通过对禅宗文化等佛教知识的学习，提高学生将所学知识运用到旅游管理专业实践的能力。

课程思政目标

1. 通过学习和了解佛教基本知识，以及和佛教有关的文化内容，提高学生的中国传统思想文化素养。
2. 坚持取之精华、弃之糟粕的历史唯物主义观点，使学生在学习中感悟有价值的文化内容，在提升学生的旅游管理专业基础素养的同时，坚定学生的文化自信。

案 例

禅宗少林·音乐大典

《禅宗少林·音乐大典》是全球最大的山地实景演出，由郑州市天人文化旅游有限责任公司投资建设，项目总投资3.5亿元人民币，演出项目投资1.15亿元人民币。项目选址在距登封市西10千米的待仙沟，距少林寺7千米。《禅宗少林·音乐大典》自2007年4月27日首演以来好评如潮，先后被评为“国家文化产业示范基地”、“中国创意城市——城市文化名片”“2008中国创意产业先进单位”，并在全国“最美的五大实景演出”评选活动中，获得了网络投票第一名的成绩，成为中国实景演出的扛鼎之作和河南文化旅游“新名片”。

——资料来源：百度百科

案例分析

1.《禅宗少林·音乐大典》是将佛教文化与现代文化旅游业融合发展的一种尝试，你如何看待这个问题？

2. 除了登封少林寺外，中国还有很多以佛教著名的名山，你能说出几个吗？

第一节　佛教的产生

一、佛教的创立

公元前6世纪，在今印度、尼泊尔境内出现了许多由奴隶主统治的小国。在这些小国中，居民被分为四个等级。第一等级是婆罗门（僧侣），他们地位最高，专司祭祀，垄断知识，受人供养，享有精神特权。第二等级是刹帝利（军事贵族），他们有军事行政权力，但受僧侣监视，缴获的战利品应分给僧侣一半。第三等级是吠舍（牧民、手工业者、商人），他们是身份自由的人，但僧侣可以任意夺占他们的财产。第四等级是首陀罗（奴隶、雇用劳动者和某些被雅利安人征服的土著居民），他们地位最低下，受剥削、受压迫。在当时，普遍存在着反对僧侣特权的情绪。在军事贵族和商人中，这种情绪尤其强烈，佛教就是在这种社会气氛中创立起来的。

佛教创始人释迦牟尼的本名是乔达摩·悉达多（约公元前565～前480年）。他是当时迦毗罗卫国（今尼泊尔境内）净饭王的太子，属于第二等级即军事贵族。因不满僧侣的神权统治，29岁时他放弃王族生活，离家修道。他经过6年的苦修，35岁时创立佛教。此后，他一直在恒河流域一带传教。释迦牟尼宣传“众生平等”，反对婆罗门的特权，一定程度上反映了下层人民的利益，所以在群众中得到广泛传播。

二、佛教的基本教义和戒律

佛教思想的核心，是宣扬人生充满痛苦，只有信仰佛教，视世界万物和自我为“空”，才能摆脱痛苦的道路。要解脱痛苦，必须熄灭一切欲望，达到“涅槃”的境界。这样，就须长期修道，办法是：约束身心，即所谓“戒”；要磨炼受苦的耐力，即所谓“定”；要通达事理，不自作聪明，即所谓“慧”。它还主张不论哪一个等级，都可以修道，而且能修成“正果”。佛教这些说教，适应了不同社会阶层的需要，也很容易引起下层贫苦人民的共鸣，得到他们的拥护。佛教理论的具体内容，可以概括为四谛说、八正道、十二因缘说、业力说、无常说与无我说等。

（一）四谛说

四谛就是指佛教的四条真理：苦谛、集谛、灭谛、道谛。

苦谛是现实中的种种痛苦。它主要不是专指感情上的痛苦，而是泛指精神的逼迫性，即逼迫烦扰的意识。佛教认为，一切都是变化无常的。大千世界只不过是痛苦的汇集。由于众生不能自我主宰，为无常患累所扰，所以没有安乐性，只有痛苦性。在佛教看来，人的出生是痛苦（生苦），年老是痛苦（老苦），死亡是痛苦（死苦），和不相爱的人聚合是痛苦（怨憎会苦），和相爱的人分离是痛苦（爱别离苦），欲望不能得到满足是痛苦（求不得苦）。总之，一切身心皆苦，人生在世，处处皆苦。

集谛，讲造成痛苦的原因和根据。集，是集合的意思。佛教认为，产生痛苦的原因，在于“无明”，即心智迷惑。

灭谛，讲佛教最高理想的无痛苦状态。灭，指人生苦难的灭寂、解脱。灭谛就是讲灭尽贪欲，灭除痛苦，不再生起的道理。要脱离人生的苦海，就必须从根本上摆脱生死轮回，进入涅槃境界。“涅者不生，槃者不灭”，寂灭一切烦恼，圆满（具备）一切清静功德，就实现了人生的最高境界。

道谛，讲实现佛教理想境界应遵循的手段和方法。道，指道路、途径、方法。道谛就是引向灭除痛苦、征得涅槃的正道。从方法的角度看，道谛强调培养信徒的坚定的信仰和精勤的态度，对信徒的思想、言论和行为，既有消极的防范，又进行积极的引导。

从内容的角度看，道谛的要义在于道德变革，要求信徒进行自我完善；在于心灵宁静，追求安息的境界。它强调通过个人的努力来实现人生的理想境界。

在苦、集、灭、道四谛中，苦谛是关键，它是佛教人生观的理论基石。正因为佛教把人生设定为一个苦难重重的历程，从而奠定了超脱世俗的立场。佛教倡扬的道德责任和奉献精神，去恶从善，约束自我等，都是由此生发开去的。

（二）八正道

八正道是佛祖为人们指出的脱离苦恼的 8 条正确道路：正见、正思维、正语、正业、正命、正精进、正念、正定。“正见”是指对佛教真理的正确见解，“正思维”是指对佛教真理的正确思维，“正语”是指使用符合佛法的正确言语，“正业”是指正当的行为，“正命”是指按照佛教的要求去正当地生活，“正精进”是指勤修佛法，“正念”是指忆持佛法，“正定”是指心专注于一境。八正道又可以归纳为戒、定、慧三学。三者互相联系，通常被认为是修行佛法的全部内容。

（三）十二因缘说

释迦牟尼认为，一切事物都由因缘和合而成，都生于因果关系。在佛教看来，缘起是指事物的因果关系。“缘”指条件、起因；“起”表示“缘”的一种功用。一切事物都由缘而起，都是在一定条件下存在的。“若见缘起便见法，若见法便见缘起。”人的痛苦、生命和命运，都是自己造因、自己受果。“法”指世界上一切事物，包括物质的和精神的。“此有则彼有，此生则彼生；此无则彼无，此灭则彼灭。”这是缘起思想最概括的表述。

佛教的缘起说，主要以人生问题为中心展开。它认为人生由十二个环节构成，这十二个环节即十二因缘：无明、行、识、名色、六处（六入）、触、受、爱、取、有、生、老死。其中，前两个是指前生的（过去的）；中间八个是指今生的（现在的），而前五个又指现在的果，后三个指现在的因；最后两个是指来生的（将来的）。在人生流转轮回过程中，十二因缘涉及过去、现在、将来三世。其中，现在的果必有过去的因，现在的因必将发生未来的果。因此，十二因缘中，涉及两种因果，可以说是三世两重因果，生命就在这三个世界里不断轮回。

（四）佛教的基本戒律

在传教的过程中，释迦牟尼发现教徒中既有国王和富商，也有乞丐和妓女，人数众多，成员也很复杂。因此，他针对僧众制定了教规：云游乞食、雨季安居、犯过忏悔、不杀生、不偷盗、不淫邪、不妄语、不饮酒。这些规矩成为原始佛教的基本制度与戒律。后世发展为对在家修行人员的“八斋戒”：不杀生、不偷盗、不淫欲、不妄语、不饮酒、不眠坐高广华丽之床、不装扮及观听歌舞、不食非时食（正午过后不吃饭）。

三、佛教的流传与派别

（一）南传佛教和北传佛教

佛教在巽伽王朝（约公元前187~前75年）分化成为南传和北传两大系统，影响十分深远。早在释迦牟尼在世时，佛教内部就出现了分裂。随着释迦牟尼的逝世，僧侣间的意见分歧愈益严重，在释迦牟尼去世一两百年的时候，佛教僧团发生分裂，形成以主张改革的大众（多数）部和主张维护原始佛教教义和戒律的上座（长老）部两派。此后在两大部派之下又分出许多支派。印度孔雀王朝的阿育王（约公元前273~前232年）对佛教采取支持态度，促进了佛教在社会各阶层中的广泛传播，也为佛教走向世界打开了通道。此后佛教不但已遍及印度全境，而且不断向邻国传播，逐渐成为世界性宗教。

（二）小乘佛教与大乘佛教

约在1世纪时，佛教分化成大乘佛教和小乘佛教。所谓“乘”，是“道路”之意，大乘是大道，小乘即小道。大乘思潮作为早期佛教的异端分化出来，经过了相当激烈的斗争。大乘的基本特征是力图参与和干预社会的世俗生活，要求救度众生。

大乘佛教与小乘佛教的区别主要有四个方面：第一，与小乘佛教相比，大乘佛教更具有宗教色彩，它把佛教完全宗教化和神圣化，使佛教更具有精神统治的力量。释迦牟尼最初创立的原始佛教，除了业报论（因果报应、生死轮回）具有宗教色彩外，其他主要的理论宗教化的程度不高，如小乘佛教就不承认有一个宇宙的最高主宰，也没有把释迦牟尼奉为教祖或传教士，而大乘佛教却把释迦牟尼神化为如来佛。第二，在佛教的唯心主义世界观方面，大乘佛教比小乘佛教更彻底。小乘佛教认为，世界是由一些微小元素在一定条件下偶然合成，因而世界上无永恒的东西。而大乘佛教却认为，世界上没有什么微小的物质，离开了所谓的涅槃世界，就是绝对的空，这更有利于诱导人们去追寻虚幻的精神世界。第三，在宗教实践上，大乘佛教比小乘佛教更具有诱惑力。小乘佛教比较注重个人的解脱，大乘佛教则不局限于个人的修行，而主张普度众生。它极力宣扬大慈大悲，把建立西方极乐世界（佛国净土）作为修行的最高目标。第四，在个人修行方式上，大乘佛教比小乘佛教更具有世俗的性质，较易推广。小乘佛教主张出家，过严格的禁欲生活，这就限制了自身的推广与普及。大乘佛教则主张，除出家的僧尼外，还要有大批的居家信仰，他们不必严格禁欲，只要做布施的功德就可以了。大乘佛教的产生，使佛教具有了走向世界的可能性。

（三）密宗

佛教发展到7世纪后，出现衰落的趋势，神秘化密宗的出现就是重要标志。密宗，是大乘佛教一些派别同婆罗门教混合而成，它以高度组织化的咒术、仪礼、民俗信仰为基本特征，着重宣扬口诵真言及咒语（语密）、手结契印（身密）、心观佛尊（意密），三密同时相应，就能即身成佛。密教至迟在三国时就已传入我国，统称“杂密”。杂密的内容与中国传统的道教、方术和民间巫术有许多是相通的，以至在宗教实践上相互影响，很难区别。但中国密宗的正式建立，一般认为当在唐玄宗开元年间。密教的主要特征是与政治结合紧密，这一点被藏传佛教所继承。

（四）藏传佛教

据可靠的历史文献记载，佛教传入之前，西藏盛行一种原始信仰——苯教。苯教的主要活动是祈福禳灾，又与当地政治斗争联系较紧密。松赞干布引进的佛教，主要是印度密教和汉地的大乘佛教。它们以佛教教义为基础，又吸收苯教的一些神祇和意识，形成西藏地方宗教——藏传佛教。13世纪后叶，在元朝统治者的扶植下，上层喇嘛开始掌握政权。15世纪初，宗喀巴创立格鲁教派（俗称黄教），后来成为西藏政教合一的封建农奴制的意识形态和思维基础，对西藏社会具有深远影响。

第二节　佛教在中国的传播与发展

公元前3世纪以后，佛教分两路北传，一路经中亚细亚（即秦汉时代所称“西域”）传入中国内地，以大乘佛教为主；一路传入我国西藏地区，形成藏传佛教。关于佛教何时传入我国，说法不一。比较可靠的时间记载见《魏书·释老志》：“（西汉）哀帝元寿元年（公元前2年），博士弟子秦景宪，受大月氏王使伊存口授浮屠经。”佛教传入中国后，在中国的传播和发展可分为以下三个阶段。

一、初传时期

西汉至南北朝是佛教在中国的初传时期。这个时期，以佛经翻译、解说、介绍为主，翻译的主要是禅经和《般若经》。从汉至三国，佛教发展缓慢，只在上层人士间传播，教派主要有两个：一是由安世高为代表的小乘禅学，注重修炼精神的禅法，比较接近神仙家言；二是由支谶、之谦为代表的大乘般若学，即空宗学说。所谓“般若”，指的是佛教所讲的最高智慧。般若学义理认为，现实世界的认识及对象都是虚幻不实的，只有“般若”，才能超越世俗认识，才能把握诸法（即一切物质现象）的绝对真理。这种般若学说与当时的玄学相结合，形成玄学化的佛教。到了曹魏嘉平二年（250 年），正式确立了佛制，建立了处理僧侣和僧团事务的制度，开始有了正式受戒的沙门。

东晋十六国时期，社会动荡，佛教发展迅速，很快普及到社会各阶层。在这一时期内，佛教逐渐形成了不同学风和不同佛教思想的中心——南区和北区。北区佛教的中心在长安，代表人物是道安（312~385 年）和鸠摩罗什（344~413 年），他们传播的是大乘空宗，用玄学观点解释般若理论。南区的佛教中心在庐山的东林寺和建康的道场寺，代表人物是慧远（334~416 年）和佛陀跋陀罗（359~429 年）。慧远是道安的弟子，他提出协调王权和僧团、名教与佛法的理论，还创造了弥陀净土的佛教思想，宣称只要口念“南无阿弥陀佛”，人死后就能进入西方极乐世界。

南北朝时期，从广译佛经进入到深入地研究佛经，讲经和著述之风甚盛。随着对佛经研究的深入，开始出现中国自己独立的佛教学派，如毗昙学派、成实学派、净土学派、三论学派、楞伽学派等，并在此基础上形成后来的佛教宗派。另外，这一时期，佛教在组织上也得到了巩固和发展，形成了强大的寺院经济。南朝地区拥有寺院 8000 余所，僧尼 18 万余人；北朝地区的僧尼达 200 万人，寺院达 3 万余所。如此庞大的僧尼集团和众多的寺庙，为中国佛教的独立发展提供了思想基础和物质基础。

二、鼎盛期

隋唐时期是佛教在中国发展的鼎盛期。中国佛教经历了南北朝的发展，到隋唐时期已经兴盛发达起来。这种兴盛发达主要从三个方面表现出来：一是寺院林立；二是僧尼众多；三是宗派形成。佛教教义也普遍为当时士人所研究。

隋文帝曾三次下诏，在全国 113 州修建佛塔。在他在位的 20 余年里，共修建佛寺 3792 所，新造佛像 1.658 万尊，受度的僧尼多达 50 万人，并写经 3 万余卷。隋炀帝也笃信佛教，他在位的十余年间，佛教的发展比南北朝时又进了一大步。

唐朝统治者更是竭力地扶持佛教，唐太宗曾自称“皇帝菩萨戒弟子”，两次下诏普度僧尼。武则天在争夺帝位的过程中，曾利用佛教的《华严经》，预言她是一个应该做皇帝的女菩萨。所以，在她统治期间，全国各地兴建了大量的寺院。佛教的势力和影响在唐朝达到顶峰，唐武宗时，全国大中型寺院近5000所，小寺庙4万所，僧尼近30万人，拥有寺院奴隶15万人。寺院经济迅速膨胀，竟达到“十分天下之财，而佛有七八”的程度。与此相适应，僧侣的社会政治地位也得到提高。唐朝和尚被封官的就有30余人，其中官职最高的有司徒、司空、国公等。由于僧侣凭借其政治势力巧取豪夺，因而其经济势力也越来越大，以致唐武宗不得不采取灭佛行动。

佛教发展到南北朝已经产生了各个学派，但这些学派只是阐述各自对佛教学说的理解和修行方法。到隋唐时期，不同的学派才在组织上发展成为宗派。宗派的正式形成，是佛教兴盛发达的一个重要标志。这些宗派主要有天台宗、三论宗、法相宗、华严宗、净土宗、禅宗、律宗、密宗等。其中，天台宗、华严宗、净土宗与禅宗，在历史上影响最大。

三、衰落期

从宋代开始，中国封建社会逐渐走下坡路，佛教也随之走向衰落。由宋至清，理学在思想领域占据统治地位，封建统治者突出强调儒家的“三纲五常”，虽然也不放弃道教和佛教，但与唐朝的大力扶持有所不同，采取利用与限制相结合的政策，即政治方面利用，经济方面限制。

由于唐朝无限制地扶持佛教，结果不仅直接威胁到世俗地主的经济利益，而且减少了国家的国库收入。再者，大量的劳动力出家当僧人，势必减少国家劳役和兵役的人力资源，直接威胁到封建王朝的统治秩序。因此，唐以后的封建统治者在限制佛教方面，建立了严格的管理制度：①不准随意私建寺院；②不准私下剃度僧尼；③实行度牒（合法出家者的证明书）考试制度；④限制寺院经济的发展；等等。这些有限制地保护佛教的政策，对佛教的膨胀起到了抑制作用。

统治者在经济上对佛教加以限制的同时，在政治上又加以利用。宋以后，思想文化界出现了儒、释、道合流的趋势。统治者也主动利用这种趋势为其统治服务。宋朝著名宰相李刚在《三教论》中极力主张“三教归一”；元初中书令耶律楚材在《寄万老丛书》中大力主张“以儒治国，以佛治心”；清雍正皇帝也说：“佛以治心，道以治身，儒以治世。”宋明理学就是这种三教合流的产物，它吸收了佛教的根本观点，摒弃了佛教与儒家伦理相抵触的因素，成为维护封建统治的一种更为精致的理论工具。这样，在思想领域，佛教也只能处于次要的、从属的地位而日益衰落了。

第三节　中国化的佛教——禅宗

一、禅宗产生的背景

南北朝以来，寺院经济日益发展，佛教成为影响社会生活的重要力量。隋唐统治者奉行佛、需、道三教并举的方针，对佛教势力采取依靠、联合、利用的政策。佛教徒的上层人士，往往参加统治集团的政治斗争，被皇帝封官赐爵，使其成为身披袈裟为官僚显贵。他们追名逐利，奢侈腐化，在社会上逐渐失去了公信力。而寺院经济的发展，一度使僧侣地主阶层和世俗地主阶层在土地、劳力、国赋、兵役等方面产生了严重的利害冲突，危及地主阶级的国家利益，从而使得地主阶级不得不利用国家政权的力量，对其进行打击，以缓和社会矛盾。历史上著名的“三武之难”（指北魏太武帝、北周武帝、唐武宗的毁灭佛法事件），便是这种矛盾斗争的集中反映。其中唐武宗会昌灭佛（841～846年），就致使26万僧尼还俗，15万寺院奴婢获得自由，没收良田几十万顷，废毁寺院成千上万，给了佛教惨重打击。从佛教自身来看，由于各个宗派的理论日趋烦琐，经卷浩繁（武则天时代，已刊定众经目录3616部、4841卷），使广大群众日益厌烦，兴趣锐减。在佛教发展面临深刻危机的背景下，禅宗以革新的面目应运而生。

二、禅宗的产生

禅宗以菩提达摩为中国始祖，故又称达摩宗；也因自称得佛心印，又称为佛心宗。以禅定作为佛教全部修习而得名，以参究、禅定为方法，以彻见本有佛性为宗旨。

相传中国禅为菩提达摩（南朝宋末人）创立。达摩于北魏末年在洛阳（今河南洛阳市）弘扬佛法，后来来到嵩山（今河南登封市）少林寺，面壁九年修持佛法，修习禅定，以《楞伽经》授徒。后世以达摩为中国禅宗初祖，以嵩山少林寺为禅宗祖庭，嵩山少林寺并有“天下第一名刹”之称。禅宗五祖是指达摩祖师、二祖慧可、三祖僧璨，四祖道信、五祖弘忍。

从理论渊源来看，禅宗是对南朝道生的“涅槃佛性”学说的进一步发挥。禅宗思想源于唐初的弘忍（601～674年）。弘忍的弟子神秀和惠能，前者称为“北宗”，主张“渐悟”；后者称为“南宗”，主张“顿悟”。后来惠能的南宗取代了北宗，成为中国禅宗的主流。

禅宗得到了寒门庶族的中小地主阶层的支持。禅宗破除了以前佛教各派的烦琐教条，宣扬“即心即佛”“见性成佛”“言下顿悟”，投合了庶族地主的口味。禅宗主张不读经不礼佛、不坐禅，采用“直指人心”的通俗说教来宣扬佛教的基本精神，得到了广大群众的支持，为中国化的佛教开拓了新的领域。

禅宗对佛教理论的革新，实质上是把中国传统哲学中诸如孟子、庄周等思想融入佛教，把宗教进一步精练化、哲学化、世俗化；摆脱烦琐的修炼过程和经论词句的解释，由思辨推理转入神秘直觉，用“顿悟成佛”的天国廉价门票，来增强佛法的吸引力。

三、禅宗要义

禅宗是中国佛教中流传最长、影响最大的宗派，是不同于世界上任何宗派的、典型的中国佛教。“禅”是梵语“禅那”的简称，意译为“静虑”“禅定”，以思悟佛教“真理”、静息一切欲念为修养方法，禅宗强调“直指人心”“见性成佛”，故又称佛心宗。其要义和思想的要点如下。

（一）见性成佛与凡夫即佛

禅宗宣扬，现实世界的一切，都依存于心。禅宗六祖慧能宣称：“心生，种种法生；心灭，种种法灭。”“心量广大，犹如虚空……能含万物色象，日月星宿，山河大地……自性能含万法是大，万法在诸人性中。”“诸法在自性中……于自性中万法现”（《坛经》）。这是把人心看作是万物产生的根源。禅宗的这种规定，是为了强调佛性在人性中，只要能认识自我意识这个本体，就是认识了佛性，也就是实现了成佛。禅宗这种见性成佛的理论，不仅强调了成佛与否在于自我心性的认识，在于主体意识的发挥，而且论证了现实生活与成佛境界的一致，客观上设定了人人皆可成佛的现实的可能性。因此，与见性成佛相辅为用，禅宗提出了“凡夫即佛”的命题。

禅宗以前的各佛教宗派，为了抬高佛性的尊严，往往把佛说成是在遥远的“西方极乐世界”，在彼岸；把修行成佛的道路和方法，弄得十分烦琐，使人们对天国门票的兑现缺乏现实感。禅宗把佛性由遥远的彼岸转移到现实的、此岸的“凡夫”心中，打破了天国与人世的界限。只要你能认识自我本性，就可以成佛。

（二）顿悟与直觉

以慧能为代表的禅宗，反对坐禅念佛，不要累世修行，而是“直指本心”，主张

“顿悟成佛”。所谓顿悟，指无须长期修行，而凭自己的智慧，一旦把握佛教“真理”，即可突然觉悟。禅宗这种顿悟的修行方法，是一种简便快捷的方法，也是无须破费即可成佛的“经济”方法，因而受到下层群众的欢迎。

从思维方式的角度考察，禅宗的顿悟成佛方法，是有神秘色彩的直觉认识方法。它不需用概念、判断、推理的逻辑思维，不用对外界事物进行解析，也不需要经验的长期积累，而是凭着感性直观，凭着“见性成佛”观念的引导，靠瞬间的意念，来把握认识对象，实现意境的升华。这种方法的缺点是不能条理清晰地界定对象，从而用理性去把握。但是，对于从整体上意会事物，对于领略某种特定的精神境界，这种顿悟式的直觉认识方法，还是有一定意义的。

（三）“无念为宗”

既然人人都具有佛性，只要一转念即可成佛，那么为何人人不能随时成佛呢？慧能解释说，人的本性是清净的，万法都在自己心中。自性是经常清净的，如同日月常明。但由于有妄念浮云遮盖，使清净的佛性不能显示出来，好像清澈的天空，光辉皎洁的日月被浮云遮盖住了。因此，禅宗强调，人人皆有佛性仅仅是具备了成佛的可能性。要想这种可能性变为现实，还要下一番功夫，把妄念的浮云吹散。

那么，怎样把妄念的浮云吹散，使清净的佛性显现出来呢？慧能认为这并不难。只要“无念”就可以了。就是说，在与外界的接触中，不受外界影响，尝到美味，不觉得爽口；看到美色，不感觉悦目。达到这种境界，就是“无念”。禅宗鼓吹“无念为宗”说，反对人们认识外界，要人们放弃改造外界活动，尤其反对人们在认识外界的活动中，改造自己的认识，使主、客观统一起来。从社会作用来看，它要求人们安于现状，去除物欲，这是为当时已趋于腐朽的唐王朝的统治服务的。

第四节　中国的佛教信仰

一、佛教诸神

佛教所宣扬的神可以分为两类：一类是原来古印度神话中的“神”，如四大天王、韦驮、天女（如敦煌壁画中的“飞天”）等；另一类是佛教徒自己想象创造出来的，这一类的“神”大致又可分为三等。

第一等是“佛”，也称“佛陀”或“如来”。佛是大乘佛教修行的最高果位，因此被奉为最高境界的“神”。小乘佛教讲的“佛”，一般是用作对释迦牟尼的尊称；大乘佛教除指释迦牟尼外，还泛指一切修行而成的“佛”，他们宣称三世十方处处有佛。“佛”有“觉者”之意，同时“觉”又有“三义”，凡是做到三义圆满的都能成佛。这三义是：自觉（自身觉悟）、觉他（使众生觉悟）、觉行（把自觉体现在行为上）。因此，对于大乘佛教来说，佛是很多的，如过去的有七佛、燃灯佛，未来的有弥勒佛，东方有药师佛，西方有弥陀佛等。从佛身说，有法身佛（能显法成身之佛）、报身佛（经过修习而获得佛果之身的佛）、应身佛（超度世间众生之佛）。

第二等是“菩萨”，也称“大士”，是超脱生死的神，但还未成佛。其所以还未成佛，是因为菩萨只做到三义中的前两义（自觉和觉他），最后一义的觉行还未圆满，只能低于佛而称为“菩萨”。所以，在寺庙中，菩萨一般位于佛的左右两旁。

第三等是“阿罗汉”，简称“罗汉”，也叫作“尊者”，是所谓“永生不灭”的神。罗汉是小乘佛教修行的最高果位（果位是指在修佛时能够达到的境界），认为只要做到修学的三义，就能成为罗汉。这修学三义：一是“杀贼”，即杀尽一切烦恼之贼；二是“应供”，即应受天人的供养，而不受俗人的供养；三是“不死”，即永远进入涅槃，而不再有生死轮回之苦。

二、菩萨信仰

菩萨又称“大士”，意为“觉有情”。菩萨在佛教中的地位仅次于佛。由于佛的地位异常崇高，人们难以接近，只能向往，而菩萨则以普度众生登彼岸为目的，因而使信徒感到亲切，菩萨的单独信仰由此形成。中国著名的菩萨有弥勒（未来佛）、文殊、普贤、观世音、大势至、地藏等几位。文殊和普贤是释迦牟尼的左右胁侍，与释迦牟尼合称“华严三圣”。观音和大势至是接引众生往生西方极乐世界的阿弥陀佛的左右胁侍，与阿弥陀佛合称“西方三圣”。大势至菩萨在中国几乎没有单独供奉的，而观音、文殊、普贤则随缘应化，自立道场，成为中国化的著名菩萨，并称为“三大士”。他们和地藏菩萨一起在中国佛教信徒的附会下东来定居，形成了中国佛教的四大菩萨。

1. 文殊菩萨

文殊全名音译为“文殊师利”。据说他在诸多菩萨中智慧、辩才第一，其典型形象是：顶结五髻，手持宝剑，坐莲花宝座，骑狮子，是智慧、善辩、威猛的象征。隋唐时山西五台山清凉寺是文殊菩萨的主要道场。

2. 普贤菩萨

普贤，音译为“三曼多跋陀洛”，在佛教中代表“德行”，有“大行普贤”的尊称，白象是他愿行广大、功德圆满的象征，故普贤菩萨骑六牙白象。四川峨眉山自东晋以来建普贤寺（今万年寺），是普贤菩萨的主要道场。

3. 观音菩萨

观世音又译为“光世音”“观自在”，“观音”是唐代为避唐太宗李世民讳而减去“世”字。传说观音是大慈大悲的菩萨，能现33化身，救12种大难。遇难众生只要念诵他的名号，“菩萨即时观其音声”，前往拯救解脱，不分贵贱贤愚，因此尊为“大慈大悲救苦救难观世音菩萨”。隋唐时，观音已获得社会上的普遍信仰。浙江普陀山是观音显灵说法的道场。据传，观音生日为夏历二月十九日，得道日为六月十九日，涅槃在九月十九日。每比三月，日本、韩国和东南亚各国的善男信女不远千里前来朝拜，普陀山因此成为中国最大的观音道场。

4. 地藏菩萨

传说地藏受佛陀嘱咐在佛祖入灭至弥勒降世这一过渡时期内度世，于是他立下大誓愿：度尽六道轮回之众生才成佛，所以有“大愿地藏”的美名。地藏原身是新罗国王子金乔觉，法号地藏比丘，唐高宗时期来华，数年后到安徽九华山苦修。传说地方绅士诸葛节决定为之修寺庙，向九华山主闵公请地，闵公问地藏要多少地，地藏答：“一袈裟所能覆盖之地足矣。”闵公允之，不料整个九华山尽为无限扩张的袈裟所覆盖，闵公遂率其子随地藏出家。唐开元二十六年（738年）七月三十日，地藏召众告别，念罢偈语，坐化去世，而肉身不坏，以全身入塔。后世每年此日举办地藏法会。

第五节　佛教对中国历史文化的影响

佛教虽然是外来宗教，但在长期的传播和发展过程中对中国文化产生了深远的影响。在中国传播过程中，佛教为了适应本地人民群众的精神需求和文化需求而进行了较大的发展与改变，成为中国化的佛教，最后融合在中国文化的大环境中，成为中国文化不可分割的一个重要组成部分。具体来说，佛教对中国文化的影响，表现在以下几个方面。

一、丰富了中国宗教文化

佛教在传播和发展过程中，为中国带来了不同种类和风格的宗教信仰，百姓们从佛教祈福禳灾或希求来世幸福的立场来信佛，有利于社会的稳定和阶级矛盾的弱化，更利于统治阶级的统治和社会的和谐。佛教宣扬的“神不灭”“佛性说”“修道成佛”等教义在一定程度上安慰和疏导了中国百姓的心理状态，因此，佛教与道教一起共同成为中国老百姓的宗教信仰。

二、丰富了中国的哲学思想

佛教对世界的认知方法和处世态度，对世界本体的认识，为人们开阔了从另一种角度认知世界的眼界，丰富和补充了中国哲学思想体系。佛教与中国国情相融合的过程，更是与中国本土哲学思想取长补短的过程。特别是一些宋明理学家促成了儒学与佛学的融合。理学的“理”在很大程度上就是佛教禅宗思想影响下的产物。

三、佛教的人文精神与教化作用

佛教的宽容胸襟和强调众生平衡、严于律己、宽以待人、乐善好施、自利利他、长于思辨等特点，以及注重人生修养的要求都为人们人格完善指明了方向。佛教启迪人们抛弃一切外在的追逐，感悟生命的本性、本真，从而觉悟成佛，是让人们寻找心灵的乐园，启发内在的自觉，培养一种伟大的人格，成菩萨、成佛，再去普度众生。这与儒学的成圣成贤，道家的成至人、成真人一样，也是一种道德人格的取向，是一种宝贵的思想资源。因此，佛教文化对于发展汉民族的宽容、善良、缜密、稳重、宁静和注重人生修养的性格心理特点起了促进作用。

佛教某些宗派还强调主观能动意识、自立拯救思想，为近代一些改良派和革新派用于激励意志、磨砺个性起到一定的作用。佛教的“禅”文化创造性地为汉民族文化在审美观念、处世哲学等各个方面开拓个性，使之在世界民族文化的长廊中熠熠生辉。

四、佛教对汉语言的影响

隋唐时期，汉语词汇量猛增，这是大量翻译佛教经典的直接结果，这一期间翻译佛经新创词汇与成语竟高达数万个。同时，在翻译佛经时，还引导人们认识汉语语音本身的特点，促进了汉语音韵学的发展。我们日常流行的许多用语，如世界、实际、平等、现在、刹那、清规戒律、一尘不染、三生有幸、一针见血、天花乱坠、相对、绝对等都来自佛教语汇。它们大大地丰富了汉语的词汇，成为汉语言不可分割的一部分。还有，佛经用梵文写作，梵文是拼音文字，发音变化高低，要求严格。我国古代音韵学，对生字的注音只靠直字注音法。南朝齐武帝永明年间（483~493 年），周颙在翻译佛经时受到启发，发现汉字的四声，与当时的一批文豪沈约等总结出诗歌创作的“四声八病”说，使中国诗歌创作的音律应用开始自觉地称“永明体”。同时出现了像谢朓等一批作诗暗合后来唐诗格律的作家。唐代名僧守温参照梵文，仔细分析汉语的音素，创造30个字母，为宋人36个字母的蓝本，汉语音韵学从此发展起来。

音韵学的建立，中国古代的诗歌也随之走向繁荣，这主要表现在讲究格律的唐诗、宋词与元曲的出现。与以往的《诗经》《离骚》、汉赋和骈文相比，唐诗、宋词、元曲更加讲究音乐美和节奏感。特别是诗词的格律特别讲究押韵、平仄，音调的起伏与和谐成为诗词的主要特色，以至不懂音韵的不能吟诗填词。例如，宋朝的诗词大家柳永、苏轼、辛弃疾、周邦彦等精通音韵学，又是音乐大家。

五、佛教对建筑、雕塑、绘画的影响

随着佛教的广泛传播，寺院的修建，寺塔、石窟等建筑也大量出现，促使我国古代建筑技术进入一个新的发展阶段。如西安的大、小雁塔，建于唐代的五台山南禅寺大殿和佛光寺东大殿，是中国现存较古老的木结构建筑群。

佛教的发展期间建有很多的石窟，南北朝时期开始出现的石窟艺术，到隋唐及以后一直延续下来。较著名的如龙门石窟和敦煌石窟。龙门石窟从北魏开凿至唐代，现有石窟1300多个；敦煌石窟现存有486窟，其中2/3以上的是隋唐时期开凿的。佛教文化中，各种雕塑艺术在中国古代艺术中光彩夺目，其中以石雕和泥塑佛像最为生动。各地寺庙中都有为数众多的雕塑，这些佛像雕塑造型优美，面目端庄逼真，比例得体，细节刻画生动传神。如洛阳龙门奉先寺的卢舍那佛像高17米多，头部高4米，气势宏伟，形象生动。四川乐山大佛是当今世界上最大的坐佛。坐佛就势整个山岩凿成，面容安详，双手扶膝，赤脚端坐，背依山崖。佛体各部比例匀称，线条流畅。为了避免表层受风雨的侵蚀，像体上巧妙地凿有排水系统。据传，该佛像从唐开元初年开工到最后完成，前后经历了90年。河北承德普宁寺大乘阁中建于1775年的木雕观音像，高22.28米，腰围15米，重110吨，每只手张开可供一个人在上面坐卧。这尊像有42只各执法器的手，45只眼睛炯炯有神，面目清秀，体态匀称，人称“千手千眼佛”。西藏日喀则扎什伦布寺高22.4米的未来佛铜像，是世界上现存最大的一尊镏金铜佛像。据载，当年铸像时耗用紫铜11.5万公斤，黄金279公斤，珍珠300余粒，珊瑚、琥珀、松耳石等各种珍贵宝石1400颗。

佛教绘画是佛教引发信仰热忱、扩大宣传影响的一种手段。佛画可以形象地传播佛教教义，也可以供佛教徒礼拜敬奉，还可以作为寺院店堂装饰之用。佛画的内容很丰富和广大，如在《净土图》中，把极乐世界装饰得非常美丽，展现出种种美景，令人向往。佛画中还点缀着许多人间社会生活小景，明朗乐观而富有情趣，颇受信众的欢迎。佛教绘画不仅在形象上创造了许多典范的作品，新创了别开生面的形式，而且丰富了绘画题材，在中国美术史上占有非常重要的地位。例如敦煌壁画，现在已成为世界绘画精品，真实而精美地反映了隋唐时期的社会风貌。

六、佛教对中国文学的影响

佛教十分重视通过文学艺术手段来表现其教义和存在的活力，宣传佛教思想体系。僧人诗歌创作始于东晋，在《全唐诗》中收录 115 位诗僧的 2800 余首作品。这些诗歌创作在佛教与文人雅士之间架起了一座桥梁，扩大了佛教的影响。

在中国古代小说中，也随处可以见到佛教思想对人物形象的影响，信男善女修行有好报的大结局是中国文学作品偏爱的一种结束方式。

七、消极影响

佛教文化是以信徒顶礼膜拜为一般形式的宗教文化。它所夹带的虔信、宿命、保守和惰性等因素是背离文化进步的。这使它对汉民族性格心理的影响在总的基调上强化了内向、封闭的一面，并且随着整个封建文化的保守封闭而走向极端。这种消极面对于民族精神、民族性格、民族心理的侵蚀也就越加严重。但由于社会层次结构不同，各阶层在接受心理上存在着差异。一般知识分子及士大夫阶层注重从佛文化中吸取哲理成分，以陶冶性情，寻求精神的慰藉和解脱；普通老百姓则主要是从祈福禳灾、祈求来世幸福等实用立场看待佛教，相对来说接受佛教文化中虔信的成分多于前者。

复习与思考

一、名词解释

种姓制度　四谛　大乘佛教　三武之难

二、简答题

1. 佛教是怎么创立的？佛教的基本教义有哪些？
2. 中国佛教的菩萨信仰主要指的是什么？
3. 佛教在中国的传播经历了怎样的过程？对中国文化产生了怎样的影响？

三、 选择题

1. 佛教是世界三大宗教之一，公元前6世纪兴起于（　　）。

A. 古印度　　B. 耶路撒冷　　C. 两河流域　　D. 古希腊

2. 大乘佛教和小乘佛教中的“乘”的意思是（　　）。

A. 佛　　B. 机会　　C. 禅定　　D. 道路

3. 佛教在中国传播与发展的鼎盛期是（　　）。

A. 两汉　　B. 魏晋　　C. 隋唐　　D. 明清

四、 思考题

1. 禅宗是在什么样的情况下形成的？
2. 禅宗要义主要包括哪些内容？
3. 禅宗在佛教发展史上有怎样的地位和作用？

推荐阅读

1. 中国社会科学院世界宗教研究所等编．中国五大宗教知识读本［M］．北京：社会科学文献出版社，2007.
2. 杜继文．佛教史［M］．南京：江苏人民出版社，2008.

第七章 中国历史文化的倒影（二）——宗教文化之道教

本章导读

道教是中国土生土长的宗教，道教文化是中国传统文化的重要组成部分。道教官观和名山遍布各地，成为现代旅游业发展的重要资源。本章内容主要包括道教的产生和发展，道教的信仰和方术，以及道教文化对中国社会的影响等。

学习目标

知识目标

1. 了解和掌握道教的产生、创立者以及道教的发展阶段等基础知识。
2. 了解道教的信仰和方术等道教文化基本知识。
3. 了解道教对中国社会的影响。

能力目标

1. 通过对道教文化的了解，提升用辩证的观点理解宗教文化的能力。
2. 通过对道教信仰和方术等道教文化知识的学习，提高学生将所学知识运用到旅游管理专业实践的能力。

课程思政目标

1. 通过学习和了解道教基本知识，以及和道教有关的文化内容，提高学生的中国传统思想文化素养。
2. 坚持取之精华、弃之糟粕的历史唯物主义观点，使学生在学习中感悟有价值的文化内容，在提升学生的旅游管理专业基础素养的同时，坚定学生的文化自信。

案 例

李一事件

2010 年 12 月，凤凰网资讯推出专栏：《“神仙” 李一现形记》，报道指出：重庆缙云山绍龙观住持李一，被宣传成养生专家、学问大师，后被曝光其履历和“神通”多有虚假，多年不执行法院赔付判决，并有人实名举报其涉嫌强奸。随后，李一辞去道教协会副会长、重庆政协委员等职务，宣布闭关。该网站还有《李一“隐退”生活：曾遭围殴，道观收入大减》《评：中国式造神闹剧为何总是“大热必死”》等后续报道文章。其实，当时不仅凤凰网，还有很多媒体连篇累牍地报道了这一丑闻，甚至还有许多文化名人卷入其中。

——资料来源：凤凰网等

案例分析

1. 上述案例实际上是各地过度利用道教文化发展旅游业，推动当地经济发展乱象的一个缩影，你如何看待这件事？

2. 在学习中国历史文化尤其是宗教文化时，你认为应该采取怎样的态度？

第一节　道教的形成和发展

道教产生于华夏民族并在中华大地广为流传，是我国土生土长的民族宗教。它从形成至今，已有近两千年的历史。在我国整个封建时代，道教对经济、政治、科学、哲学、文学、艺术都产生过深刻的影响，成为我国传统文化的重要组成部分，直到现在，它还在民间广为流行。

一、道教的思想渊源

作为中国土生土长的中国宗教，道教的思想深深植根于中国传统文化之中，其思想是多源的，我国原始宗教和传统文化为道教的产生、发展提供了丰富的思想资料。道教的思想来源主要有以下几个方面。

（一）古代宗教和神仙传说

中国古代盛行自然崇拜和鬼神崇拜，它们是道教滋生的温床。对于民间信仰中的神灵，道教不论在其形成的早期和后来的发展过程中，都不间断地对它们进行吸收和改造。神仙崇拜是道教信仰的核心。关于神仙传说大体从战国开始在燕齐、荆楚一带盛行。神仙或称神人、至人，也称真人、圣人，“不食五谷，吸风饮露，乘云气，御飞龙，而游乎四海之外”。要实现个体永生，也一定要有相当办法，于是“不死之方”出现，方士方术也由此而兴。由于长生成仙说是整个道教的核心教义，所以它与道教的诞生有着最密切的关系。

（二）先秦老庄哲学和秦汉道家学说

老庄与秦汉道家都是学术派别，不是宗教。但是道教在理论上却紧紧依托于道家，其原因是道家崇尚的“道”，是一种超出具体形象的支配宇宙万物的最高法则，有神秘化倾向，很容易演化成具有无限威力的至上神的代名词。道家宣扬清净无为，超脱尘世，道教即在此基础上再行演绎，形成出世的宗教人生观。在道家看来，宇宙、万物、阴阳都是由“道”演化而来。这就为道教将“道”神秘化提供了理论根据。同时，老子所讲的“长生久视”“谷神不死”，“陆行不遇兕虎，入军不被甲兵”，与庄子所说的“至人”“真人”和他们“不食五谷，吸风饮露”，能够“入火不热”“入水不濡”“御风而行”和“独与天地精神往来”，也为道教所吸收，并从宗教的角度加以渲染、发挥和发展，成为他们梦寐以求的目标、在世长生的宗教人生观。

汉初流行的黄老学派仍属道家，它所注重的往往是君人南面之术，成为一种治国经世的工具，其要点在于“无为自化，清净自正”。到东汉后期，黄老道家之学为之一变，其中一支走向祭祀求神而与神仙家结合。东汉桓帝祭祀老子，欲“存神养性，意在凌云”，可见黄老道家之变化。此时，不仅出现了黄老崇拜，而且出现神仙与道家融合的理论著作。道家思想是道教直接吸收的思想养料，这使以后的道教和道家紧紧结合在一起。

（三）儒家与阴阳五行思想

儒家思想到东汉末年出现衰落形势，但它思想中的某些部分却为道教所吸收利用。虽然从表面来看，儒家和道教是不相容的，很多儒教名臣视道教为旁门左道。但在讲究实用性上，它们又是一致的。儒家讲究经世济民，道教讲究祛病延年，一个是养性，一个修身；一个在庙堂之上，一个在江湖之远，形成一种互补关系。并且在组织原则上，道教和儒家又有着惊人的相似之处，它们都是按照宗法原则建立组织机构的。这样，在道教的经典中，包含着不少儒家名教成分，早期道教神学都把维护礼教作为头等教诫。例如，《太平经》所强调的修道教原则的首要一条，就是要忠君、敬师、事亲；东晋葛洪指出“求仙要以忠孝和顺仁信为本”的思想；北魏道士寇谦之建立的新天师道革以礼作为规范。道教中“天地人合一致太平”的思想，就表现出儒家那种强烈的关心现实政治的倾向。战国以邹衍为代表的阴阳五行学说在秦汉之际广泛传播，为道家、儒家和方士们共同吸收。阴阳五行学说是道教内外丹学的重要理论根据。

从以上可以看出，道教思想来源虽多，但主要还是以儒、道两家为主，这一宗教派别体现出儒、道互补的特征。

二、道教的形成和发展

道教的形成和发展至今已有1800多年，这一过程可以分为以下几个时期。

（一）形成期

东汉至六朝是道教的形成期。东汉顺帝时，张陵在西蜀鹤鸣山创立五斗米道，这是道教最早的组织。五斗米道奉老子为教主，以《老子》为主要经典。东汉灵帝时，张角在河北创立的太平道是早期道教的另一重要派别。太平道以《太平清领书》为主要经典。二者同属于符箓派道教，都以劳动民众为主要传道对象，以治病消灾为布道的主要手段，用“劝善”和“救穷周急”的思想教化道民，因而深受下层人民的欢迎，进而与广大农民反剥削、反压迫的政治斗争相结合。

道教在民间传播的同时，也开始向上层社会发展。为迎合统治者长生成仙的愿望，魏晋以来，神仙道教日益兴盛。养气服药、修炼成仙成为一种时代风尚，道士成为一种谋生的职业并受到世人尊重。北魏太平真君年间，嵩山道士寇谦之对尚存的五斗米道进行“清整”，吸收了儒家的礼仪规诫，重视斋醮仪式，使五斗米道成为统治者维护其统治的精神工具。经寇谦之改革的五斗米道，被称为“新天师道”或“北天师道”。稍后，南朝刘宋道士陆修静也对道教进行了总结与改革，他广集道书，将道教经书分为三类，即洞真、洞玄、洞神三部。洞真部以《上清经》为中心，洞玄部以《灵宝经》为中心，洞神部以《三皇文》为中心，从而使众多的道教经书系统化，开始了道书的三洞分类法，奠定了后世纂修《道藏》的基础。此外，南朝齐梁道士陶弘景吸收儒、佛两家思想，充实道教内容，构造出道教神仙谱系，并开创了对后世道教发展有深远影响的茅山宗。

总之，道教在南北朝时期，经过门阀世族的改造，已经有了较为完备的教义理论和经典文献，建立完善了自身的科戒仪式和相对统一的教会组织，丰富发展了修炼方术，形成了独特的神仙信仰体系，并扩大了在统治阶层和普通民众中的影响，完成了从民间宗教向完备成熟的官方正统宗教的演变过程。

（二）兴盛发达期

隋唐至北宋为道教的兴盛发达期。这一时期道教的兴盛，主要表现在创立了相当系统化的道教哲学体系，在组织上存在全国性的管理体制和道官系统。唐代的统治者为了抬高自己的出身门第，自称是老子后裔，奉行崇拜道家的政策，与道家有密切联系的道教也就有了新的发展。到宋代，宋朝皇帝也与道教联宗。宋真宗宣称其祖赵玄朗为道教尊神，加封老子为太上老君混元上德皇帝。宋徽宗更是自称教主道君皇帝，又于太学中设置《道德经》《庄子》《列子》博士，并亲自为多种道教书作注。唐宋统治者这一系列的崇道措施，大大促进了道教的兴盛发展。这时道士的人数大增，道教的宫观规模日益壮观，神仙系统越来越庞大，经书数量也不断增多，而且已编纂成《道藏》，正式刊行。研究道经的著名道士和道教学者，也相继涌现。

唐及五代道教义理的发展，主要表现在三个方面：第一，用神仙信仰来阐发老庄思想及援佛入道；第二，着重阐发修持之道在于“立静”“坐忘”；第三，纳儒入道，将孔孟之道融入老君之道，又将斋醮仪式规范化。隋唐五代道教兴盛还表现在两个方面，一是钟吕丹道崛起，建立了道教内丹的系统理论与方法，对宋元内丹学产生了深远的影响；二是出现了第一部《道藏》，由于道教经书日益增多，唐玄宗时仿《佛藏》纂修《道藏》，我国第一部《道藏》便产生于开元年间，名为《开元道藏》。

（三）改革转折期

南宋金元是道教的改革转折时期。南宋偏安，形成与金元南北对峙的局面，民族矛盾异常尖锐，道教内部宗派纷起，教团林立。在南方，除旧有的龙虎山天师、茅山上清、阁皂山灵宝等三山符箓派仍然受到南宋统治者尊崇外，自称得到异传而先后另立宗派者也很多，如神霄派、清微派、天心正法派、东华派、净明派等。经过一番分化组合，最终形成全真道和正一道两大主要派系。

全真道亦称“全真教”“全真派”，创始人为金代道士王重阳。他著有《立教十五论》，其教旨与以往道教的差别主要在于：①主张儒、释、道三教一家，认为三教同源，可以修证；②吸收佛教，特别是大乘佛教的义理，视酒色财气为修行的大敌，禁止杀生偷盗；③排斥道教传统的符箓、咒术以及以金丹为主的养生术，主张清修苦练。王重阳与东华帝君、钟离权、吕洞宾、刘海蟾并称为“五祖”；他还有七位嫡传弟子，即所谓全真七子：马从义、谭处端、刘处玄、丘处机、王处一、郝大通、孙不二，合称“五祖七真”。王重阳去世后五十余年，丘处机被元太祖成吉思汗召见，赐号“神仙”，爵“大宗师”，令其掌管天下道教。全真教因此广泛传播，盛极一时。

天师道为了与全真道相抗衡，遂与上清、灵宝、净明等符箓派合流。元成宗大德八年（1304 年），第三十八代天师张与材被授为“正一教主”，总领三山（龙虎山、阁皂山、茅山）符箓，符箓各派遂统一为“正一派”。因此，正一道实际上成了符箓各派的总称。据载，元仁宗曾两次下诏，令张天师掌管江南道教教法，正一道成了江南道教盟主。正一派道教讲究斋醮祈禳、符咒印剑，以画符念咒、驱鬼降妖、祈福禳灾作为主要传教方式。与全真道不同，正一派道士可以娶妻生子，不必出家。正一道利用下层人民的迷信心理，实施鬼神惩戒，在民间很有影响。

（四）走向衰落期

明清时期，道教开始走向衰落。明朝开国后，明太祖朱元璋要正礼仪，以完成其君主独尊的政治体制，于是对道教采取利用与约束并用的政策，即笼络其头面人物，而控制其势力的发展。他一再下诏，清整教团，减少道观，限制出家，并立道录司以约束天下道士，道教发展势头渐趋衰微。后虽有明世宗崇尚道教，但短暂的一瞬，终不能挽救道教的颓势。值得一提的是明成祖时，张三丰在湖北武当山创立的武当道派一度兴盛，可谓道教历史上的回光返照。武当道派有如下特征：①崇祀真武大帝，以真武大帝为武当道的祖师；②注重内丹修炼，习武当内家拳技；③主张儒、释、道三教合一。此外，道教在丹道方面还出现了东派、西派，然而其内容大多荒唐，影响也不大。

清代统治者重视佛教，对道教采取了抑制政策，道教更加衰落。乾隆时，曾一度禁止正一真人差遣法员传度，限制天师率领本山道众。道光时，停止天师入觐，取消“正一真人”号。至此，道教与朝廷的关系基本结束。道教在上层地位一蹶不振，但民间通俗形式的道教仍很活跃，出现了一些如八卦教、义和拳等变相道教的民间秘密组织。道教在下层人民中还有广泛的影响，天师仍在各地设醮驱害，然而势力已大不如前，道教进入了惨淡晚境。

第二节　道教的信仰与方术

一、基本信仰

（一）三清

道教奉老子为教主，把《道德经》作为主要经典，以“道”和“德”为其信仰和行为的总原则。《道德经》有言：“道生之，德畜之，物形之，势成之。是以万物莫不尊道而贵德。”道是宇宙本体、自然规律，德就是得道。所以两者是一个事物的两个方面，是一个整体。道教一方面以老子之道为万物生化的原动力；另一方面将老子之道人格化、方术化，认为老君是道的化身，所谓“太上老君，一气化三清”，于是有了道教的三清尊神。道教把老子所谓“道生一，一生二，二生三，三生万物”的宇宙生成过程，分为“洪元、混元、太初”三个不同的世纪，三清尊神就象征着这三个不同的世纪：元始天尊象征洪元，灵宝天尊象征混元，道德天尊（太上老君）象征太初。

（二）洞天福地

道教认为除了“人”所居住的这个世界之外，另有神仙居住的境地，即神仙世界。道教仙境最早在名山、海中，而不在天上。早期道教仙境有两个中心：昆仑山和三神山。昆仑山在西北，是“西王母之所治也，真官仙灵之所宗”（《云笈七签》卷二十六）。三神山在渤海之东，即蓬莱、方丈、瀛洲，“所居之人皆仙圣之种”，“诸仙人及不死之药在焉”（《史记·封禅书》）。南北朝以后，道教在继承古人“九天”之说的同时，吸收佛教“三教”说，并与“三清”联系在一起，逐渐构筑了“三十六天”说，即玉清境十二天、上清境十二天、太清境十二天。除三十六天外，道教神仙还居住在人间的“洞天福地”内。洞天福地由“十洲三岛”发展而来。十洲即巨海中的祖、瀛、玄、炎、长、元、流、生、凤麟、聚窟；三岛则是昆仑、方丈、蓬丘。以后，神仙日盛，所居之地也就扩展为十大洞天、三十六小洞天、七十二福地。

（三）得道成仙

道教还训“道”为“导”、训“德”为“得”，认为人的寿命并不完全由“天”决定，人经过修炼可以延年益寿，如果修炼有恒，日久年深，则可以长生不死，登清虚之境。所以，修道就是“导执令忘，引凡入圣”，如此也就能成仙得道。根据这种信仰，道教发展了一系列道功、道术。道功是它的修养方法，道术是辅助修养道功的具体方术，如服食、导引、吐纳、内丹、外丹等。

相关链接 搜索

《水经注》节选

郦道元在《水经注》卷四十《浙江水》引《东阳记》中云：“信安县有悬室坂，晋中朝时，有民王质，伐木至石室中，见童子四人弹琴而歌，质因留，倚柯听之。童子以一物如枣核与质，质含之便不复饥。俄顷，童子曰：‘其归！’承声而去，斧柯㴶然烂尽。既归，质去家已数十年，亲情凋落，无复向时比矣。”

——资料来源：郦道元《水经注》

二、修道方术

道教以成仙为最高追求目标，方术是求仙的手段，因此道教非常重视它，认为“道无术不行”，强调“寓道于术”。道教之术，杂而多端。“盖清净一说也，炼养一说也，服食又一说也，符箓又一说也，经典科教又一说也”（《文献通考·经籍考》）。由于各人学道的目的不同，行法也不一样。大致来说，利用道教宣扬灾异祥瑞者，好占问吉凶之术；专司道职从事仪范科教者，好祈福禳灾之术；偏执方术希求延年益寿者，好气功炼养之术；迷恋仙道幻想得道成真者，好变化飞升之术。

（一）“术数之学”

吉凶祸福乃人生大事，若能操之在手，则是生活中的大幸。于是，古人结合天文地理知识，运用生克制化原理，通过阴阳、五行、八卦、干支之间的循环配合，以推测吉凶、预言祸福，帮助人们避凶趋吉。这类方术一般称为“术数之学”。道教的起源本与术数有密切的联系，术数在道教，特别是在民间道教中占有特殊地位，是道教方术中重要的一种。道教占问吉凶之术主要有占卜、堪舆、奇门遁甲，另外还有占星术、占梦术、扶乩术、命相术等。

（二）祈禳之术

道教在形成和发展过程中，为了赢得民众的信任和帝王的支持，又在原始巫术的基础上，结合道教自身的科仪习惯，创制了一套祈福禳灾、驱邪避魔之术，以捞取政治资本，抬高道教的社会地位。祈禳之术由来已久。祈即祈祷求福，禳为攘除灾祸。民间早有通过各种方式祈求鬼神降福免灾的活动。道教利用民间这一信仰，认为通过符箓咒语、斋醮仪式，可以和天神接通，让天神保佑人们，为人们消灾存福。符箓是天神的旨令与众神的名录，可以役使鬼神，排除邪魔，为人治病。然而，对神有所请求还要配合一定的仪式和方法，于是又有了斋醮之仪。

（三）气功养生术

道教创立后，继承了古代气功养生之道，并将它作为修炼成仙的主要途径。东晋葛洪在《抱朴子·内篇》中所总结的“学仙之法”，就有导引、行气、胎息、存神、守一等。这些方法实际上都是以修炼精、气、神为主的气功养生术。唐宋以后，道士更总结出一套系统完整的内丹养生术，建立了足以与印度瑜伽、佛教禅定相媲美的道教修仙气功。道教气功在隋唐以前主要是继承传统的气功养生方法，其功法主要有：调心炼神法、行气导引法、辟谷服食法、存思守窍法、男女合气法等。隋唐以后，道教建立起独特的内丹修仙气功。内丹气功以传统医学的经络、气化学说为理论依据，以鼎炉、药物、火候为三要素。鼎炉指练功者身上的部位，药物指人体精、气、神，火候指意念对练功过程中呼吸气感的调节和控制。

（四）变化飞升之术

道教中还普遍流传着变化飞升之术，这些方术大多围绕着神仙的特点展开。道士相信，通过道术修炼，便可以得道成真，成为神仙。而成为神仙的首要标志就是他们具备了神仙的特点，如飞升逍遥，御风而行；隐形变化，为所欲为；入水不濡，入火不热。伴随这些特点的是一系列具体可行的法术，如乘跻、变化、服药等。

道教方术大多荒诞不经，难以验证。道士往往从野史传说中搜求这类记载，维护本教信仰，这也是可以理解的。另外，这些方术的背后也可能蕴藏着我们今天尚不能理喻的人体特异功能。总之，道教文化中，科学与迷信包裹在一起，至于道教方术中究竟含有多少科学成分，这是今天以至将来值得研究的一个重要课题。

第三节　道教对中国文化的影响

中国古代道教长久地作用于民族心理、风俗习惯、文艺科技，以及社会政治经济的广泛领域，道教的信仰、教义和法术为许多中国人所接纳、信奉，对中国文化产生了深远的影响。

一、道教对科技的影响

道教对中国古代科学技术的影响比较明显，中国古代的化学、医学都与道教有着密切的联系。道教炼丹术本来是为了提炼“仙丹”，寻求长生不死之药而产生发展起来的，但它客观上推动了中国古代化学的发展，促进了古代化学研究进入更高的水平。道教炼丹术对古代化学的贡献主要包括：第一，丰富发展了化学物质变化的原理和知识。炼丹家不仅进行了大量的分解反应、化合反应和金属置换反应的实验，而且对此做了很好的总结。东汉炼丹家魏伯阳在《周易参同契》中就记载了汞和硫的化合反应，南朝炼丹家、医药家陶弘景则总结了汞和氧的化合反应，东晋葛洪在《抱朴子·内篇》中又总结了分解丹砂提炼汞的方法。第二，炼丹家对不少物质的化学性质有所认识并能加以鉴别。《周易参同契》就认识到黄金具有化学稳定性，秉具有流动性、挥发性等。从书中的论述看，道教炼丹家已基本掌握 60 多种物质的性能及其炼制方法。

道教对我国古代医学、药物学、养生学的发展也做出了巨大贡献，虽然其中不乏宗教迷信色彩，但渗透着中国先哲智慧的道医，在中国医学史上占有重要的地位。道教医学中最有价值的部分是本草医疗学。早期道教经典《太平经》记载，道医不但很重视药物治病，而且强调针灸治疗。道门中对本草学贡献最大的道医是东晋时的葛洪、南朝齐梁间的陶弘景和唐朝的孙思邈。葛洪的《金匮药方》《肘后备急方》和《神仙服食药方》，在今天仍然是药物学研究的重要参考资料。陶弘景的《本草经集注》《肘后百一方》等书，都是我国本草学中珍贵的药物学专著。他还提出新的医药分类法，奠定了药物分类的基础。孙思邈素有“道门药王”之称。他认为“古之善为医者，皆自采药”。因而，他一生坚持自种、自采、自制药材。他的《千金翼方》中的《药性纂要》详细记录了 873 种药物的采收时节、地点和制作方法。

二、道教对文艺的影响

道教对文学的影响表现在两个方面：一是道士用以记载传授修道悟性、炼形求仙法术的文学作品，其中既包括赞颂神仙的幽明博大、道体的高深莫测，也包括为杰出道士树碑立传，记载洞天福地、名山宫观的作品。二是受道教思想影响，为一般文人创作的仰慕仙道世界、寄托出世求仙思想，以及以道教故事为题材，富有道教意蕴的文学作品。从体裁上看，受道教影响的不仅有诗歌，而且有小说和戏曲。例如，诗歌方面，有游仙诗、步虚词等；小说方面，有志怪小说、神魔小说等；戏曲方面，有神仙传说剧、道化度脱剧等。这些都是典型的道教文学作品，至于受道教思想影响的文学作品则不计其数。

道教对中国古代艺术的影响也十分显著，书画、乐舞、建筑等主要艺术形式都渗透着道教因素。仙书丹画、啸歌大舞、宫观建筑等，更是道教与艺术直接结合的产物。道教音乐主要是道士在斋醮活动中所使用的“法事音乐”或“道场音乐”，此外还包括“道情”与“啸吟”等。书画方面，一种以仙书道经为书写对象、以修道炼丹为绘事题材的仙书丹画，虽然为数不多，但也别具一格。还有道教宫观的壁画，在艺术上也有很高的成就。体现道教精神的宫观建筑最具民族风格，从总体上看，道教建筑主要由神殿、膳堂、宿舍、园林四部分组成。它的布局吸收了我国古代的阴阳五行学说，依据乾南坤北、离东坎西、子北午南的方位安排。殿堂精巧，楼阁巍峨，配置对称，布局和谐，再衬以假山池水，浑然天成，巧夺天工，具有很高的审美价值。

三、道教对民俗的影响

道教对中国古代民俗的影响尤为广泛深刻，它的一部分宗教思想、它所尊奉的神仙名目，早已深入民间，家喻户晓。例如，对城隍、土地、灶君的崇拜和祭祀，几乎遍及全国各地。另外，民间的许多节日庆典也与道教有关。例如，正月初八的敬八仙节就是为了纪念道教的八位神仙，即铁拐李、汉钟离、吕洞宾、韩湘子、曹国舅、何仙姑、张果老、蓝采和。每年三月初五的清明节是为了纪念介子推的，而道教尊介子推为神，所以清明节也是道教祭祖尊神的重要节日。

禁忌是一种古老的消灾避祸之法，也是一种民俗的反映。道教十分讲究禁忌，行住坐卧、饮食起居、男女房事、斋醮仪式等方面，都有种种禁忌。这些禁忌对民风民俗的影响也很大，如时间禁忌、饮食禁忌等，在今天人们的生活中还有所反映。此外，天时禁忌、地道禁忌、人事禁忌等，也在民间流传。值得注意的是，道教禁忌有些是迷信虚妄的，有些则是有科学依据的，我们要区别对待、合理利用。

复习与思考

一、名词解释

五斗米道　全真道　三清　洞天福地

二、简答题

1. 中国道教的产生，主要有哪些思想来源？
2. 道教的信仰主要包括哪些内容？
3. 与道教有关的名山主要有哪些？

三、单项选择题

1. 道教创立的时期，实际上有两个派别，一个是五斗米道，另一个是（　　）创立的太平道。

A. 张陵　　B. 张角　　C. 张衡　　D. 张鲁

2. 北魏时期，嵩山道士（　　）对五斗米道进行了改造，经过改造后的五斗米道称为“新天师道”。

A. 陆修静　　B. 陶弘景　　C. 葛洪　　D. 寇谦之

3. 元成宗大德八年（1304 年），三十八代天师张与材被授为“正一教主”，总领三山（龙虎山、閤皂山、茅山）符箓，符箓各派遂统一为“（　　）派”，和全真道相抗衡，至此形成中国宋元以来道教的主要格局。

A. 正一　　B. 茅山　　C. 龙门　　D. 东华

四、 思考题

道教文化中充斥了很多迷信内容，但也有一些有价值的内容为现代人们所接受，如关于健康养生的内容。结合你所学习的专业，请谈谈如何将道教文化知识运用到将来的工作中去。

推荐阅读

1. 中国社会科学院世界宗教研究所等编．中国五大宗教知识读本［M］．北京：社会科学文献出版社，2007.

2. 卿希泰，唐大潮．道教史［M］．南京：江苏人民出版社，2005.

第八章 中国历史文化遗存
——中国古代建筑

本章导读

灿烂辉煌、丰富多彩的中国古代建筑是中华文化遗产极其重要的组成部分，不仅风格独具，而且博大精深，源远流长。自其萌芽，直到今世，从单体建筑到院落组合乃至城市规划等，都有自己的理论与方法，在世界上独树一帜，有着卓越的成就。

本章介绍了中国古建筑的渊源发展，阐释了古建筑深厚的文化传统和独特的艺术成就，并一一讲述了古都名城、宫殿建筑、坛庙建筑等不同的建筑形式及其代表性建筑。古代建筑作为旅游资源，早已被旅游界所认知，学好本章内容，对大家大有裨益。

学习目标

知识目标

1. 了解古建筑的基本概况。
2. 了解古建筑的历史沿革。
3. 解读、欣赏不同类型的古建筑。

能力目标

1. 分析古建筑中蕴含的等级思想。
2. 掌握古建筑的主要特征。
3. 探讨古建筑深厚的文化内涵。

课程思政目标

1. 通过学习中国传统建筑文化方面的内容，提高学生的中国历史文化素养。
2. 通过学习中国传统建筑文化所包含的丰富文化内容，感受中国历史文化的博大精深，在提升学生的旅游管理专业基础素养的同时，坚定学生的文化自信。

案　例

鲁班盖房，墙倒屋不塌

凡沿着千年茶马古道走进世界文化遗产——丽江古城的人，无不为其灵秀的建筑风格和神秘的纳西文化所倾倒。然而，丽江古城，差点因为地震与“世界文化遗产”的桂冠失之交臂。

1996 年，丽江古城跻身“世界文化遗产”申报之列。同年 2 月，联合国教科文组织派遣专家来华进行实地考察。孰料 2 月 13 日 19 时 14 分，丽江发生 7.0 级地震，且余震不断，多达 2529 次，最大震级 6.0，强震波及丽江、鹤庆、大理、怒江 4 个地州 9 县 92 乡镇。丽江古城及周围地区约 20%的房屋倒塌，受损房屋 60.9 万间，人员伤亡 17221 人，经济损失达 40.31 亿元人民币。

突如其来的严重灾难，使联合国教科文组织世界文化遗产中心的景峰先生顾虑重重，立刻致电上海同济大学建筑学阮仪三教授：“7 级地震是破坏性地震，你们的丽江申报还有没有用，要不取消了吧？想想看，唐山海城大地震都是 7 级多，房子全都塌完了……”谁知阮教授却胸有成竹地回答：“丽江的房屋全是中国传统的砖木结构，木柱、木屋架，卯榫拼接，墙倒屋不倒，大部分问题不大。”国家文物局也表示，仍按原计划陪同联合国专家到丽江进行实地考察。

大劫后的丽江尽管显得有些凌乱，甚至有几分憔悴，尤其是一些新建筑物的坍塌破坏，着实让专家们感受到了这次地震灾害的严重。然而，当专家进入古城时，眼前的情景又不禁让他们赞叹不已，只见大片的木结构建筑依旧矗立在玉水环绕五彩铺路的山水之中，尽管有些房屋墙壁坍塌了，但框架依旧倔强地挺立着。这种典型的“鲁班盖房，墙倒屋不塌”的奇妙现象，竟引发了专家们探索中国古建筑神奇结构的趣话。

丽江的实地考察，使专家们得出结论：只需经过适当的修复，丽江的历史、艺术和科学价值依然存在，故“世界文化遗产”的申报依然有效。当即决定，赠予 9 万美元的救灾经费。至此，这次地震引起的风波以一个美好的愿望结束。1997 年 12 月 4 日，丽江古城以悠久的历史、独特的风貌、灿烂的文化与苏州园林和平遥古城一起被列入《世界文化遗产名录》。

——资料来源：冯锐，肖莉．小谚语大道理——鲁班盖房，墙倒屋不塌［J］．防灾博览．2004（6）．

案例分析

1. 丽江古城的古建筑有什么特征？
2. 丽江古城为什么会出现地震后“墙倒屋不塌”的情况？

第一节　中国古代建筑概述

一、中国古代建筑的历史沿革

中国古代建筑经过几千年的不断形成、发展、成熟、演变，已成为世界上独具风格的一门建筑科学，是建筑艺术宝库中的一颗璀璨明珠。

早从原始社会晚期开始，原始氏族公社不断繁荣和发展，黄河中游的氏族部落，在以黄土层为壁体的土穴上，用木架和草泥建造简单的穴居和浅穴居，逐步发展为地面上房屋，具体技术如夯土技术、木骨泥墙、烧烤地面和室外散水等都为后世长期沿袭，并为适应氏族公社生活的需要，出现了相当大的氏族聚居地。这为中国建筑奠定了木构架建筑的发展雏形。

至奴隶社会，商朝已有较成熟的夯土技术，其后期建造了宫室、宗庙、陵墓及规模相当大的灌溉工程和防御工程，并已能建造规模较大的木构架建筑，还出现了前所未有的院落群体组合。西周出现了瓦，至春秋营建了很多以宫室为中心的城市，城壁用夯土筑造，宫室建在夯土台上。木构架成为中国建筑的主要结构方式，同时等级制明显出现。

战国时代进入封建社会，出现了更多的城邑、宫室，城市规模比以前扩大，高台建筑更为发达，并出现了砖和彩画，晚期开始出现陶制的栏杆和排水管等。战国后期的秦朝，修建了规模空前的宫殿、陵墓、万里长城、驰道及水利工程等。

秦亡汉兴，西汉及东汉先后建设了规模宏伟的都城长安和洛阳。400 多年后为魏、蜀、吴三国所代替，汉末曹操营建了规制整齐的邺城。考古说明，汉代已大量使用成组的斗拱，木构楼阁逐步代替了高台建筑，同时砖石建筑亦发展起来，砖券结构出现，并采用各种瓦、下水管及墓葬中使用大块空心砖。至此，中国建筑作为一个独特的体系，基本形成了。

晋朝建立和东晋南迁到南北朝结束，在局势较稳定的长江流域，都城规划布局原则在汉末邺城传统上进一步发展，作为都城中心之皇宫，位置北移，并有规制整齐的东西市。佛教建筑繁荣发展，出现了大量宏伟华丽的寺、塔、石窟和精美雕塑。

隋朝开凿了贯通南北的大运河，首都大兴城规模宏巨、分区明确、街道整齐，超越前代。

唐朝陵墓、木构殿堂、石窟、塔、桥及城市宫殿，无论布局、造型均气魄雄伟，具有高度的艺术和技术水平，雕塑和壁画尤为精美。唐代建筑不但是中国封建社会前期建筑发展最高峰，而且是中国建筑发展进入完全成熟阶段的佐证。

唐代以后，五代十国并列，直到北宋又完成了统一，社会经济再次得到恢复和发展。除了宋政权之外，也有辽、金等政权并立，此后元实现天下的统一。宋辽金元是我国建筑史上的继续发展和大变革时期，辽代建筑风格接近唐代，宋代建筑细致柔美富于变化，金、元沿袭宋制，多民族建筑风格共存是这一时期的建筑特点之一。

北宋都城建设发生巨大变革，废除了汉以来采用的封闭式坊里制度，以适应当时手工业和商业需要，桥梁建筑出现了大跨度的木构拱桥。装修、彩画基本定型，家具经过了由矮式向高式的改进。室内布置也开辟了新途径。木、砖、石结构不断发展，并制定了以“材”为标准的模数制，使木构架建筑设计与施工达到一定程度的规格化。12 世纪初建筑学家李诫编写的《营造法式》即是总结这些经验的杰作。可以说，宋朝是中国封建社会建筑发生较大转变的时期，它影响了之后元、明、清三朝的建筑。

契丹原是游牧民族，唐末吸收汉族先进文化，逐渐强盛，因此辽的建筑风格受唐影响很大，较多地保留了唐代建筑的手法。女真贵族统治的金朝占领中国北部地区以后，吸收宋、辽文化，逐渐汉化，因此金朝建筑既沿袭了辽代传统，又受到宋朝建筑影响。西夏是我国西北地区以党项族为主体的政权，佛教盛行，建筑受宋影响，同时又受吐蕃影响，具有汉藏文化双重内涵。蒙古贵族统治者崇信宗教，因此元代宗教建筑异常兴盛。

明朝以及后来崛起的清王朝，封建专制制度更为严密，等级制更为森严。官家建筑已完全标准化、定型化、建筑装饰琐碎繁缛，民间建筑类型与数量加多，质量提高。明清建筑继汉、唐、宋建筑之后，成为中国古代建筑的最后一个高潮。明清两代在建筑形式、构造方式、建筑材料、工艺技术及《清式则例》的遵循方面“因袭相承，变易较微”，形成了统一风格，有很多共同或相似之处。清雍正十二年（1734 年）颁发的工部《工程做法则例》，是这个时期的建筑在造型、设计、构造、用材、工艺及施工技术方面的总结。

二、中国古建筑的特征

中国古建筑吸收了中国其他传统艺术形式的特点，在外形、结构、布局、装饰色彩、空间环境等方面形成了自己鲜明的特色，体现出深厚的文化传统和独特的艺术成就，主要特征有以下几个方面。

（一）以木构架为主的结构方式

中国古代建筑以木构架为主，构成富有弹性的框架。常见的有抬梁式、穿斗式等的结构方式。抬梁式是在立柱上架梁，梁上又抬梁，所以称为抬梁式。宫殿、坛庙、寺院等大型建筑物中常采用这种结构方式。穿斗式是用穿枋把一排排的柱子穿连起来成为排架，然后用枋联结而成，故称作穿斗式。多用于民居和较小的建筑物。

木构架结构有很多优点：第一，承重与围护结构分工明确。屋顶重量由木构架来承担，外墙起遮挡阳光、隔热防寒的作用，内墙起分割室内空间的作用。由于墙壁不承重，这种结构赋予建筑物以极大的灵活性。第二，有利于防震、抗震。木构架结构类似于今天的框架结构，由于木材具有的特性，而构架的结构所用斗拱和榫卯又都有若干伸缩余地，因此在一定限度内可减少地震对这种构架所产生的危害，“墙倒屋不塌”形象地说明了这种结构的特点。

（二）中轴对称、方正严整的庭院式组群布局

建筑的平面布局是决定建筑形制的重要因素。就整体而言，重要建筑大都采用均衡对称的方式，以庭院为单元，沿着纵轴线与横轴线进行设计。比较重要的建筑都安置在纵轴线上，次要房屋安置在它左右两侧的横轴线上，北京故宫的组群布局和北方的四合院是最能体现这一组群布局原则的典型实例。一般来说，多数庭院都是前后串联起来，通过前院到达后院，这是中国封建社会“长幼有序，内外有别”思想意识的产物。帝王的京都、皇宫、坛庙、陵寝，官府的衙署厅堂、王府、宅第，宗教场所的寺院、宫观以及祠堂、会馆等，大都是采取这种布局，主次分明，左右对称。

从现存古建筑物及古文献中可看出，每一处建筑，都是由若干单座建筑和一些围廊、围墙之类环绕成一个个庭院而组成的，就是以“间”为单位构成单座建筑，再以单座建筑组成庭院，进而以庭院为单元，组成各种形式的组群。就单体建筑而言，以长方形平面最为普遍。此外，还有圆形、正方形、十字形等几何形状平面。

（三）建筑造型优美，装饰丰富多彩

中国古代建筑，无论是立面平面，还是屋顶，都特别讲究式样的变化，形成优美柔和的造型艺术美。中国古建筑的大屋顶是最引人注目的外形，是区别于西方古建筑最鲜明的特征，视觉效果十分突出。从外观来看，屋顶举折起翘，檐角舒展如鸟翼，不仅曲线优美流畅，而且这种设计使得雨水落下时可以冲得更急更远。宽阔的屋檐既保护了木构架屋身，也使地基免于雨水的冲击和侵蚀。

中国古代建筑装饰内容也十分丰富，建筑色彩多根据需要和风尚而选择。大凡宫殿、寺庙等多使用色调鲜明对比强烈的色彩，如红墙黄瓦的宫殿内外装饰有红绿彩画，很好地完成了蓝天、白云、黄顶、红柱、绿画的转换过渡，呈现出绚丽辉煌之感。民居则以色调和谐朴素淡雅为风格，如江南小镇在青山碧水中掩映粉墙灰瓦，充满自然情趣。雕饰艺术也被广泛应用于建筑物的各个部位，主要表现在基座、柱、梁、斗拱、屋顶、门、藻井等建筑物上。雕饰的题材内容丰富，有人物形象、花虫鱼鸟、历史故事等。包括木雕、砖雕、石雕和金银铜铁等建筑饰物。

（四）古建筑体现森严的等级

中国古建筑处处可以体现出森严的等级。例如建筑的屋顶，以庑殿顶级别最高，多用于宫殿建筑。其次是歇山顶，用于一般的宫殿和寺院。在房屋的开间与进深上也有严格的限制。皇宫最高级的宫殿面阔11间，进深5间。其下依次是王府、府衙面阔进深不等，百姓正房则不得超过3间。建筑的台基以须弥座级别最高，多用于宫殿或级别较高的寺庙中的主要殿堂。几层带有石栏杆的须弥座叠在一起，则只能用于皇宫中最高级的宫殿和全国著名庙宇的主要建筑上。此外，在装饰物、斗拱、彩画，甚至在门的高度、门钉的路数、匾额的形制上，也有严格的等级区分。

课堂思考

查阅资料，结合以前学过的知识，谈一谈古建筑如何在吻兽、斗拱、彩画和门钉上体现森严的等级。

（五）传统文化对古建筑有深远影响

任何建筑都是它所属的那个民族和那个时代的文化“音符”。中国传统文化表现为：敬天祀祖的儒家礼制文化、天人合一的道家风水文化、农禅并重的佛教世俗文化、民俗禁忌的原始宗教文化以及君权至上的皇家等级思想、以家长为中心的家族思想等，这些都在古建筑中得到充分反映。

第二节　古都名城

城市的出现，是人类文明进步的标志。城市布局以宫室为主体，辅以官署和生产生活有关的建筑以及城垣、壕沟等防御设施。中国是最早对城市统一规划的国家，古代都城建筑的规制、布局，既受宗法关系的约束，也受政治关系的制约。

一、中国古代城市的沿革变迁

夏代遗址发掘较少，现有河南偃师二里头夏代宫殿遗址、河南登封告成镇王城岗遗址等。商代遗址相对较多，比较著名的有河南郑州商城遗址、湖北黄陂盘龙城商城遗址、河南偃师尸沟乡早商城址、河南偃师二里头遗址和殷墟等，其中1983年在河南偃师二里头遗址以东五六千米处的尸沟乡发现的一座早商城址，由宫城、内城、外城组成。宫城中已发掘的宫殿遗址上下叠压三层，都是庭院式建筑，其中主殿长达90米，是迄今所知最宏大的早商单体建筑遗址。

从西周经过春秋到战国，以宫室为主体发展起来的城市，如周王城、齐国临淄、赵国邯郸、魏国大梁、韩国宜阳等都是面积相当大的大城市，其中临淄约达7万户。春秋战国的若干都城将宫室置于中轴线上，并有了较整齐的街道和控制居民的闾里制度。

西汉的首都长安，因先建宫殿后建城垣，城的平面呈不规则形状，但主要街道仍作丁字或十字相交，并以水沟划大街为三道，两侧植树，此外还建设若干闾里和市场。自此以后，作为全国政治与文化中心的都城，大都采用规则式平面布局。东汉的首都洛阳的宫室、苑囿自南而北位于城的中轴线上，阻碍东西方向的交通，到汉末的邺城将宫室移于全城中轴线的北部，城内交通才比较方便。

邺城的布局方式经两晋到北魏、东魏又增加东西二市，在此基础上产生了中国历史上规模最大的隋唐长安城。长安规划的基本原则是将宫室、坛庙和重要的官署等位于南北中轴线上的北端及其两侧。其次城内以整齐的道路网划分为若干棋盘格，每一棋盘格称为"坊"，绕以坊墙，自成一区。除城内东西两侧各有一个专供商业贸易的坊外，一般的坊主要供市民居住，并在地形较高的坊内选择若干制高点，建造官署寺观等。城中绿化根据汉以来传统，在主要大道两侧植槐，而洛阳从隋朝起以樱桃、石榴作为行道树，河岸则植柳，为唐长安和北宋东京所沿用。

从北宋起，由于手工业和商业的发展，取消封闭性坊墙，坊制名存实亡，并取消集中市场，代以住宅和商业混合的街道形式，是中国古代都城规划的一个重要改革，可是都城布局仍力求方整和对称，并以建筑物的体量和色彩来强调宫室为主体的城市中轴线的作用。

课堂思考

请谈一谈，北宋取消封闭性坊墙，取消集中市场，出现住宅和商业混合的街道形式，给当时市民生活带来哪些变化。

元、明的京城虽然宫室、坛庙、官署位于城的南部，但整个规划仍以对称、整齐为基本原则。至于南宋临安和明南京等少数都城，因利用旧城与结合地形，城市平面呈不规则形状，但依然将城市作为一个整体来规划与建设，其中明朝南京宫室和官署的布局，是明成祖营建北京的蓝本。

二、古都名城布局赏析

中国历史上建过都的城市以数百计，但著名都城却屈指可数。著名朝代的都城布局，可以反映出中国都城平面布局的总特点和基本趋势。

（一）北宋东京城

北宋东京开封城也就是今天的开封城及其附近郊区所在地，分内外三重，即外城、里城和宫城。

外城是利用后周都城外城加以扩建，面积约 27 平方千米，共计 12 个城门。全城的中轴线称御街，宽约 280 米，两边为御廊，中心安置两行朱漆杈子，中心为御道，行人皆在杈子之外。中央官署也多布设在御街的两侧。外城亦名国城，城壕曰护龙河。

里城即今开封城的前身，明代包砌青砖以后才形成今天的开封城。面积 4.49 平方千米，共计 10 个门，南面正中为朱雀门。宋徽宗时，在里城东北隅仿杭州凤凰山修筑人工山，将其命名为万岁山，后改名艮岳。

宫城，又被称为皇城、大内，位于里城北部中央，接近正方形，面积仅 0.26 平方千米。宫城有 6 个门，正中为宣德门，东为东华门，西为西华门，北为拱宸门。其正殿为大庆殿，位于宣德门之内，也正好压在全城的中轴线上，修建得非常壮丽。

北宋开封仍沿用坊制，但随着社会经济的发展，市坊制度终于崩溃。封闭性的坊已被冲破，居民区与市场混一的城市制度逐渐形成。市场完全沿街道布局，有如《清明上河图》所示。

（二）明清北京城

明清北京城也就是今天中华人民共和国的首都北京，集中国都城建设之大成。明代的北京城在元大都城的基础上改建而成，可以分为宫城、皇城、内城和外城。

宫城即紫禁城，也就是今天的北京故宫，位于内城中部偏南地区，南北长 960 米，东西宽 760 米，面积 0.72 平方千米，为南北向的长方形。清代紫禁城的建筑物多有重建，名称也有变迁，但基本上维持了明代的规模。

皇城在宫城之外，南北长 2.75 千米，东西宽 2.5 千米，面积 6.87 平方千米。东部为宫城，西部为西苑，中部为太液池（即元太液池，增开南海）。

内城，今实测东西长 7.95 千米，南北宽 3.1 千米，面积 24.49 平方千米。内、外城面积合计为 60.06 平方千米，大于明初的南京城，在中国的历代首都中，仅次于唐长安城、北魏洛阳城，为第三大城。

北京内外城的街道格局，以通向各个城门的街道最宽，为全城的主干道，大都呈东西—南北走向，斜街较少，市场沿街道布局，形成几个主要的市场区。

第三节　宫殿建筑

宫殿，是古建筑中最高级、最豪华的一种类型，是帝王专有的居所。历代朝廷都耗费大量人力、物力、财力，使用当时最成熟的技术和艺术来营建这些建筑。宫殿以其巍峨壮丽的气势、宏大的规模和严谨整齐的空间格局，给人以强烈的精神感染，在一定程度上反映了一个时期的最高建筑成就。

一、宫殿建筑的沿革变迁

目前已发现的商代宫室遗址是河南偃师二里头宫室遗址。现在残存有夯土台基，台上有八开间的建筑，周围环绕回廊，有广阔的庭院。殷墟遗址是商王盘庚（公元前 4 世纪）移都到殷（今河南省安阳市西北 2 千米处的小屯村）后的宫室。其建筑布局已大致分为三部分，北部可能是居住区；中部布局较为整齐，有三道门址，可能是宫室的核心部分；西南部规模较小，有大小基址 17 处。从整体看，是以单体建筑沿南北纵轴线组合成有主有从的建筑群。在其附近，有若干方形、圆形和不规则的穴居，可能是奴隶的住所。说明宫室与奴隶住所之间，已经有很大的差别。早期宫室周围多用城墙或壕沟环绕加以防护，围以高大城墙的就形成宫城。

从春秋战国时期的都城遗址来看，如晋侯马、燕下都、赵邯郸等城，虽然以宫室为主体，但是被认为宫室遗址的夯土台，往往处于城的一角。秦孝公时建的咸阳宫，南临渭水，北达泾水。秦始皇在统一全国的过程中，把六国宫室仿建于渭水北阪之上，以后又在渭水南岸兴建新宫，以新宫为咸阳各宫的中心，甘泉宫为太后住所，北宫、成阳富旧宫等处作为帝后寝宫和嫔妃居住的离宫，还有上林、甘泉等御苑。之后，又建造了更大的一组宫殿“朝宫”。

从文献记载和遗迹来看，西汉长安城内建有 5 所宫殿。各有宫城围绕，规模大，占地广。其中，未央宫位于长安城内西南隅，有前殿等主要建筑及十几组宫殿，还有藏书处、凌室（藏冰室）、兽园、渐池与官署等建筑。长乐宫是太后居住的地方，位于城内东南隅。北宫是太子居住的地方，在未央宫之北。后又建了桂宫、明光宫和长安城外西郊的建章宫，后者是园苑性质的离宫，内有大量殿阁楼台，还有河流、山丘及大片水面的太液池，各类珍禽奇兽、各种奇花异木遍布其中。

相关链接　搜索

未央宫

《史记·高祖本纪》中记载：萧丞相营作未央宫，立东阙、北阙、前殿、武库、太仓。高祖还，见宫阙壮甚，怒，谓萧何曰："天下匈匈苦战数岁，成败未可知，是何治宫室过度也？"萧何曰："天下方未定，故可因遂就宫室。且夫天子以四海为家，非壮丽亡以重威，且无令后世有以加也。"高祖乃说。

这段文字讲述的是，汉高祖刘邦平定叛乱后回到长安，发现丞相萧何已下令营造了未央宫。此宫建造得十分宏丽，东立苍龙阙，北有玄武阙，前殿、武库、太仓等，一应俱全。汉高祖刘邦回来以后，看到宫殿如此壮丽、奢华，顿时勃然大怒，责问萧何说："天下混乱苦战数年，谁胜谁负尚不可知，你建造如此豪华的宫殿，未免太过分了吧？"萧何回答："正因为天下尚未十分安定，才可以趁此机会建造宫室。况且天子占有四海之地，不把宫殿建造得壮丽一些，不足以表现天子的威风。建造得壮丽一些，还可以叫后世人永远超不过它！"汉高祖刘邦听后，顿时转怒为喜。宫殿建筑雄壮、华丽，象征帝王的神圣、威严和神秘莫测，宫殿建筑对皇帝有着不可替代的象征意义。

两晋南北朝时期，分别兴建了许多宫殿，邺城、洛阳和建康的宫殿，大抵都集中在一个宫城内。宫城位于都城的南北中轴线上，宫城内已有外朝内廷的区分。

隋唐长安城的宫殿，原来集中于一个宫城内，位于城北端的中部，背靠长安城墙。宫城以太极宫为中心，东有东宫，西有掖庭宫，分别为皇帝听政、居住的宫殿和太子的住所。宫城南有皇城，安置军政机构和宗庙。长安城内东部的兴庆宫及城外的大明宫、禁苑等都是后来兴建的。

北宋汴梁宫殿也集中在一个宫城内。南部排列外朝的主要宫殿；北部是皇帝的寝宫及内苑。宫城以南设有御街，街两侧有御廊。宫城外围有内城和外城两重城垣，形成以宫城为中心的都城布局，沿用于宋以后各代的都城。

元代大都城内建有皇城，皇城内的主要宫殿称大内，位于城市中轴线上的南部，大内以西有御苑和隆福宫等。

明清的宫城，又称紫禁城，位于北京内城中间偏南。紫禁城外西侧利用金元时期离宫旧址，扩建成禁苑。太庙在宫城前东侧，社稷坛在宫城前西侧，宫城外又有一重皇城。宫城的中轴线与都城的中轴线结合在一起，这个格局鲜明地体现了以宫城为中心的周王城制度。

从宫殿建筑的发展来看，如果说秦汉时是凭借规模巨大的宫殿建筑，占有广阔的面积和自然变化的地形，显示帝王的威势，表达"非壮丽亡（无）以重威"的思想；到了明清，则是以庄严富丽的宫殿建筑，把都城与宫城连成一气的规划部署，创造出雄壮宏伟的气魄，取得帝王宫殿至高无上的艺术效果。

二、宫殿建筑赏析

宫殿虽豪华壮丽，但大多数都在王朝更替或是争夺王位时，毁于战火或被拆毁，变成了废墟，中国现存完整的宫殿仅有两处，即北京故宫博物院和沈阳故宫博物院。

（一）北京故宫博物院

北京故宫博物院始建于明永乐四年（1406年），明、清两代的皇宫，共24个皇帝在此登基和生活。故宫是世界上现存最大、最完整的宫殿建筑群，整个建筑金碧辉煌，庄严绚丽，占地72万平方米，建筑面积15万平方米，现有宫殿9990多间。为一长方形城池，四角矗立风格绮丽的角楼，墙外有宽52米的护城河环绕，形成一个森严壁垒的城堡。它是中国古代建筑艺术的精华，并被联合国教科文组织列为“世界文化遗产”。

北京故宫按照“前朝后寝”“三朝五门”形制和严格对称的院落式布局。前朝在前部，是颁布大政、举行集会、仪式和办事的行政区。内庭是皇帝及其家属居住区。前朝、内廷的所有建筑排列在中轴线上，东西对称，秩序井然。

前朝包括三大殿，分别是：太和殿、中和殿、保和殿。它们都建在由汉白玉砌成的8米高的台基上，是封建皇帝行使权力、举行盛典的地方。太和殿，也叫金銮殿，面阔11间，重檐庑殿顶，高28米，面积约2380平方米，是全国现存的最大古建筑物；是皇帝举行重大典礼的地方，皇帝登基、大婚、册立皇后、命将出征和每年元旦、冬至、万寿等活动都在这里举行仪式。中和殿，面阔5间，单檐攒尖顶方殿，举行大典的时候，皇帝先在这里休息，并接受司礼官员的朝拜。保和殿，面阔9间，重檐歇山顶，为皇帝举行殿试和宴请外宾场所。这里也是科举制度的最高一级考试——殿试的考场。在前朝三大殿两侧，东有文华殿，是皇帝听大臣讲书的地方；西有武英殿，是皇帝斋居和召见大臣的地方。

内廷包括乾清、交泰、坤宁三宫以及东西两侧的东六宫和西六宫，这是皇帝及其嫔妃居住的地方，俗称为“三宫六院”。乾清宫，明代的14位皇帝和清代的顺治、康熙两个皇帝都以其为寝宫。他们在这里居住并处理日常政务。交泰殿，含天地交合、安康美满之意。明、清时，该殿是皇后生日举办寿庆活动的地方。乾隆十三年（1748年），乾隆皇帝把象征皇权的二十五宝玺收存于此，遂成为储印场所。坤宁宫，是明代皇后的寝宫。清代改西暖阁为祭神场所，东暖阁为皇帝大婚洞房，康熙、同治、光绪三帝婚礼均在此举行。养心殿，从雍正以后，清朝皇帝大多住在这里。养心殿东间，一前一后摆着两个宝座，当中挂着一个黄色的帘子，这就是西太后慈禧（1835~1908年）实行“垂帘听政”的地方。

御花园，位于紫禁城中轴线上，坤宁宫后方。

（二）沈阳故宫博物院

沈阳故宫博物院始建于后金天命十年（1625 年），历时 11 年建成，占地 6 万平方米，由 10 多个宫院组成，房 300 余间。它是清朝入关前清太祖努尔哈赤、清太宗皇太极建造的皇宫，又称盛京皇宫，清朝入主中原后改为陪都宫殿和皇帝东巡行宫。现已辟为沈阳故宫博物馆。

沈阳故宫布局分为三个部分：第一部分是东路，有努尔哈赤建都沈阳初期所建的大政殿与十王亭。这里是举行大典及重要政治活动的场所。第二部分是中路，皇太极继位后，续建的大内宫阙，包括最南端的照壁、东西厢楼、东西朝房、崇政殿、凤凰楼、清宁宫等建筑。这里是皇太极日常处理军政要务、接见外国使臣和边疆少数民族代表的地方。第三部分是西路，乾隆下令扩建的，包括戏台、嘉荫堂、文溯阁、仰熙斋等建筑。这里是娱乐读书的地方。

大政殿是一座八角重檐大木架构成的建筑，殿身八面都用木隔扇门组成，以榫卯相接，可以任意开启。殿前排列十座方亭，为左右翼王和八旗大臣办公的地方。崇政殿为五间九檩硬山式，前后有出廊，围以石雕栏杆。此殿为皇太极处理日常军政要务和接见外国使臣、边疆少数民族代表的地方。文溯阁为故宫西路的主体建筑，清乾隆四十七年（1782 年）兴建，专为藏《四库全书》之用，建筑形式仿自浙江宁波天一阁。

第四节 园林建筑

中国传统园林发展至今，已有三千多年的历史。它植根于我国传统文化深厚的积淀之上，以其丰富的文化含量、鲜明的个性特征和独特的艺术风格，为世界所瞩目。

一、园林的起源与发展

原始社会时期，人类的生产力水平比较低，并没有能力从事造园活动，进入奴隶社会以后，生产力快速发展提高，出现了剩余生活资料，才使造园成了可能。

商周时期，人们出于对天体和大自然现象的敬畏崇拜，非常愿意接受天的旨意，按其旨意行事，他们认为天神住在很高的地方，于是就筑起高台，作为祈祷之地。此后在慢慢地发展过程中，以高台为中心的“囿”，祭祀功能淡化，游乐性增强。这种把自然景色优美的地方圈起来，放养禽兽，供帝王狩猎游玩的“囿”，可以说是我国传统园林的雏形。

秦始皇统一中国后，开始大规模营造宫室，这些宫室营建活动中也有园林建设，如上林苑内的兰池宫，在宫内低地进行挖掘，引渭水作“长池”象征东海，池中筑岛象征蓬莱、瀛洲，这种山水结合的模式对后世宫苑建筑影响很大。

两汉在秦朝宫苑建筑的经验基础上继续发展，最具代表性的就是汉武帝在秦上林苑旧址上扩建的上林苑。上林苑规模庞大，共设 12 座苑门。宫北有太液池，池中有象征东海蓬莱、方丈、瀛洲三神山的三山。可以说，上林苑完全继承了秦制，也成为后世宫苑建筑的典范。

魏晋南北朝时期，北方落后的少数民族南下入侵，全国处于分裂状态，社会动荡不安。连年战乱使得人们思想和情趣发生了很大的变化，长生不死、服药求仙的人生观被否定，代之以生命短促、及时行乐的思想，园林设计更加注重游娱性质。造景也更偏重一鸟一花的精细造景，很大程度上反映了当时人们对自然美的领悟。这对于后世造园活动中的山水体系的进一步发展具有极重要的意义。此外，佛教自传入中国，初期的寺院都是由大宅邸或官署改成的，多附园林，后来新建佛寺也沿袭成习。同时出于对清幽安静的宗教气氛的追求，很多佛寺选址于山林之中，于是一些风景优美的地方逐渐渗入人文景观，寺庙园林逐渐形成。

课堂思考

从魏晋南北朝时，园林建筑风格的变迁，谈一谈园林发展会受到哪些因素的影响。

隋唐时期社会安定，经济富足，园林的发展也进入它的全盛时期。隋炀帝荒淫奢靡，在东都洛阳大力营建宫殿苑囿，以西苑最为著名。唐时所建宫苑的壮丽程度，比以前更有过之而无不及。官僚和文人们也开始大规模地参与到造园活动中，他们将诗与画融入园林的布局与造景中，逐渐把我国造园艺术从自然山水园林阶段，推进到写意山水园林阶段。

两宋时期，城市的商业经济空前繁荣，造园非常普遍，从帝王、贵族到平民，造园的地区和规模都得到扩大，特别是在用石方面，有较大发展。宋徽宗所建的“寿山艮岳”，是有史以来最为优美的游娱苑囿，此外，还有“琼华苑”“宜春苑”“芳林苑”等一些名园。

明清时期，造园活动发展到了顶峰，造园的创作思想仍然沿袭唐宋，讲究“小中见大”“须弥芥子”“壶中天地”，自然观、写意、诗情画意成为创作的主导地位，不仅仅是对大自然的模仿，而是有意识地加以改造、调整、加工、提炼，从而表现一个精练概括浓缩的自然，达到“虽由人作，宛如天成”的效果。

二、园林的分类

中国传统园林建筑风格独特，山水布置巧妙，极富传统文化特色。因园林所处位置多有南北差异，在发展过程中逐渐形成了北方园林、江南园林和岭南园林等流派。不同流派都有可以代表其特色的园林传世，是我们宝贵的文化遗产。北方园林以皇家园林为代表，多为帝王的离宫别馆，气势宏伟，建筑华丽，真山真水较多，比较著名的有颐和园、北海和避暑山庄等。江南园林多是达官贵人或富商修建的私家园林，淡雅素净，小巧玲珑，幽静隐逸，可居，可憩，可游，比较著名的有拙政园、豫园和寄畅园等。岭南园林地处亚热带，终年常绿，又多河川，其风格既不同于北方园林的壮丽，也异于江南园林的纤秀，而具有轻盈、自在与敞开的岭南特色，主要代表有可园、清晖园和余荫山房等。

相关链接　搜索

拙政园

拙政园，唐时为诗人陆龟蒙的住宅，元朝时为大宏寺。明正德四年（1509 年），御史王献臣仕途失意归隐后将其买下设计重修，历时 16 年乃成，园名取意西晋文人潘岳《闲居赋》中“灌园鬻蔬，以供朝夕之膳……此亦拙者之为政也”，以抒发仕途失意后的情怀。拙政园建成后多次易主，几经兴废，现在所见大体为清末规模。拙政园全园占地 5.2 公顷，分成东、西、中三部分，中部基本保留明代风貌，也是全园精华所在。其总体布局以水池为中心，高低错落、形体不一的亭台楼榭皆临水而建，颇具江南水乡的特色。

拙政园西部水面迂回，布局紧凑，依山傍水建以亭阁。主要建筑为两面临水的三十六鸳鸯馆，室内装饰华丽精美，室外回廊起伏，水波倒影，馆名点出水池有鸳鸯成对嬉戏的意境，是当时园主人宴请宾客和观景听曲的场所。拙政园东部传承至今，原有布置早已荒芜，现在所见全为新建，布局以松林远山、竹坞曲水为主，配以山池亭榭，仍保持疏朗明快的风格，主要建筑有兰雪堂、芙蓉榭、天泉亭、缀云峰等。

——资料来源：金开诚. 中国文化知识读本：拙政园 [M]. 长春：吉林文史出版社，2010.

第五节　坛庙建筑

坛庙是祭祀性建筑物，它是遵从“礼”的要求而产生的建筑类型，因此，也称礼制建筑。在中国古代建筑中占有很大比重，其建筑规模之大，建筑造型之精美，达到了相当高的程度。同为祭祀建筑的坛和庙，在建筑形式上有所不同，祭祀对象有区别，使用者也有不同。

坛，是中国古代用于祭祀天、地、社稷等活动的台型建筑。源于人们对自然界中的日、月、星、辰、雷、电、风、雨、山川河流等的崇拜，同时它们支配着农作物的收成与人间祸福，由此而产生了专用的祭祀建筑。庙，主要是用于供祀祖宗、圣贤、山川的屋宇建筑，建制类似于宫殿，有严格的等级规定，源于人们对祖先的崇拜。

一、坛庙建筑的起源与发展

在生产力十分低下的原始社会，先民生成了自然崇拜与鬼神思想，开始各种祭祀活动。早在新石器时代，就已经存在着祭祀性的神坛建筑。

殷墟卜辞表明，殷王朝奉为最高保护神的“帝”是宇宙万物的主宰，具有无限威力和无穷智慧，逢有重大事件必须举行仪式向他请求指示或保护。

周时的郊祭仪式史书虽有记载，但考古发掘方面尚未发现更多的资料，只有近年来在周氏族世居源地的陕西岐山一带发掘出一批西周早期建筑遗址，根据分析可能是周代早朝宗庙。东周为群雄并起的战乱时期，估计祭祀之事不完备。

秦始皇即皇帝位后三年即东巡郡县至山东泰山，效法传说中古代帝王祭泰山、禅梁父的仪式进行封禅典礼，刻石立碑，歌功颂德。秦始皇封泰山的举动是统一天下入主中原的一个象征，也是君权神授、天人相接思想的萌发。秦代对自然山川神祇的崇拜已具备相当规模，后世所崇奉的各类神庙此时皆已出现。

汉代建立以后，基本上承袭了秦代的政令制度，包括祭祀制度。汉成帝按阴阳方位建天地之祠于长安城南北郊。汉平帝时身任宰衡的王莽提出设坛祭祀，并规定冬至祭天，夏至祭地。此后南郊祭天、北郊祭地成为定制。但不同时代、不同时期祭坛的层数、高度及具体地点都不尽相同。早期的祭坛主要祭天地，后汉时在宗庙右侧建社稷坛。

朝日月神的祭典始于周代，汉、晋、南北朝皆有仪典，但都是在宫内殿庭上举行。至北周才开始在国都东西郊筑坛设祭。宋、金、明各朝皆按朝日夕月的东西布局安排日月坛，完成了帝都四郊祭奠的格局。

唐初不仅对山川祭典加以整顿，而且于唐武德二年（619 年）在京师国子学内建立周公及孔子庙各一所，按季致祭，此为在国学内建文庙之始。唐贞观四年（630 年）令州县学内皆立孔子庙，文庙遂遍于全国。

明朝是修复旧礼、兴建坛庙的鼎盛期。明洪武年间首创在都城钦天山建历代帝王庙，致祭三皇五帝，下至元世祖的历代帝王。早先祭奠先朝帝王多在各地分散进行，至此统一在一座庙中由国家定时祭祀。明嘉靖十年（1531 年）又在北京建历代帝王庙。清代入关以后大都沿用明代遗留的坛庙。

二、我国坛庙建筑的分类

一般来说，坛庙建筑一般可以分为三类：祭祀祖先的宗庙、奉祀圣贤的庙、祭祀天地山川等神灵的庙。

1. 祭祀祖先的宗庙

在中国漫长的封建社会中，宗法制度始终是国家统治的基础。自上至下重视血统、尊敬祖先。这种依靠血缘维系人际关系、家族利益乃至国家一统的宗法观念渗透到古人的思想意识中，从帝王的祖庙到庶民的祠堂无一不是宗法制度的物质象征与必然产物。皇帝祭祀祖先的场所是祖庙或称太庙；贵族、显臣、世家大族奉祀祖先的建筑称为家庙或宗祠。

2. 奉祀圣贤的庙

祭祀圣贤先哲的庙遍及全国。其中，以祭祀孔子的文庙和关羽的武庙最多。例如曲阜孔庙是文庙之祖，山西解州关帝庙是武庙之祖。

3. 祭祀天地山川等神灵的庙

其建筑包括天、地、日、月、风、云、雷、电、社稷、先农之坛，五岳、四海之庙等，如北京天坛、山东泰山的岱庙、湖南衡山的南岳庙等。

相关链接 搜索

北京天坛

北京天坛规划布局严谨，建筑结构奇特，建筑装饰瑰丽，被认为是我国现存的一组最精致、最美丽的古建筑群，是我国古代现存坛庙建筑的典范。

天坛始建于明永乐十八年（1420 年），在原北京外城的东南部，总面积为 273 公顷，是明清皇帝祭天和祈祷丰年的地方，是保存下来的封建帝王祭祀建筑中最完整、最重要的一组建筑，也是现存艺术水平最高、最具特色的优秀古建筑群之一。

天坛是圜丘、祈谷两坛的总称，有坛墙两重，形成内外坛，坛墙南方北圆，象征天圆地方。主要建筑在内坛，圜丘坛在南、祈谷坛在北，二坛同在一条南北轴线上，中间有墙相隔。圜丘坛内主要建筑有圜丘坛、皇穹宇等，祈谷坛内主要建筑有祈年殿、皇乾殿、祈年门等。著名的祈年殿在最北方，这是天坛内最宏伟、最华丽的建筑，也是想象中离天最近的地方。

圜丘坛是皇帝举行祭天大礼的地方，始建于明嘉靖九年（1530 年），坛平面呈圆形，共分三层，皆设汉白玉栏板。圜丘台面石板、栏板及各层台阶的数目均为奇数 9 或 9 的倍数。如台面石板以上层中心圆石为起点，第一圈为 9 块，第二圈为 18 块，依次周围各圈直至底层，均以 9 的倍数递增，各层汉白玉石栏板的数目也是如此。坛中心的天心石，以极具声音科学的设计，使人站在此处轻声说话就会有回声从四面八方传来。因此，每当皇帝在这里祭天，其洪亮声音，就如同上天神谕一般，加上祭礼时那庄严的气氛，更具神秘效果。

皇穹宇院落位于圜丘坛北侧，坐北朝南，圆形围墙，南面设三座琉璃门，主要建筑有皇穹宇和东西配殿，是供奉圜丘坛祭祀神位的场所。皇穹宇由环转十六根柱子支撑，殿内满是龙凤和玺彩画。皇穹宇配殿，歇山殿顶，蓝琉璃瓦屋面，正面出台阶六级，饰旋子彩画，造型精巧。皇穹宇殿前甬路从北面数，前三块石板即为“三音石”。当站在第一块石板上击一下掌，只能听见一声回音；当站在第二块石板上击一下掌就可以听见两声回音；当站在第三块石板上击一下掌，便听到连续不断的三声回音。这就是为什么把这三块石板称为三音石的原因，也有人专门把第三块石板称为“三音石”。

皇穹宇院落周围的圆形围墙，墙身用山东临清砖磨砖对缝，蓝琉璃筒瓦顶，这就是著名的“回音壁”。当人们分别站在东西配殿的后面靠近墙壁轻声讲话，虽然双方距离相距很远，但是可以非常清楚地听见对方讲话的声音。这是因为墙身十分光滑，对音波的折射造成的。

祈谷坛是举行祈谷大典的场所，建于明永乐十八年（1420年）。祈谷坛的祭坛为坛殿结合的圆形建筑。坛为3层，高5.6米，下层直径91米，中层直径80米，上层68米。祈谷坛上为祈年殿，祈年殿是一座宏伟独特的建筑，三重檐攒尖顶层层收进，总高38米。大殿由28根金丝楠木大柱支撑，柱子环转排列，殿内梁枋装饰有龙凤和玺彩画。祈年殿的屋顶是象征“天”的蓝色琉璃瓦，檐下的木结构装饰有和玺彩绘，坐落在汉白玉石基座上，远远望去，色彩对比强烈而和谐，上下形状统一而富于变化。

——资料来源：刘祚臣. 北京的坛庙文化［M］. 北京：北京出版社，1999.

第六节　陵墓建筑

中国古代墓葬有其产生和演变的历史背景。各时期的墓葬制度形成了许多相沿成俗的内容，反映了宗法社会中人们的伦理思想和宗教观念，是中国古代文化的重要部分。

一、古代墓葬的起源与发展

北京周口店考古的发现，说明在旧石器时代晚期，已出现按一定的方式对死者进行安葬的现象。到新石器时代，墓葬已发展出一定的制度。墓坑一般是长方形或方形的竖穴式土坑。新石器时代晚期，有些地区已用木棺作葬具。在大汶口文化后期，少数墓坑面积甚大，坑内沿四壁用木材垒筑，上面又用木材铺盖，构成了木椁。

进入奴隶社会后，社会生产力有了高度的发展，以商王为首的奴隶主贵族统治着庞大的国家，统治阶级的墓有着十分宏大的规模。商王和各级贵族的墓，都用木材筑成椁室，有大量精美的陪葬品和人、牲畜殉葬。

中国古代丧葬习俗虽源远流长，但早期墓葬在地面上并没有留下什么特殊的标志，在奴隶社会的墓葬中也从未发现有封土坟头的遗迹，墓上封土形成于春秋战国时代。在封建社会里都以坟墓大小、高低来显示墓主的等级。君王是一国之主，其墓必定是最高大的，其高大之状犹如山陵，而陵又有崇高的意思，所以在战国中期以后，君王的坟墓开始称为“陵”。中国古代皇陵是我国封建社会特有的建筑文化产物。不同时期的陵墓建筑，受到当时、当地制度的影响和制约，表现为不同的形式。

秦汉时封土为覆斗形“方上”陵墓形制。具体方法是挖坑筑石为墓，用黄土层层夯筑呈覆斗形而为坟，这时的陵墓之所以呈方形，乃与秦汉时以方形为贵有关。当时认为帝王是大地的主宰，按天圆地方之说，所以取方形。陕西临潼的秦始皇陵和西安西郊的西汉陵都属于“方上”。据说秦始皇陵是始皇亲自参加设计的，含有“永远独霸四方”之意。

唐时是以山为陵。它是利用地形，以山峰作为陵墓的坟头。像秦始皇陵那样大型封土不仅费工，而且不安全，以山为陵则可以少花人力并可利用山岳雄伟的形势来体现帝王至高无上的权威和宏大的气魄，还可以防止盗挖。唐代帝陵一开始就采用了这一形式，安葬唐太宗李世民的昭陵就是以位于陕西礼泉县的九嵕山为坟，在山腰开凿石洞为玄宫，墓室深230米，非常坚固。

帝王陵墓在秦、汉时期盛行“方上”封土，唐时“以山为陵”，北宋时恢复了秦汉旧制，元时不建陵寝，明清时对陵寝制度又做了一次重大的改革。首先，陵墓的形制由秦汉两宋时期的方形改为圆形；其次，取消了秦汉两宋陵园中供奉帝王灵魂日常起居生活的下宫建筑，保留和扩建了供谒拜和祭祀的上宫建筑，从而更加突出了一年三举的上陵之礼；最后，陵园的围墙由唐宋时期的方形改为长方形，陵园由南向北分为三个院落：第一个院落由碑亭、神厨、神库等组成，第二个院落是祭殿和配殿，第三个院落是埋葬先皇的地方，设有牌坊、五供座、方城明楼和宝城宝顶。

二、陵墓建筑的分类

陵墓若分开来讲，陵一般指地上建筑，墓则是地下部分。按陵墓的形制，可分为三种类型：无陵无墓、有陵无墓、有陵有墓三类。

1. 无陵无墓

天葬、水葬、悬棺葬等丧葬方式属于此类，尸体或消失或置留在大自然中。

2. 有陵无墓

有地上祭奠用的建筑或墓碑，而没有地下的墓穴与尸体。这种状况的形成大致有两种原因：一种是尸体不存在，对于历史久远的祖先和无法找到尸体的英雄，人们为寄托自己的哀思，修建了他们的祭奠场所，如黄帝陵和炎帝陵就是如此。为祭奠中国古今征战沙场的英雄，后人为其修建了共用的纪念碑。一种是陵、墓不在一处，如元代蒙古族的墓。在蒙古族的历史上，贵族有秘密安葬的传统。据《草木子》一书记载：贵族去世后葬在一片水草丰美的草原上，葬完，以万马将此处踏平。与此同时，在埋葬地当着母骆驼的面杀死它的小骆驼。之后派近千人在此守候，待来年春天绿草遍地，无法辨认葬地在何处时，守候人离去。若要祭奠时，就跟在当年的那只母骆驼的后面在它停住并发出悲哀的叫声的地方，就是墓地。就是由于这个传统，一代天骄成吉思汗的墓地究竟在何处，众说不一。目前，位于内蒙古鄂尔多斯高原南部，伊金霍洛旗境内的成吉思汗陵，其中只有安放其空灵柩的陵而没墓。

3. 有陵有墓

即地上封土、祭奠的殿堂与地下墓穴、尸体都存在的陵墓类型，如明清帝王陵墓就是这种形式。

相关链接 搜索

秦始皇陵

秦始皇陵，为中国历史上第一位皇帝——秦始皇嬴政的陵墓，是世界第八大奇迹，世界文化遗产，国家重点文物保护单位。秦始皇陵位于陕西省西安市临潼区骊山脚下。据史书记载，秦始皇嬴政从 13 岁即位时就开始营建陵园，由丞相李斯主持规划设计，大将章邯监工，修筑时间长达 38 年，工程之浩大、气魄之宏伟，创历代封建统治者奢侈厚葬之先例。

秦始皇陵南依层峦叠嶂、山林葱郁的骊山，北临逶迤曲转、似银蛇横卧的渭水之滨。高大的封冢在巍巍峰峦环抱之中与骊山浑然一体，景色优美，环境独秀。陵墓规模宏大，气势雄伟。陵园总面积为 56.25 平方千米。陵上封土原高约 115 米，现仍高达 76 米。陵园内有内外两重城垣，内城周长 3840 米，外城周长 6210 米。内外城郭有高 8~10 米的城墙，今尚残留遗址。墓葬区在南部，寝殿和便殿建筑群在北部。陵园以封土堆为中心，四周陪葬分布众多，内涵丰富、规模空前，有闻名遐迩的兵马俑陪葬坑、铜车马坑、大型石质铠甲坑、百戏俑坑、文官俑坑以及陪葬墓等 600 余处。

秦始皇陵是中国历史上第一座帝王陵园，它规模宏大、气势雄伟、结构独特，充分展现了 2000 多年前中国人民巧夺天工的艺术才能，是中华民族的骄傲和宝贵财富。

——资料来源：王少如．秦始皇陵与兵马俑［M］．上海：上海世界图书出版公司，2008.

第七节　宗教建筑

中国的宗教建筑历史悠久，在遵从宗教教旨的基础上充分体现了丰富的民族特色和民俗特色。其深厚的宗教文化内涵和丰富的建筑外形都具有十分明确的世俗政教意义。

一、佛教建筑

从两汉、三国、两晋到南北朝，再从隋唐时代到明清，佛教的发展到今天已有两千多年的历史。

两汉时期的佛教建筑处于初期阶段，现存不多。东汉永平七年（64 年），东汉明帝派使者到西域去求佛法。东汉永平十年（67 年），天竺（古印度）僧人携带佛教经像来到洛阳，由于当时佛经是由白马驮负，故名白马寺。从此，佛教在我国开始传播开来，白马寺成为中国历史上第一所佛教寺院。

魏晋南北朝时期，频繁战乱、儒家思想崩溃以及玄学兴起等客观因素为佛教的发展创造了良好的条件，佛教因此迎来了第一个鼎盛时期。佛寺数量和规模都大大超越前代，南朝仅建康一地就有佛寺 500 余所。我国早期的寺院布局受印度的“塔院”配置影响，主要建筑沿中轴线布局：前有寺门，门内建塔，塔后建佛殿，塔位于寺中央，成为寺的主体。

隋唐时期，佛教仍然受到统治阶层的推崇，尤其以女皇武则天最为尊崇。但是，佛教兴盛也带来了严重的社会问题。很多佛寺拥有大片田产却不纳税，很多平民也以成为僧人的方式逃避兵役赋税。因此，这一时期也曾出现多次“灭佛”事件，仅唐会昌五年（845 年），一次“灭佛”就拆毁佛寺 44000 多所。正是由于这些大规模的灭佛行为以及自然人为的破坏，唐代及唐以前的佛寺建筑除佛光寺大殿与南禅寺正殿外，其他均已荡然无存。南北朝至唐代，逐步形成了中国式寺院的基本形式，主要不同点在于供奉佛像的佛殿开始成为寺院主体，塔不再位于寺院中心。

从宋代至清代，佛教继续发展，但由于“灭佛”的影响以及统治阶层的态度，佛教始终未能恢复到隋唐时的盛况。但是佛寺进一步得到发展，完全民族化，以南北中轴线为中心，形成规模宏大的以殿、堂、楼、阁、亭等组成的空间组合，采用中国传统世俗建筑的院落式格局，把整个佛寺建筑群推向了高潮。形成了具有中国民族风格的一整套配置，如照壁、山门、钟鼓楼、天王殿、大雄宝殿、法室、藏经楼等。同时，喇嘛教开始兴起与传播。喇嘛教又称藏传佛教，与中原地区的汉地佛教在教义、修行、寺庙建筑上都有许多不同。

元代和清代，喇嘛教都被尊为国教，因而逐渐传入内地。在今天的北京、承德和山西五台山等传统中原汉地，也先后出现了一些喇嘛教寺院。

相关链接 搜索

中国佛教寺院的位置

根据佛教寺院所处位置，可分为两种情况：在平地建寺，即为平地寺；若在山中建寺，即名曰山寺。

山寺一般都建在山林之间，有的建在山下，有的建在山腰，还有的建在山顶端，这由各寺选择相宜之地来决定。一个寺院，如果经济收入高，高僧势力大，就会在山间建立大寺。唐宋以来，禅宗发展很快，禅宗主张“清净无为”，所以禅宗寺院一般都很朴实。

大部分山寺都建在山腰偏上的部位，登入时，需沿着山间溪流逆流而上。在山下远观，全寺藏于万树丛中，根本看不到寺院；如果站立在寺院中，远望山下十里风光，则村屋林舍，尽收眼底。北京灵鹫峰灵鹫寺、山西交城石壁山玄中寺、河南修武云台山百家岩寺、山西洪洞霍山广胜寺等都是这种选址方式。

在山顶端建寺也比较普遍。峨眉山、九华山、五台山的山顶端都建有寺院，甘肃平凉崆峒山、山西吕梁山也都在山顶端建有寺院。

在山脚下建立的寺院，人们常称之为山根寺。在山根建寺，这是一个信号，说明由这座寺院可以登山，山上有寺或者是山上有风景点，山根寺就成为总的引路口和进山的要道。四川峨眉山报国寺即是山根寺，是登入峨眉山的通路要道。

山夹寺，指把一座寺院建在两山之夹缝中或一山之劈洞中，前后可从外部观览到，这两旁则是大山之劈缝。这是充分利用地形建造的奇特巧妙之作。

在江边建立寺院，也是别有风味。这种寺院选址在大江之边，例如安徽安庆迎江寺，出山门马上可以看到浩瀚的长江。

在江心建造佛寺，可称为江心寺。江心寺建在大江之中心岛上，四面临江，天地接连，气象壮观。例如，浙江温州江心寺就是这样选址的。从大江之南北岸边都可远望江心寺。寺院又分为东西二院，各建造一座塔，成为江心寺的标志，远远都可望见。即使是在大雾迷漫的天气，也可从远处看到二塔，十分引人入胜。

——资料来源：张驭寰．中国佛教寺院建筑讲座［M］．北京：当代中国出版社，2008.

二、道教建筑

东汉末年，道教初创，山居修道者，大都沿袭道家以“自然为本”的思想，结舍深山，茅屋土阶，甚至栖宿洞穴，反映了他们顺乎自然、回归自然的旨趣。汉张道陵在巴蜀汉中创五斗米道时，设二十四治所，建筑规模也是小而简陋的。

魏晋南北朝时，北方寇谦之、南方陆修静分别整顿改革道教，创立了新的北、南天师道，以适应儒家的礼法制度，受到了统治阶级的欢迎，很多崇道皇帝在京邑为道士大兴道观。当时道教建筑已达到相当的规模，并趋于定型。

唐、宋两代是道教的鼎盛期，恰好这一时期以高台基、大屋顶、装饰与结构功能高度统一为主要特色的中国木结构建筑，经过两汉和魏晋南北朝的发展，不论从建筑形制到组群布局还是工艺水平等方面，都达到了相当成熟的阶段。帝王宫殿陵寝以至王公官吏和庶人的住宅，门厅的大小、间数、架数以及装饰、色彩等都有严格的规定，这就为道教建筑的大规模发展奠定了基础。据《唐六典·祠部》记载，当时天下宫观总1687所。道教建筑被统称为宫观，就是从这一时期开始的。唐、宋两朝也是儒、佛、道三教建筑相互影响、彼此吸收的大圆融时期。儒家的宫、殿、堂、厅、门、阙等官方建筑固然已被佛道大量借鉴到神堂佛殿建筑中，即佛道的山门、藏经楼、牌坊等也和孔庙、书院等的同类建筑，在形制和布局组合上都有相似之处。

元明以后，道教衰落，在建筑上也墨守成规，没有大的发展。12世纪中叶，全真道在北方兴起，后来扩及南方。全真道主张出家清修，因而它的宫观建筑也多仿照佛教禅院，并且建立起子孙庙和十方丛林两个系统。庙中师傅即住持，收受弟子，称道童。十方丛林不招收弟子，只为各小庙推荐来的弟子传戒。教规和财产管理都有严格的制度。

三、伊斯兰教建筑

伊斯兰教自唐朝传入中国后，在我国古代建筑宝库中就出现了伊斯兰建筑这一新的建筑类型。随着时间的推移，各文化间的相互渗透，我国伊斯兰建筑也在不断发展变化，并逐步形成了我国伊斯兰建筑特有的结构体系和艺术风格。

伊斯兰教约在唐永徽二年（651年）传入我国，首先在东南沿海的一些商业城市和西北地区，出现了伊斯兰建筑这个新的建筑类型。广州怀圣寺创建于唐，是我国现存最早的清真寺。

宋朝伊斯兰建筑的情况，史书很少记载。宋时礼拜堂多为私家所有，只是豪富商人或大地主才能具备。宋时建筑遗留至今的仅有泉州清净寺一例。这个时期伊斯兰建筑受我国建筑影响很少。其平面布局不强调对称，礼拜殿、大门及宣礼塔等多用砖石砌筑，多用尖拱圈或穹隆顶，内部多用植物纹组成装饰纹样。其平面布局、外观造型和细部处理，都体现出鲜明的阿拉伯风格，与早期的阿拉伯伊斯兰建筑手法一脉相承。

元代伊斯兰教大规模传入中国，伊斯兰教建筑大为发展，开始出现了以中国传统建筑布局和结构体系为基础，结合伊斯兰教特有功能和要求的中国式伊斯兰教清真寺建筑。史书记载看，元代清真寺建筑已很多，北京、广州、昆明等地均有遗迹可寻。但真正留存至今的为数已极少。这时较为著名的伊斯兰建筑有杭州凤凰寺、河北定县清真寺、昆明大南门寺等。

明代以后，中国伊斯兰教建筑出现高潮，产生了讲经堂、道堂、拱北等建筑类型。形成了两大系统：一是内地回族等民族的清真寺、拱北；一是新疆地区维吾尔等民族的礼拜寺、玛扎。它们是两种不同形式、风格各异的中国伊斯兰教建筑。

第八节　民居建筑

一、民居建筑的起源与发展

民居总是一定历史时代的社会存在物，伴随着人类社会生产力的发展而不断进化。中国民居发展史经历了原始社会民居、奴隶社会民居、封建社会民居和近现代民居等几个阶段，创造了具有中国特色的民居文化。

在原始社会初期，我国境内人类活动伊始，人们并没有建筑的概念，他们对于生存空间的要求，也只是能够遮风避雨，抵御猛兽侵袭。他们或者栖身在天然的洞穴中，或者与鸟兽混杂在一起。在地势低洼、气候潮湿而多虫蛇的地方，人们会选择巢居。

随着生产力的缓慢提高及民族文化的逐渐形成与发展，人们的居住状态也从巢居和穴居发展到了新的阶段。在南方较潮湿地区，巢居演进为初期的干栏式建筑。在北方，从穴居到木架和草泥建造出的简单的半穴居，发展为地上的木骨泥墙房屋。

夏商周时，民居建筑逐渐发展，比较有代表性的是陕西岐山凤雏村的早周遗址，是一座相当严整的四合院式建筑，院落布置和现代四合院近似。

秦汉时，古建筑的很多主要特征都已形成，木构架结构技术已日渐完善，其主要结构方法抬梁式和穿斗式已发展成熟，斗拱的组合和结构形式已很清晰。秦汉民居多为一堂二室，较大的院落习惯于建筑木楼，以登高望远，保障宅院安全。

魏晋南北朝在建筑材料方面，砖瓦的产量和质量有所提高，金属材料被用作装饰；在技术方面，木结构技术显著提高。宗室权贵、名门望族竞相建筑府第庄园，极其奢华。一些乡间大族多聚族而居，人口可达数千上万，比屋而居。住宅有一进、二进、三进或多进的大宅院。

隋唐是我国封建社会的鼎盛时期，在木架结构、砖石建筑、建筑装饰等方面都有巨大发展。唐时木建筑解决了大面积、大体量的技术问题，并已定型化，当时木构架如斗拱等构件形式及用料都已规格化。砖石建筑有进一步发展，建筑艺术日趋成熟。但是，普通民居建筑总是处于建筑领域的劣势地位。这一时期民居多以竹为栋椽，以茅草铺盖屋顶，以泥土砌成台阶，较之贵族建筑的富丽堂皇，民居更加灵活多样。

两宋在军事上相对衰落，但手工业与商业发达，为建筑的持续发展奠定了良好的基础。建筑构件和工料估算在唐代基础上进一步标准化、规范化，将木构架建筑的用"材"尺寸分等，按房屋大小、主次来量屋用"材"。从建筑外观和装饰来讲，宋朝民居的规模一般比唐朝小，但比唐时更为秀丽、绚烂而富于变化，风格渐趋柔和。

明朝建立后，随着社会经济的恢复，建筑也迅速发展起来。结构方面，经过元代的简化，到明代形成了新的定型的木构架，斗拱的结构作用减少，梁柱构架的整体性加强。但是明代是一个建筑等级森严的朝代，官宦和平民住宅只能使用悬山顶和硬山顶，并限制斗拱和色彩的使用。

清康熙至乾隆时期是经济最辉煌的时期，由于采取了一系列重大有效的振兴经济的措施，农业、手工业和商业等方面的封建经济取得巨大成绩，也使得建筑的发展有了物质保障。清时由于官私建筑大规模发展，木材积蓄又日渐稀少，砖瓦的供应量明显增加，因而一般质量较好的民居大多用砖材作围护材料，以砖石承重或砖木混合结构形式的建筑较明代增多。

案例

中国传统古结构的抗震性能

中国的古城多采用木结构或砖木体系，不仅源于当时的木料充足和施工简便，还因其抗震能力较强。

丽江古城的建筑以砖木结构为主，抗震性能居中。这种结构的木柱立在地基础石的浅槽里而不埋在土中，柱子上架设横梁枋，再由檩椽等铺设屋顶，其间的联结皆由榫卯完成，构成一个木架整体，重量由柱子承载；木柱间的墙壁用土、砖、砂石等灰浆筑成，只起隔断和保温作用，不承重。木结构与砖石墙在地震时的反应存在巨大差异。

不难看出，墙体的自重大，强度、刚性、吸能和延性变形等能力都较差，一旦受到地震波的冲击，容易发生脆性破裂和失稳，导致墙体坍塌。相比之下，木结构则不同，地基的振动虽然会引起木柱基石的运动，但基石与木柱间因没有固定联结，可以允许一定量的水平位错，于是便大大降低了地基传入结构的水平振动能量，加之结构具有自重小、弹性好、可容许的变形幅度大等特点，故木结构的延性大，耗能能力强，抗震性能好。另外，也是极重要的一点，榫卯结构把柱、梁、斗拱、檩、椽紧密地联结成了一体，形成了富有韧性的软性联结结构，彼此间没有或仅有极弱的相对运动，避免了局部振动和应力应变的集中。因此，中国传统的木结构会历经地震洗礼，很难倒塌。

1056年兴建的山西应县木塔，高67.31米，底层直径30.27米，红松木料，自重2600多吨，塔身有54种斗拱结构，皆由榫卯完成镶嵌、穿插、咬合而成。山西多次地震、数次战乱，木塔依然气定神闲，巍然屹立，显出木结构建筑的良好抗震性能。同样，湖南的岳阳楼、浙江的报国寺、北京的天坛等木结构巨作也都采用榫卯联结，达到了极致的拼接，具备了很好的抗震效果。

——资料来源：冯锐，肖莉．小谚语大道理——鲁班盖房，墙倒屋不塌［J］．防灾博览．2004（6）．

案例分析

哪些因素使得中国古代建筑有极高的抗震性？

二、民居建筑赏析

庭院式住宅是中国传统住宅的最主要形式，其数量多，分布广，为汉族、满族、白族等民族大部分人及其他少数民族中的一部分人使用。这种住宅以木构架房屋为主，在南北向的主轴线上建正厅或正房，正房前面左右对峙建东西厢房。由这种一正两厢组成的院子，即通常所说的“四合院”“三合院”。长辈住正房，晚辈住厢房，妇女住内院，来客和男仆住外院，这种分配符合中国封建社会家庭生活中要区别尊卑、长幼、内外的礼法要求。这种形式的住宅遍布全国城镇乡村，但因各地区的自然条件和生活方式的不同而各具特点。

（一）四合院、三合院和东北大院

四合院是一种由几幢单体建筑组合而成的典型北方住宅形式，尤其以北京四合院最具特色，整个院子一般由门、廊子、厅堂、寝室、厢房、耳房、倒座、花园等相互配合组成。院门一般开在院子的东南角，院中的北房是正房，正房建在砖石砌成的台基上，比其他房屋的规模大，是院主人的住室。院子的两边建有东西厢房，是晚辈们居住的地方。在正房和厢房之间建有走廊，可以供人行走和休息。四合院的围墙和临街的房屋一般不对外开窗，院中的环境封闭而幽静。一般的四合院都有二进院落，大型的有三四进院落甚至更多，这种院落组合极为灵活，往大了扩展，可以是王府甚至皇宫；往小了收缩，就是普通百姓的住宅。

清康熙、雍正之后，由于北京、天津城内地价日益昂贵，出现了大量“三合院”，三合院有正房3间，中间为堂屋，东西为厢房2~3间。正房前方屋檐外伸，可用来吃饭、歇脚。厢房开间比正房小，两端有围墙相连，墙中间朝南开门。

在东北地区，纬度较高，四合院的庭院空间扩大以引纳阳光，演化为东北大院。

（二）天井院

中国南部江南地区的住宅，平面布局同北方的“四合院”大体一致，只是院子较小，称为天井院。天井民居以横长方形天井为核心，四面或左右后三面围以楼房，阳光射入较少。正房即堂屋前向天井，完全开敞，狭高的天井起着拔风的作用。各屋都向天井排水，外围耸起马头山墙，可防火势蔓延。墙头高出屋顶，做阶梯状，砖墙抹灰，覆以青瓦墙檐，白墙黛瓦，明朗而素雅，是南方建筑一大造型特色。

（三）“一颗印”“三坊一照壁”和“四合五天井”

“一颗印”是汉族传统居民之一，流行于陕西、安徽、云南等地，尤其以云南最为盛行。“一颗印”即围绕天井布置房屋，北面正房大都为三间，东西两侧为厢房，南面为厅房，也是大门所在的地方。“一颗印”的东、南、西、北房屋全部相连固合，既防风又避日晒。由于它的外观犹如印鉴，所以俗称“一颗印”。

大理白族自治州的白族和丽江市玉龙纳西族自治县的纳西族都是受汉文化影响较大的民族，他们的传统民居由正房和两侧厢房加上南面的照壁围合而成，称为“三坊一照壁”。另一种民居形式称为“四合五天井”，指由正房、下房、左右厢房四坊房屋组成的封闭式四合宅院。除中间一个大天井外，四角还有四个小天井或漏间。

复习与思考

一、名词解释

抬梁式　穿斗式　坛庙　四合院

二、简答题

1. 中国古建筑的特征主要有哪些？
2. 中国常见的庭院式民居建筑具体有哪些形式？

三、 单项选择题

1. 世界上现存最大、最完整的宫殿建筑群是（　　）。

A. 北京故宫　　B. 沈阳故宫　　C. 天坛　　D. 大明宫

2. 中国历史上第一所佛教寺院是（　　）。

A. 少林寺　　B. 白马寺　　C. 悬空寺　　D. 大相国寺

四、 多项选择题

1. 早在原始社会晚期，黄河中游的氏族部落已经学会在地面上建造房屋，具体技术有（　　）。

A. 夯土技术　　B. 木骨泥墙　　C. 烧烤地面　　D. 室外洒水

2. 北宋开封城也就是今天的开封城及其附近郊区所在地，分内外三重，主要包括（　　）。

A. 外城　　B. 里城　　C. 宫城　　D. 皇城

3. 明清时造园的创作思想中居于创作主导地位的是（　　）。

A. 自然观　　B. 写意　　C. 诗情画意　　D. 祭祀祈祷

五、 思考题

在宫殿建筑、陵寝建筑、园林建筑或民居建筑等多种建筑形式中，选择一种你感兴趣的建筑形式，通过网络或图书馆等资源搜集相关资料，写一篇小文章，谈谈你对这种建筑形式的认识。

推荐阅读

1. 刘敦桢．中国古代建筑史［M］．北京：中国建筑工业出版社，1984.

2. 梁思成．中国建筑史［M］．北京：生活·读书·新知三联书店，2011.

3. 孙大章．中国民居研究［M］．北京：中国建筑工业出版社，2004.

第九章 中国历史文化遗物——器物文化

本章导读

中国历史文化遗物也称为文物，包括可移动文物和不可移动文物。本章内容所指的历史文化遗物主要指的是可移动文物。中国历史源远流长，文化博大精深，历史文化遗物浩如烟海，不可胜数。这些文化遗物有的散落民间，有的流失海外，也有很多收藏在国家博物馆和各省区市以及各种类型的博物馆（院）中。本章主要从陶器、瓷器、漆器、玉器、丝绸等类型，对中国历史上留下的文化遗物加以分类学习。

学习目标

知识目标

1. 了解和掌握陶器、瓷器的起源和发展，不同时代的瓷器类型和特色等文物基础知识。
2. 了解和掌握漆器、玉器等文物的产生和发展，及其不同时代的器物类型和特色等知识。
3. 了解丝绸及其他手工艺品的工艺特色等相关知识。

能力目标

1. 通过对不同器物知识的学习，锻炼学生的分析能力。
2. 使学生具备初步的辨别文物的能力。

课程思政目标

1. 通过学习中国陶瓷、漆器、玉器、丝绸织品等传统器物文化方面的内容，提高学生的中国历史文化素养。
2. 通过学习中国传统器物文化所包含的丰富文化内容，感受中国历史文化的博大精深，在提升学生的旅游管理专业基础素养的同时，坚定学生的文化自信。

案 例

清代乾隆时期宫廷玉器展览

2012 年 7 月，北京故宫博物院在故宫内举办了清代乾隆时期宫廷玉器展，此次展览共选用展品 155 件（套），力图从多方面表现清代乾隆时期宫廷玉器的主要品种和使用情况。展览分陈设用玉、日常用玉、仿古玉器和玉珍玩四个部分，品种繁多，做工精致，显示出乾隆皇帝个人对玉器的爱好与影响。这次展览，使当时到故宫博物院参观的游客大饱眼福。

——资料来源：中国网

案例分析

中国从北京到地方，有很多收藏丰富的博物馆（院）。如果你是一名导游，当你带领游客到中国国家博物馆、河南省博物院或陕西历史博物馆等地参观游览时，面对令人眼花缭乱的文物，你觉得自己应该具备怎样的知识和能力？

第一节　陶瓷

一、陶瓷的起源和发展

人类在长期的劳动和生活实践中，经常和泥土打交道，逐渐发现了黏土与适量的水混合后，就会有黏性和可塑性，可以用手随意把它塑造成各种形状，在强烈的太阳光下晒干，泥坯变硬，即可盛放干东西。当然，这些土器由于没有经过焙烧，不太坚固，使用时容易破碎，尤其遇水会溶化。但是，随着人类世世代代长期用火经验的积累，对于火的使用有了进一步的认识。火与土的结合，社会生活的需要，这就为陶器的出现提供了必要的条件。从旧石器时代晚期起，人类已用黏土塑造某些形体，如江西万年县仙人洞发现的陶片，据测定距今就有一万年以上，是我国迄今发现最早的陶器。

陶器的出现，揭开了人类利用自然、改造自然，与自然做斗争的新篇章，标志着新石器时代的开端，是人类生产发展史上的一个里程碑。在新石器时代，我国的陶器工艺开始出现。我们的祖先开始制造各类日用陶器，如各种汲水器、炊煮器和储藏器，并设计出实用与审美相结合的各式不同器皿造型，还创造了绳纹、划纹、篦纹、压印纹、指甲纹、锥刺纹以及堆贴、彩绘、镂空等装饰手法，使陶器在器皿的基础上，发展为原始社会灿烂的艺术之花。黄河流域是我国新石器时代文化分布较密集的地区，在此发现的仰韶文化、马家窑文化、大汶口文化、龙山文化等遗址，出土了大量陶器。

夏、周、商三代文化，灰陶占制陶工艺的主流，商代原始瓷器出现，从此陶和瓷形成了各自发展的两个支流。采用纯白的高岭土造器皿，是我们祖先的一大发明。由战国至秦汉 600 多年间中过出现了第一个文化高潮（陕西兵马俑）。到了汉代有了彩绘陶壶，东汉晚期创造性地烧成了青瓷，对人类的物质文明做出了巨大的贡献，三国时期越窑青瓷造型质朴，纹饰简单。南北朝时，北朝白瓷的烧成，是陶瓷史上的又一件大事，其中白瓷莲瓣罐是后来彩绘瓷发展的基础，也是邢窑、定窑名瓷的先驱。隋、唐、宋时期，正处于中国陶瓷发展中的重要阶段，在继承原有技术的基础，唐代的青瓷、白瓷都进入成熟阶段，釉下装饰开始出现，斑驳绚烂的三彩陶开始大量生产。宋代是我国陶瓷发展史上的高峰期，五大名窑（钧、汝、官、哥、定）各有特色的陶瓷制品名扬天下。元、明、清三代是中国陶瓷美术发展的新阶段。特别是元代的青花瓷器在中国制瓷史占有一席之地，我国制瓷工艺发展到明代，已进入到以彩瓷为主的黄金时期。明清景德镇瓷窑已成为“天下窑器所聚”，其生产的精美陶瓷是中华民族文明的瑰宝。明清甚至出现了大量陶瓷世家。19 世纪后半叶以来，特别是鸦片战争以后，我国国内陶瓷手工业开始走下坡路。

二、陶器

陶器是指以黏土为胎，经过手捏、轮制、模塑等方法加工成型后，在 800~1000℃高温下焙烧而成的物品，坯体不透明，有微孔，具有吸水性，叩之声音不清。陶器可区分为细陶和粗陶，白色或有色，无釉或有釉。品种有灰陶、红陶、白陶、彩陶和黑陶等。具有浓厚的生活气息和独特的艺术风格。

（一）原始陶塑

在 1953 年发现于陕西西安市半坡村的半坡遗址属仰韶文化类型，出土的陶器以卷唇盆和圆底的盆、钵及小口细颈大腹壶、直口鼓腹尖底瓶为典型器物，造型比较简单。据鉴定，其制作年代为公元前 4800~前 4300 年。半坡出土的陶器纹饰主要有动物纹、几何纹、编织纹三种。另外，在彩陶钵口沿的黑色宽带纹上，饰有各种符号，可能代表着各种特殊的意义或某种特定的记号。仰韶文化半坡类型葫芦形人面纹彩陶瓶（陕西临潼出土）、人面鱼纹彩陶盆（见图 9-1），由细泥红陶制成，敞口卷唇，盆内壁用黑彩绘出两组对称的人面鱼纹。

图 9-1 人面鱼纹彩陶盆

图 9-2 三足陶鼎

在距今 7000 年的河南新郑县的裴李岗遗址，发现了泥条盘筑法制成的泥质或夹砂红陶杯、碗、盘、钵、壶、罐等。其中三足钵、双耳壶最有代表性，有篦点纹、弧线纹、划纹、指甲纹、乳钉纹、绳纹等纹饰。在河南博物院有一件保存完好的裴李岗时期的陶鼎，为夹砂红陶，手工泥条盘筑而成；大口卷沿，底圆而鼓，下附有三个长方形扁状足，腹部装饰有三圈乳钉凸饰（见图 9-2）。这件陶鼎被视为裴李岗文化的典型器物。

（二）秦汉陶塑

秦代陶器以关中秦故地的陶器为代表，秦代陶器多仿铜器，典型器物有茧形壶、盆、鬲等。许多器皿都很有特点，如茧形壶，又称鸭蛋壶，腹部向两侧横延，酷似蚕茧，又似鸭蛋，窖底盆，在秦都咸阳宫殿遗址中出土，口和底均似椭圆形，口缘外卷，腹部略向外突，厚实坚硬，出土时数节相套，口径 1 米，高 60 厘米，底径 50 厘米，可能为贮粮之用。在秦朝众多的陶器艺术中，最为辉煌的为秦始皇陵兵马俑，它是世界雕塑艺术史上的杰作，被誉为世界奇观。将军俑、军士俑威武高大、表情各异，车马俑大小逼真传神、阵形严整、气势雄壮。

汉代陶器的工艺水平很高，造型优美，质地精良。品种、装饰则因地区不同而不同。陕西关中地区常见的日用陶器有豆、盆、筒杯、勺、钵等。明器包括礼器鼎和模型明器仓、陶囤以及各种动物形象。纹饰多为变形回纹、三角纹和窝纹。汉代陶塑题材广泛，艺术性大为增强。成都天回山出土的击鼓说唱俑手舞足蹈、神采飞扬、生机盎然，活灵活现，神形兼备，令人叹为观止。汉代砖雕、瓦当画面细腻，内容丰富，极富时代气息，生动地再现了当时的社会风情。

（三）唐三彩

唐代是中国封建社会的鼎盛时期，经济上繁荣兴盛，文化艺术上群芳争艳，唐三彩就是这一时期产生的一种彩陶工艺品，它以造型生动逼真、色泽艳丽和富有生活气息而著称（见图 9-3 和图 9-4）。

图 9-3　三彩胡人牵骆驼俑

图 9-4　人舞俑

唐三彩是一种低温釉陶器，在色釉中加入不同的金属氧化物，经过焙烧，便形成浅黄、赭黄、浅绿、深绿、天蓝、褐红、茄紫等多种色彩，但多以黄、褐、绿三色为主。唐三彩在色彩的相互辉映中，显出富丽堂皇的艺术魅力。唐三彩用于随葬，作为明器，因为它的胎质松脆，防水性能差，实用性远不如当时已经出现的青瓷和白瓷。

唐三彩的产地分布在长安和洛阳两地，在长安的称西窑，在洛阳的则称东窑。唐代盛行厚葬，不仅是达官贵人，百姓也如此，已形成一股风气。唐三彩种类很多如人物、动物、碗盘等。大致上较为人喜爱的是马俑，有的扬足飞奔，有的徘徊伫立，有的引颈嘶鸣，均表现出栩栩如生的姿态。至于人物造型，有妇女、文官等，根据人物的社会地位和等级，刻画出不同的性格和特征。

（四）紫砂陶器

紫砂陶器又称宜兴紫砂陶器。紫砂泥外观呈紫红色，质地柔软，结构致密，由水云母、高岭土、石英碎屑、赤铁矿等主要矿物组成，具有良好的可塑性。宜兴紫砂陶器的造型大体可分为几何型、自然型、筋纹型和仿古型等几大类。通过点、线、面的巧妙组合与泥色的浑然配置，集造型、色泽、书画、诗词、雕刻于一体，使紫砂陶器别具一格。紫砂陶器通常采用绞泥、浮雕、镂刻、填泥和银丝镶嵌等装饰手法。生产的品种有餐具、茶具、文具、雕塑和陈设工艺品共 2000 多种。其中以紫砂茶壶最具特色，造型典雅大方，色泽古朴浑厚，既可供人欣赏，又是优良的饮茶用具（见图 9-5）。

图 9-5　紫砂陶器

三、瓷器

瓷器是一种由瓷石、高岭土等组成，外表施有釉或彩绘的物器。瓷器的成形要通过在窑内经过高温（约 1280~1400℃）烧制，瓷器表面的釉色会因为温度的不同从而发生各种化学变化。烧结的瓷器胎一般仅含 3%不到的铁元素，且不透水，因其较为低廉的成本和耐磨不透水的特性广为世界各地的民众所使用。中国是瓷器的故乡，瓷器的发明是中华民族对世界文明的伟大贡献，在英文中“瓷器”（china）与中国（China）同为一词。大约在公元前 16 世纪的商代中期，中国就出现了早期的瓷器。因为其无论在胎体上，还是在釉层的烧制工艺上都尚显粗糙，烧制温度也较低，表现出原始性和过渡性，所以一般称其为“原始瓷”。中国制造瓷器，早于欧洲 1000 多年。

（一）青瓷

图 9-6　青瓷

青瓷，是因釉料中含铁，烧制后呈青绿色的瓷器（见图 9-6）。在中国陶瓷史上，青瓷一直位居核心地位，素有“瓷海明珠”美誉。青瓷以瓷质细腻，线条明快流畅、造型端庄浑朴、色泽纯洁而斑斓著称于世。

在商代和西周遗址中发现的“青釉器”已经明显地具有瓷器的基本特征，青瓷釉下拍印云雷纹、网纹、方格纹等纹饰是我国迄今发现最早的。

东汉以来至魏晋时制作的瓷器，从出土的文物来看多为青瓷。这些青瓷的加工精细，胎质坚硬，不吸水，表面施有一层青色玻璃质釉。这种高水平的制瓷技术，标志着中国瓷器生产已进入一个新时代。两汉时瓷器生产已初具规模，但未形成风格。在今浙江上虞就有几十处汉代瓷窑遗址。东汉晚期，成品胎质坚细，釉彩厚薄均匀。魏晋南北朝时，制瓷区由南向北扩展，北魏关中窑（在今西安）、洛京窑（在今洛阳）出产许多精品。南北两大瓷系已经出现。北方青瓷胎色比南方淡，但光泽性好、玻璃质强，釉面常有开片，胎体厚重，形体硕大，有堆贴、模印、雕镂、刻画等装饰方法，纹饰受佛教影响，莲花纹、忍冬纹较多。

（二）白瓷

白瓷是在青瓷烧制技术基础上将胎料中的铁成分控制到低于 0.75%，使其不干扰色质、表里皆白的瓷器，以含铁量低的瓷坯，施以纯净的透明釉烧制而成（见图 9-7）。南北朝晚期在北方出现，但成熟的白瓷在隋代才出现，唐代达到极盛。北齐范粹墓出土的白瓷，是我国迄今最早的白瓷。初唐时的白瓷，釉色尚泛青；盛唐以后，釉色渐渐纯正。已查实北方地区生产白瓷的窑址有河北内邱邢窑、曲阳窑，河南巩县窑、鹤壁窑，安徽萧窑等。五代时，江西景德镇也开始烧造白瓷。河北的邢瓷为当时的代表，邢窑北齐开创、中唐鼎盛，五代后渐衰。其胎质细洁、釉色白润、致密，器壁坚而薄，器型稳厚、线条流畅，叩之悦耳。在唐代，南青北白两大瓷系最终形成，世称“南青北白”。

图 9-7　白瓷

宋元时，宋代白瓷以河北曲阳的定窑为代表。山西介休、盂县、平定也都生产白瓷，后来白瓷发展出青白（又称影青，北宋中期景德镇）、甜白（明代永乐窑生产的最为著名）、象牙白（明代德氏窑）、粉白等品。人们用“白如雪、薄如纸、明如镜、声如磬”，“莹润剔透、凝脂冻玉”描述白瓷。

（三）青花瓷

青花瓷又称白地青花瓷器，它是用含氧化钴的钴矿为原料，在陶瓷坯体上描绘纹饰，再罩上一层透明釉，经高温还原焰一次烧成。钴料烧成后呈蓝色（见图 9-8），具有着色力强、发色鲜艳、烧成率高、呈色稳定的特点。以长沙窑为代表的彩瓷、河南巩县（今巩义市）青花瓷的出现，打破了“南青北白”的格局。

图 9-8　元青花鬼谷子下山图罐

目前发现最早的青花瓷出现于唐代（也有学者称唐青花并非青花瓷），成熟的青花瓷器出现在元代景德镇的湖田窑，明代青花瓷成为瓷器的主流，清康熙时发展到了顶峰。明清时期，还创烧了五彩青花、黄地青花、哥釉青花等品种。明清彩瓷集陶瓷之大成，有五彩、斗彩、素三彩等瓷器。单色釉品种不断创新，有霁蓝、祭红、孔雀绿等釉色。陶车旋刀取代了竹刀旋坯，并开始运用吹釉技术，瓷器质量与数量迅猛提高。

（四）景德镇瓷器

景德镇，有“瓷都”的美誉，景德镇瓷业发展到元代，工艺上出现了划时代的变革。在短短的一个世纪里，继宋代创青白瓷之后，又创烧成功具有高铝氧成分的白瓷、青花瓷、釉里红、青花釉里红等新品种，结束了我国瓷器以单色釉为主的局面，把瓷器

图 9-9　景德镇瓷器

装饰推进到釉下彩的新时代，形成了鲜明的中国瓷器之特色（见图 9-9）。

明代是景德镇的鼎盛阶段的开始，陶瓷艺术集历代瓷艺之精华，取得了较大的发展。凡前代已有的品种，此时应有尽有；大量新工艺、新的装饰手法，也先后涌现。例如清新优雅，气韵生动，足可与水墨画并驾齐驱的永乐、宣德青花瓷；鲜红莹亮，色若朝霞，灿如霁日的宣德霁红等，都创始于明代，如百花齐放。

明洪武二年，朝廷在景德镇设“御窑厂”。其时镇内官窑有 58 座，民窑达数百座，“昼间白烟掩盖天空，夜则红焰烧天”，足见当时生产规模之宏大。成为全国的烧造中心。

鸦片战争以后，中国沦为半封建半殖民地社会，中国的民族工业受到了严重摧残，千载名窑也趋向衰落。陶瓷生产水平继续下滑，生产规模也日趋萎缩，制造工艺上仍沿袭旧法。现代景德镇的制瓷工艺继承了传统的技法，吸收和借鉴了国内外的先进工艺，使陶瓷制作水平提升到了一个又一个的高度。

第二节　漆器

所谓漆器，就是用漆涂在各种器物的表面上所制成的日常器具及工艺品和美术品。漆器是中国古代在化学工艺及工艺美术方面的重要发明。

一、漆器的产生与发展

我国是世界上最早用漆的国家。据有关资料记载，早在 4200 多年前的夏禹时代已见使用，先民已经能制造漆器了，战国时期更加发达。历经商周直至明清，中国的漆器工艺不断发展，达到了相当高的水平。

1978 年，在浙江余姚河姆渡文化遗址中发现了朱漆木碗和朱漆筒，经过化学方法和光谱分析，其涂料为天然漆。夏代之后，漆器品种渐多。在战国时期，漆器业独领风骚，形成长达 5 个世纪的空前繁荣。据记载，庄子年轻时曾经做过管理漆园的小官。战国时漆器生产规模已经很大，官府设专人管理。在湖北曾侯乙墓出土的漆器有 220 多件。这些漆器是楚墓中年代最早也是最为精彩的，而且品类全，器型大，风格古朴，体现了楚文化的神韵。

汉代漆器也是以黑红为主色。在汉代，漆器被作为日用器具，日渐普遍，成为漆器的鼎盛期。唐代漆器工艺水平空前。有稠漆堆塑成凸起花纹的堆漆器；有用贝壳裁切后施以线雕，漆面上镶嵌成纹的螺钿器；有用金、银花片镶嵌而成的金银平脱器等，工艺超越前代，镂刻錾凿，精妙绝伦，成为后世漆器的典范。

宋元的漆器基本承袭前朝，除剔红外、还有剔犀和戗金器名品，大都形制古朴素雅、纹饰简约怡人。在苏州瑞光寺塔发现的真珠舍利经幢，底座上的狻猊、宝相花、供养人以稠漆堆塑而成。

元代漆器成就最高的是雕漆，漆料堆叠肥厚，用藏锋的刀法刻出丰硕圆润的花纹。淳朴却又精致，富有质感。例如，北京故宫博物院收藏的张成造栀子纹剔红圆盘、安徽省博物馆收藏的张成造朱线剔犀盒等均为难得的珍品。

到了明、清两代，中国漆器发展到了全盛时期。漆工艺与建筑、家具、陈设相结合，并由实用转向陈设装饰领域，进入了以斑斓、复饰、填嵌、纹间等技法为基本工艺的千变万化的新时代。明代雕漆，初以嘉兴（今浙江省嘉兴市）西塘张成、杨茂为榜样，云南大理为另一雕漆产地，名漆工现仅知王松一人。

清代，除宫廷设有漆器工场外，民间漆器也普遍发展。福州以脱胎漆器为主，著名匠师有沈绍安；广东以描金漆器、螺钿漆器为主；阳江漆器多实用器物，以牛皮做胎，质轻、耐潮、防水、坚固耐用；北京以雕漆为主；贵州大方漆器以马皮做胎，彩色填漆，独具风格。

二、我国漆器的工艺特色与成就

我国传统漆器结合了器物造型、髹漆技法等多种手工艺门类，蕴含了我国传统的审美趣味和思想内涵，富有独特的艺术魅力，是我国历史文化不可分割的重要一环、世界艺术史上的一朵奇葩。漆器大致可分为：雕漆、螺钿、金银平脱、戗金、堆漆、描金、罩漆、犀皮、款彩、脱胎等十几种类，下面着重介绍以下 5 种。

（一）雕漆

雕漆是中国传统民族艺术，至少有1400余年历史（见图9-10）。雕漆是皇家宫廷工艺器物，历来具有崇高的社会地位和艺术价值。雕漆在历史上又被称为漆雕、剔红、剔黄等，明朝中后期才统称为雕漆。

唐代已出现了“剔红”（又称雕红漆、红雕漆），刀法快利，古朴可赏。当时“剔红”是主要的品种。此外，还有剔黑、剔黄、剔绿等，均属于雕漆范畴，只是所涂颜色和表现方法有所不同。

图 9-10　雕漆盘

宋、元的雕漆工艺，在唐代的基础上有了很大发展，逐渐形成刀法藏锋不露、磨工圆滑的风格。宋代雕漆实物留世极少，不易见到。元代著名漆工有张成、杨茂。他们的作品是元代雕漆风格的代表，并对后代雕漆艺术有着极为深刻的影响。宋、元的雕漆一般为锡胎和金银胎，品种以盒为主。刀法灵巧，刀口圆滑，花卉图案多为“死地花”（即不雕刻锦纹图案的花卉），富有浓厚的装饰趣味，给人以浑厚古朴的印象。

明代雕漆工艺发展很快，是我国雕漆艺术成熟的时期，并以永乐、宣德两世为最盛。当时的雕漆名手，都是世代相传，如张成之子张德刚、杨茂的后代杨埙都成为技艺高超的名匠。当时的雕漆制品，仍以红为多，朱红含紫，稳重沉着。品种也以盒为多，盘、匣次之；小件较多，大件较少。制胎则以木胎、锡胎为主，也有金银胎。在图案方面，山水人物、花卉鸟兽的题材较多，这与元代花卉、锦地的做法大不相同；其刀法流畅，藏锋清楚，较宋、元两代的刀法变化要多，雕刻工细，表现形象生动。这一时期的优秀作品在北京故宫、上海和南京的博物馆都有珍藏。

清代的雕漆工艺品，大多数是在乾隆和嘉庆年间所制。当时的雕漆制品，品种丰富，大屏风、桌椅都有。以木胎、锡胎为主，也有用脱胎的，造型精致，富于变化，颜色也增多，并且还有与玉石镶嵌结合而成的产品。图案方面，除花鸟、人物外，开始有各种吉祥如意的图案，具有严谨、精致、华丽的特色；以花卉题材为多，有穿枝过梗、自然灵活、层次鲜明、立体感较强等特点。

但是，繁荣一时的雕漆，在清乾隆以后却逐渐衰退，到清光绪二十二年（1896 年）已无官营作坊，技艺几乎失传。后由于清宫内需要修理雕漆工艺品，民间雕漆又兴起。民国时期，雕漆开始有了比较大的发展。新中国成立后，雕漆重新获得了新生。

（二）螺钿

螺钿，又称“螺甸”、“螺填”以及“罗钿”，在历史上也有叫“钿螺”的，它是中国特有的艺术瑰宝。所谓“螺钿”，是指用螺壳与海贝磨制成薄片，根据画面需要而镶嵌在器物表面的装饰工艺的总称。

螺钿的历史非常悠久，相传起源于商代的漆器。经过发展到唐代，中国的螺钿工艺已达到相当成熟的地步，尤其是铜镜漆背螺钿，更是这一时期的工艺瑰宝。

清代是螺钿家具达到高峰的时期，同时又受到清朝宫廷的青睐（见图 9-11）。有资料显示，清乾隆三十六年（1771 年），两淮盐政李质颖在进贡清廷的单子上，就有“彩漆螺钿龙鸿福祥云宝座”“彩漆螺钿龙福祥云屏风”等 10 余件扬州漆器螺钿家具，当时它们均存放在圆明园之中。

图 9-11　清代螺钿人物圆盒

新中国成立后，考古工作者在河南陕县和洛阳的唐墓均出土过螺钿漆背铜镜。铜镜背面以漆为地，用贝壳镶嵌制成画面图案，甚为精致典雅，具有很高的艺术价值和收藏价值。

螺钿的镶嵌工艺技法非常丰富，通常可分为硬钿、软钿与镌钿三大类，其中最著名的是软钿中的“点螺”，又称“点螺漆”。它产于江苏扬州，兴于唐宋，盛于元明，至清初达到炉火纯青的程度。

（三）金银平脱

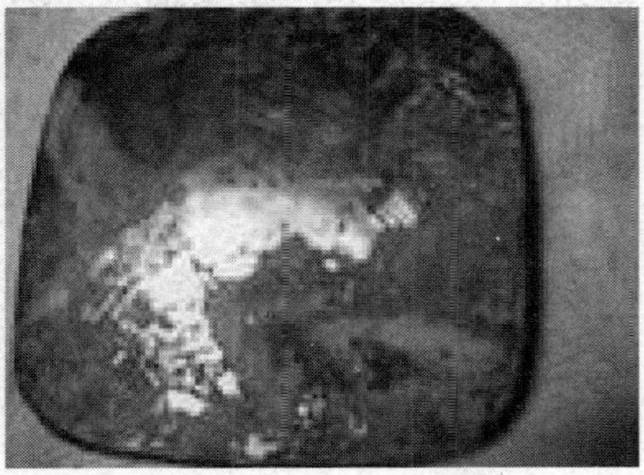

图 9-12　唐代金银平脱镜

盛唐时期制作铜器的高级工艺。其做法，采用金、银薄片，裁制成各种纹样，用胶漆粘贴，然后髹漆数重，再细加研磨，使金银片纹脱露出（见图 9-12）。金银平脱有两种：一是花纹与漆底在同一平面；二是花纹高出漆底。唐玄宗时曾大量制造平脱器物以赏赐臣僚。《杨太真外传》和《资治通鉴》等书，都记载唐玄宗、杨贵妃赏赐安禄山金银平脱器，有金银平脱隔馄饨盘、金平脱宝枕等。安史之乱后，肃宗和代宗曾两次下令禁止制作平脱之器，以后逐渐衰落，至宋代几乎绝迹。

（四）戗金

戗金是指在器物表面先按照设计的图案阴刻出花纹，然后再在阴纹内打金胶，上金粉，使之成为金色的花纹（见图 9-13）。如果填的是银，则称为戗银；如果填的是彩，则称为填彩。

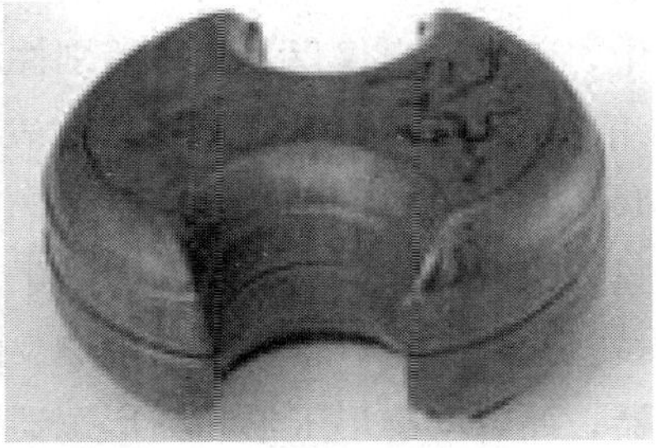

图 9-13　明代彩漆戗金银锭式盒

我国西汉时已有戗金漆器出现，但是在宋代才开始流行。目前国内所能见到的最早的戗金漆器实物的年代为南宋。至明代，戗金技术进步，与彩漆相结合创出“戗金填彩漆”新技法。与戗金漆不同，戗金填彩漆是先在漆地上剔刻出花纹，以各色漆料来填充，磨平后即显露出平整光滑的花纹，接着用刀沿花纹轮廓刻出纹路，然后打金胶、贴金箔，使填漆花纹具有金色的阴纹边框和纹理。

（五）脱胎漆器

脱胎漆器以福州最为著名，福州脱胎漆器是我国工艺美术中一个独特的品种，也是漆器中的佼佼者。脱胎工艺初创于清朝乾隆年间，是由福州髹漆大师沈绍安在继承和发扬传统漆艺基础上，经过改进创造出的一种民间工艺。这种漆器质地坚固而轻巧、做工考究、精巧细致、造型美观大方、装饰性强，色泽鲜艳古朴，耐酸碱，经受温度冰点到沸点均不变形脱漆。福州脱胎漆器产品种类繁多、规格多样，既有可供观赏礼拜的佛像、人物、花果、鱼虫，也有居家实用的家具、茶具、餐具、文具等，古朴典雅，具有独特的民族风格和浓郁的地方特色。

此外，我国传统漆器中较为有名的还有北京漆器、扬州镶嵌漆器和天水漆器等，它们都是我国传统工艺品的杰出代表。

第三节　玉器

一、玉器的起源和发展

（一）原始社会阶段

早在近万年前的旧石器时代晚期，中国人的先祖就发现并用玉石来做装饰品。随着生产力的发展，渐渐将玉石作为礼器、祭器或图腾。正是在这种长期缓慢的进化过程中，玉由原来仅仅是一种特别性质的石头转化为代表权力、地位、财富、神权的象征。

进入新时代石器，典型代表是良渚文化和红山文化时期的玉（见图 9-14 和图 9-15）。良渚文化玉器种类较多，典型器有玉琮、玉璧、玉钺等。良渚玉器以体大自居，显得深沉严谨，对称均衡得到了充分的应用，尤以浅浮雕的装饰手法见长，特别是线刻技艺达到了后世也几乎望尘莫及的地步。与良渚玉器相比，红山文化少见呆板的方形玉器，而以动物形玉器和圆形玉器为特色。典型器有玉龙、玉兽形饰等。“神似”是红山古玉最大的特色。红山古玉，不以大取胜，而以精巧见长。从良渚、红山古玉多出自大中型墓葬分析，新石器时代的玉器除祭天祀地，陪葬殓尸等几种用途外，还有辟邪的用途，象征着权力、财富、贵贱等。中国玉器一开始，就带有神秘的色彩。

图 9-14　良渚文化玉龙

图 9-15　红山文化玉猪龙

（二）奴隶社会阶段

夏代，是中国第一个阶级社会。夏代玉器的风格，应是良渚文化、龙山文化、红山文化玉器向殷商玉器的过渡形态，这可从河南偃师二里头遗址出土玉器窥其一斑。二里头出土的七孔玉刀（见图 9-16），其造型源自新石器时代晚期的多孔石刀，而刻纹又带有商代玉器双线勾勒的滥觞，应是夏代玉器。

商代是我国目前所发现的第一个有书写文字的奴隶制国家。商代文明不仅以庄重的青铜器闻名，而且以众多的玉器著称。商代早期玉器发现不多，制作工艺也一般较粗糙。商代晚期玉器以安阳殷墟妇好墓出土玉器（见图 9-17 和图 9-18）为代表，共出玉器 755 件，按用途可分为礼器、仪仗、工具、生活用具等六大类。商代已出现了我国最早的俏色玉器——玉鳖。最令人叹服和最为成功的是，商代已开始有了大量的圆雕作品，此外玉匠已经会运用双线并列的阴刻线条（俗称双勾线）。既消除了完全使用阴线的单调感，又增强了图案花纹线条的立体感。

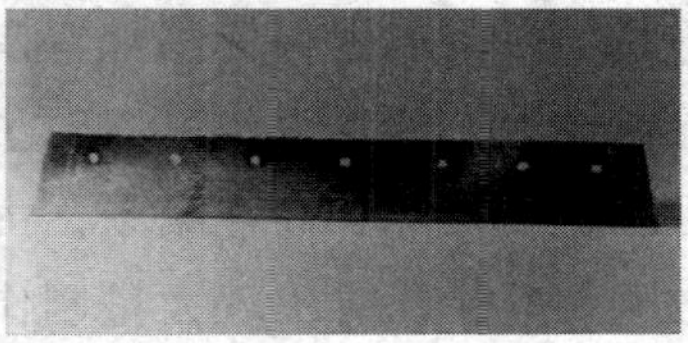

图9-16　二里头出土的七孔玉刀

图9-17　妇好墓的玉俑

图9-18　妇好墓的玉凤

西周玉器在继承殷商玉器双线勾勒技艺的同时，独创了一面坡粗线或细阴线镂刻的琢玉技艺，大大提升了鸟形玉刀和兽面纹玉饰的美观度（见图 9-19）。但从总体上看，西周玉器没有商代玉器活泼多样，而显得有点呆板，过于规矩。这与西周严格的宗法、礼俗制度也不无关系。

春秋战国时期，政治上诸侯争霸，学术上百家争鸣，文化艺术上百花齐放，玉雕艺术大放异彩，它可与当时地中海流域的希腊、罗马石雕艺术相媲美。

东周王室和各路诸侯，为了各自的利益，都把玉当作自己（君子）的化身。他们佩挂玉饰，以标榜自己是有“德”的仁人君子。“君子无故，玉不去身”，每一位士大夫，从头到脚，都佩戴着一系列的玉佩饰，尤其腰下的玉佩系列更加复杂化（见图 9-20）。能体现时代精神的是大量龙、凤、虎形玉佩，造型呈富有动态美的 S 形，具有浓厚的中国特色。湖北曾侯乙墓出土的多节玉佩，河南辉县固围村出土的大玉璜佩，都用若干节玉片组成一条完整的玉佩，是战国玉佩中工艺难度最大的。

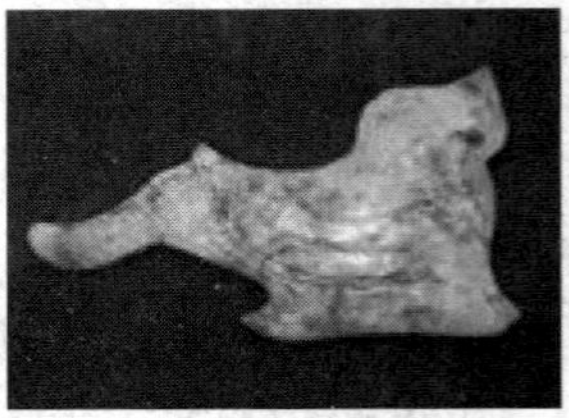

图9-19　西周玉器凤鸟

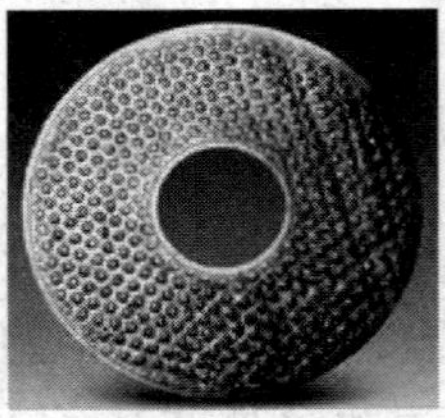

图9-20　东周谷纹玉璧

春秋战国时期，和田玉大量输入中原，王室诸侯竞相选用和田玉，故宫珍藏的勾连纹玉灯，是标准的和田玉，此时儒生们把礼学与和田玉结合起来研究，用和田玉来体现礼学思想。为适应统治者喜爱和田玉的心理，便以儒家的仁、智、义、礼、信等传统观念，比附在和田玉物理、化学性能上的各种特点，随之“君子比德于玉”，玉有五德、九德、十一德等学说应运而生。

（三）封建社会阶段

秦汉至隋唐，玉器一直是皇公贵族的专有装饰用品（见图 9-21）。汉代玉器继承战国玉雕的精华，继续发展，并奠定了中国玉文化的基本格局。现在出土的三国魏晋南北朝时期玉器极少，而且都具汉代遗韵，有所创新者，唯有玉杯和玉盏。唐代玉器数量虽不多，但所见玉器件件都是珍品，碾琢工艺极佳。两宋时期经济发达，商业繁荣，由于手工业技术进步，玉器加工变得更方便快捷，玩玉赏玉之风大盛。此时出现大量制作精巧、加工细腻、构思奇妙的玉摆饰、玉佩件。元代玉器承延宋、金时期的艺术风格，采取起突手法，随形施艺。元代曾设“玛瑙局”“诸路金玉人匠总管府玉局提举司”等机构进行玉的生产和管理。

明清时玉器制作及玩赏达到顶峰，其玉质之美，琢工之精，器形之丰，作品之多，使用之广，都是前所未有的。明清玉器制作借鉴绘画、雕刻、工艺的表现手法，汲取传统的阳线、阴线、平凸、隐起、起突等多种琢玉工艺，融会贯通，综合应用，使其作品达到了炉火纯青的艺术境界。

清初时翡翠传入中原，用翡翠制成的玉饰件，成为时人竞相追逐的时尚。但在传统的中国人眼里，翡翠制成的玉饰却远远比不上古玉。清代玉器是古玉工艺上最后的一个高峰，其工艺技法集历代大成，尤其是乾隆时期，被称作“乾隆玉”的做工达到了历史顶峰，工艺无所不思，而且无所不达极致（见图 9-22）。

中国玉器经过八千年的持续发展，经过无数能工巧匠的精雕细琢，经过历代统治者和鉴赏家的使用赏玩，经过礼学家的诠释美化，最后成为一种具有超自然力的物品，无所不能，无处不用玉。

图9-21　秦汉玉神兽隋唐玉狮

图9-22　乾隆白玉碗

二、玉的分类

古人视玉为宝，今人又把珍贵的玉石称为宝玉。我国是一个玉石之国，但目前国内的珠宝界、考古界和地质界对玉、玉石和宝石的定义是有区别的。目前国际上统称的玉专指硬玉（翡翠）和软玉，其他玉雕石料统称为玉石。宝石是由一种或多种矿物组成的具有特殊光学效应的集合体，绝大多数都是某种矿物的单晶体，如钻石、红宝石、蓝宝石、祖母绿等。从广泛的意义上讲，宝石、玉石都称作玉。

（一）硬玉

19 世纪后半叶，法国矿物学家德穆尔将中国的“玉”分为软玉和硬玉两类。硬玉的硬度为 7，软玉为 5~6 度。硬玉，我国俗称“翡翠”，是我国传统玉石中的后起之秀，又是近代所有玉石中的上品（见图 9-23）。翡翠不管是“山料”（原生矿石）还是“籽料”（次生矿石），主要是由硬玉矿物组成的致密块体。在显微镜下观察，组成翡翠的硬玉矿物紧密地交织在一起，形成翡翠的纤维状结构。这种紧密的纤维状结构，使翡翠具有细腻和坚韧的特点。

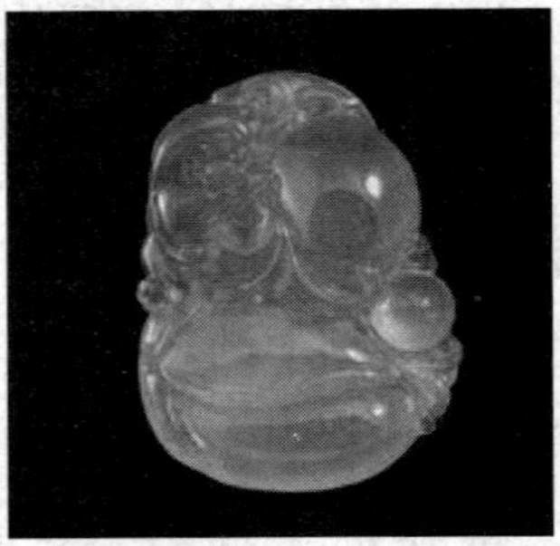

图 9-23　硬玉（翡翠）

常见的翡翠颜色有白、灰、粉、淡褐、绿、翠绿等，多数不透明，个别半透明，有玻璃光泽。按颜色和质地分，有宝石绿、艳绿、黄阳绿、阳俏绿、玻璃绿、菠菜绿、藕粉绿等多个品种。

翡翠在我国明确地称为硬玉，可能始于宋代。而汉代张衡的《西京赋》、班固的《西都赋》以及六朝徐陵的《玉台新咏诗序》提到的翡翠都有可能指软玉中的碧玉，而非硬玉。因没有文献记载，玉在唐代已不可考，而我国目前从宫廷珍藏和出土文物中尚未发现明朝以前的翡翠。因此，中国人何时称硬玉为翡翠，缅甸翡翠何时输入中国，一直是未弄清楚的历史之谜。

（二）软玉

软玉是我国矿物学家对英文 Nephrite 的译名。这一英文名称源于希腊语，有“肾脏”之意。这是因为古欧洲人认为将这种玉石佩挂在腰部可以治愈肾病（久术武夫：《宝石贵金属辞典》）。看来，古欧洲人和我国古代人一样，都迷信于玉。中国古人不仅认为佩戴这种玉可以辟邪，而且认为饮用玉粉可以治病。然而不论欧洲人也好，喜欢玉器的墨西哥和新西兰人也好，都没有中国人使用软玉的历史悠久。中国在世界上有“玉石之国”之称，这同发现和使用软玉的悠久历史有关。

软玉在我国有白玉、青玉、碧玉、黄玉和墨玉等品种。它们与硬玉不同，是由角闪石族矿物中透闪石阳起石矿物（以透闪石为主）组成的致密块体。软玉常见的颜色有白、绿、黄、黑等。多数不透明，个别半透明，有玻璃光泽。软玉的品种主要是按颜色来划分的。白玉中最佳者白如羊脂，称“羊脂玉”。青玉呈灰白至青白色，目前有人将灰白色的青玉称为“青白玉”。碧玉呈绿至暗绿色，有时可见黑色脏点，是含杂质如铬尖晶石矿物等所致。当含杂质多而呈黑色时，即为珍贵的墨玉。黄玉也是一种较珍贵的品种。青玉中有糖水黄色皮壳，现有人称其为“糖玉”。白色略带粉红色者，有人称其为“粉玉”。虎皮色的则被称为“虎皮玉”等。

三、中国名玉

中国玉文化历史悠久，被称作硬玉的“翡翠”主要来自缅甸，而中国名玉多属软玉。下面就中国名玉分别加以介绍。

（一）和田玉

和田玉由于质地细腻，所以它的美表现在光洁滋润、颜色均一、柔和如脂，具有一

图 9-24　和田玉

种特殊的光泽，介于玻璃光泽、油脂光泽、蜡状光泽之间、它以温润细腻的质地、纯净怡人的色泽，“体如凝脂，精光内蕴，质厚温润，脉理紧密，声音洪亮”，在传统玉石中占据着首屈一指的地位（见图 9-24）。和田玉中首论“羊脂白玉”。羊脂白玉晶莹洁白细腻滋润而少瑕疵，是白玉中最好的品种。目前世界上主要在新疆出产的羊脂白玉最为著名，产出量稀少，价格昂贵。

（二）岫玉

岫玉，又称岫岩玉，因产自辽宁省岫岩县而得名（见图 9-25）。这种玉石的主要品种，以表面看来同新疆的青玉或碧玉有些相似，但组成的矿物和硬度则不同。组成岫玉的主要矿物是蛇纹石。岫玉的颜色有白、黄、淡黄、褐绿及其他杂色。其中常以绿色调为主，颜色介于青玉和碧玉之间。

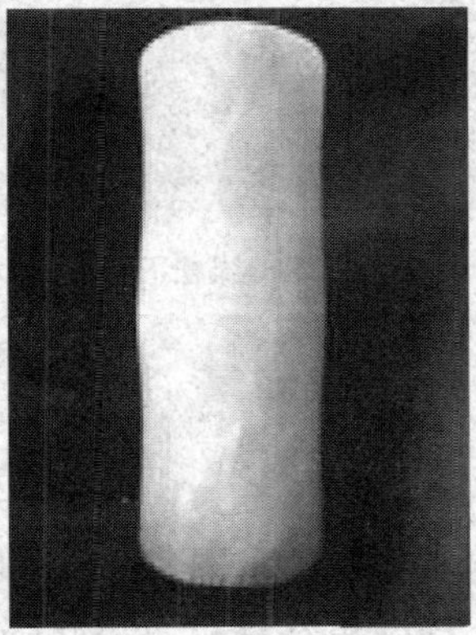

图 9-25　岫岩笔筒

图 9-26　蓝田玉雕

（三）蓝田玉

蓝田玉初见于《汉书·地理志》，产自“京北（今西安北）蓝田山”。其后，《后汉书·外戚传》、张衡《西京赋》《水经注》等古书，都有蓝田产玉的记载。至明万历年间，宋应星在《天工开物》中称：“所谓蓝田，即葱岭（昆仑山）出玉之别名，而后也误以为西安之蓝田也。”从此引起后世人的争论，有的说蓝田根本不产玉，有的说即使产玉可能是菜玉（色绿似菜叶的玉石）。

蓝田玉有翠玉、墨玉、彩玉等，多为色彩分明的多色玉，色泽好，花纹奇（见图9-26）。不少玉石品隐现出天然的山水图像，不失为物美价廉的工艺品。蓝田玉有质地坚硬、色彩斑斓、光泽温润、纹理细密的特点。

（四）独山玉

独山玉，又称南阳玉，因矿区在河南南阳的独山而得名。独山玉色泽鲜艳，质地比较细腻，硬度高，可同翡翠媲美（见图9-27）。独山玉是一种蚀变斜长岩，组成矿物除斜长石外，还有黝帘石、绿帘石、透闪石等。由于玉石中含各种金属杂质电素离子，所以玉质的颜色有多种色调，以绿、白、杂色为主，也见有紫、蓝、黄等色。

图9-27　独山玉雕

图9-28　绿松石手链

（五）绿松石

绿松石是由细小的绿松石矿物为主组成的隐晶质致密块体，含有铜、铝和水的磷酸盐，通常产于次生浅层矿床中。多呈天蓝色、暗蓝色、蓝绿色和绿色，风化强烈的呈绿白色。具有柔和的蜡状光泽。绿松石在我国也是古老的传统玉石（见图9-28）。早在新石器时代，它同青玉、玛瑙等玉石一起用作装饰品。绿松石全世界最著名的产地为波斯（今伊朗），因通过土耳其输入欧洲各国，又有“土耳其玉”或“突厥玉”之称。在鉴定我国古代出土的绿松石制品时，也应考虑其玉料来源，不一定都出自我国湖北。

（六）玛瑙

玛瑙由于纹带美丽，自古就被人们作为装饰用品。出土玉器中，常见成串的玛瑙珠，以项饰为多。我国古书有关玛瑙的记载很多。汉代以前的史书，玛瑙亦称“琼玉”或“赤玉”。《广雅》有“玛瑙石次玉”和“玉赤首琼”之说。玛瑙纯者为白色，因含其他金属元素（如 Fe、Ni 等）出现灰、褐、红、蓝等色，有时几种颜色相杂或相间出现。玛瑙块体有透明、半透明和不透明的，玻璃光泽至蜡状光泽。玛瑙同软玉一样也是我国传统的玉石。在南京北阴阳营等遗址中出土的玉器中就有玛瑙𪾢和玛瑙珠。

此外，青金石、孔雀石、宝石等在我国也归到玉的一种。匠人运用石材的天然形状、纹理和色泽，因材施艺，制作出了各具风格和地方特色的玉器。

第四节　丝绸织品

一、丝绸的起源和发展

专家根据现有的考古发现证明中国的丝织技术最少应该出现在5500年之前新石器时代中期，那时便开始养蚕、取丝、织绸了，中国人工养蚕则最早可以追溯到公元前3世纪。传说中西蓌氏之女、黄帝的元妃嫘祖是中国第一个种桑养蚕的人。据《通鉴纲目外记》载，嫘祖“始教民育蚕，治丝茧以供衣服，而天下无皴瘃之患，后世祀为先蚕”。

到了商代，丝绸生产已经初具规模，具有较高的工艺水平，有了复杂的织机和织造手艺。周朝的时候中国已经设立了专门的蚕桑管理机构。到了西汉时期，张骞出使西域，开辟了通往中东和欧洲的通道即“丝绸之路”。中华民族的祖先不但发明了丝绸，而且研究利用，使其在服饰上、经济上、艺术上及文化上均散发出灿烂光芒。被称为四大名锦的成都蜀锦、南京云锦、苏州宋锦、广西壮锦是丝织品中的优秀代表，至今在世界上仍享有很高声誉。因此，丝绸在某种意义上说，代表了中国悠久灿烂的文化。

随着战国、秦、汉时代经济大发展，丝绸生产达到了一个高峰。几乎所有的地方都能生产丝绸，丝绸的花色品种也丰富起来，主要分为绢、绮、锦三大类。锦的出现是中国丝绸史上的一个重要的里程碑，它把蚕丝优秀性能和美术结合起来，大大提高了丝绸产品的文化内涵和历史价值，其影响是很深远的。到了秦汉时期，丝绸的贸易和输出达到空前繁荣的地步。三国、两晋、南北朝的长期战乱对黄河流域经济造成了严重破坏。到了隋代，中国蚕桑丝绸业的重心已经转移到了长江流域。

唐朝是丝绸生产的鼎盛时期，无论产量、质量和品种都达到了前所未有的水平。宋元时期，中国丝绸有过短暂的辉煌。不但丝绸的花色品种有明显的增加，而且出现了宋锦、丝和饰金织物三种有特色的新品种。

明、清两代，由于资本主义的萌芽与发展，丝绸的生产与贸易也发生了较大的变化：丝绸生产的商品化趋势日渐明显，丝绸的海外贸易发展迅速。但是，在清朝时期，封建制度对生产力的阻碍也十分突出，中国丝绸业在苛捐杂税和洋绸倾销的双重打击下，陷入了十分可悲的境地。

新中国成立后，丝绸业进入了一个新的历史时期。经过多年的努力，中国又争得了在世界丝绸市场上的主导地位，丝绸业成为国家的创汇支柱产业。目前，丝绸产品已行销全世界 100 多个国家和地区。我国古老的丝绸在改革开放的新形势下，正焕发出新的青春，走向灿烂的未来。

二、丝绸的分类和工艺

（一）锦

锦，原指仿刺绣类丝织物，一般是用经纬丝先染后织成三色以上，以经面缎纹、斜为地、纬起花的提花熟织物（即色织绸）。“锦”字的原意为“像金银一样华丽高贵的织物”。锦的生产工艺要求高，织造难度大，所以它是古代最贵重的织物。“绵，金也，作之用功重，其价如金。”这种织物有经起花和纬起花两种，也叫经锦和纬锦。锦外观瑰丽、花纹高雅，花形立体生动。我国早在春秋以前就已织锦，《诗经》《左传》中保存了相关记载。湖南战国墓葬出土的深棕地红黄菱纹锦和朱条暗花对龙对凤锦，工艺较为复杂。在我国锦的发展历史上，成都蜀锦、南京云锦、苏州宋锦、广西壮锦为中国四大名锦。

1. 蜀锦

蜀锦是中国四川生产的彩锦，已有两千多年的历史，为汉至三国时蜀郡（今四川成都一带）所产特色锦的通称。以经向彩条和彩条添花为特色。蜀锦兴起于汉代，早期以多重经丝起花（经锦）为主；唐代以后品种日趋丰富，图案大多是团花、龟甲、格子、莲花等；清代以后，蜀锦受江南织锦的影响，又产生了月华锦、雨丝锦、浣花锦等品种。蜀锦是成都历史悠久的传统丝织品，全系真丝织品，质地柔软，色泽艳丽，品种多样，牢固耐用，富有鲜明的民族色彩和地方色彩。

图 9-29　蜀锦熊猫

2. 云锦

云锦，又称南京云锦，是至善至臻的民族传统工艺美术珍品之一，至今已有 1600 多年的历史。由于用料考究，织工精细，图案色彩典雅富丽，宛如天上彩云般的瑰丽，故称“云锦”（见图 9-30）。清代诗人吴村梅曾作词来赞美云锦：“江南好，机杼夺天工，孔雀妆花云锦烂，冰蚕吐凤雾绡空，新样小团龙。”南京云锦是南京传统的提花丝织工艺品，是南京工艺“三宝”之首。南京云锦配色多达 18 种，运用“色晕”层层推出主花，富丽典雅、质地坚实、花纹浑厚优美、色彩浓艳庄重，大量使用金线，形成金碧辉煌的独特风格。

图 9-30　南京云锦富贵牡丹

图 9-31　苏州宋锦

3. 宋锦

宋锦起源于宋代，发源地在中国的苏州，故又称为“苏州宋锦”（见图 9-31）。宋锦历史悠久，可追溯至隋唐，它是在隋唐的织锦基础上发展起来的。宋锦属于织锦类工艺品，工艺复杂，品种繁多。宋锦织造工艺独特，经丝有两重，分为面经和底经，故又称重锦。宋锦图案精美、色彩典雅、平整挺括、古色古香。主要分匣锦、大锦及小锦三类。大锦是宋锦中具有代表意义的一种，其质地厚重，图案精美，多使用金银线编织，作品美观大气，适合于制作各类书画装饰品。小锦质地柔软而坚固，一般使用天然蚕丝制作而成。用小锦来制作服饰高贵典雅尽显身份，在近代非常盛行。而匣锦则更多地用于制作一些仿古的作品，如仿古的屏风、名人的书画、高档场合以匣锦的点缀来突出古典的氛围等。宋锦的实用性非常强，其质地柔软坚固、图案精美绝伦、耐磨且可以反复洗涤，适用面非常广泛。

4. 壮锦

壮锦是广西壮族自治区传统的著名丝织物，是壮族文化瑰宝，产生于宋代。在宋代，壮族被称为僮族，故壮锦又被称为僮锦。这种利用棉线或丝线编织而成的精美工艺品，图案生动，结构严谨，色彩斑斓，充满热烈、开朗的民族格调，体现了壮族人民对

图 9-32　广西壮锦

美好生活的追求与向往（见图 9-32）。壮锦以棉纱股线或麻纱股线为经、桑蚕丝为纬的色织提花织物，也有采用染色桑蚕丝为经、染色有光人造丝或金（银）皮作纬织造。采用两组经线和四组纬线在缎纹组织地纹上提织各色纬花，形成对称花纹，或用多种彩纬线挑出花纹。传统的花纹图案有花、鸟、鱼、虫、兽以及“万”字、“双喜”等文字图案；色彩以红、绿、黑、黄为主，一般多以红色为背景。壮锦品种繁多，按服装和服饰用途，可分为花边绸、腰带绸、头巾、被面、台布、锦屏等。

（二）刺绣

刺绣是针线在织物上绣制的各种装饰图案的总称。就是用针将丝线或其他纤维、纱线以一定图案和色彩在绣料上穿刺，以缝迹构成花纹的装饰织物。它是用针和线把人的设计和制作添加在任何存在的织物上的一种艺术。刺绣是中国民间传统手工艺之一，在中国至少有两三千年的历史。中国刺绣主要有苏绣、湘绣、粤绣和蜀绣四大门类。刺绣的技法有错针绣、乱针绣、挑花等，刺绣的用途主要包括生活和艺术装饰，如服装、床上用品、舞台、艺术品装饰。

1. 苏绣

苏绣已有 2600 多的年历史，在宋代已具有相当大规模，在苏州就出现了绣衣坊、绣花弄、绣线巷等生产集中的坊巷。明清形成自己的风格且达到盛期，当时的皇室绣品，多出自苏绣艺人之手；民间刺绣更是丰富多彩。苏州刺绣，素以精细、雅洁著称，图案秀丽，色泽文静，针法灵活，绣工细致，形象传神。其技巧特点可概括为“平、光、齐、匀、和、顺、细、密”。针法有几十种，常用的有齐针、抢针等。双面绣《金鱼》《猫》是苏绣的代表作（见图 9-33）。双面绣《金鱼》在 1984 年第 56 届“波兹南国际博览会”上获金质奖。清末时沈寿首创“仿真绣”，享誉中外，是一位杰出的苏绣艺术家，其代表作有《万年青图》《三马图》等。

图 9-33　苏绣《金鱼》

2. 湘绣

图 9-34　湘绣

以湖南长沙为中心的刺绣品的总称。是在湖南民间刺绣的基础上，吸取了苏绣和粤绣的优点而发展起来的。清光绪二十四年（1898 年），优秀绣工胡莲仙的儿子吴汉臣，在长沙开设第一家自绣自销的“吴彩霞绣坊”，作品精良，流传各地，湘绣从而闻名全国。湘绣的特点是用丝绒线（无拈绒线）绣花，劈丝细致，绣件绒面花型具有真实感（见图 9-34）。常以中国画为蓝本，色彩丰富鲜艳，十分强调颜色的阴阳浓淡，形态生动逼真，风格豪放，曾有“绣花能生香，绣鸟能听声，绣虎能奔跑，绣人能传神”的美誉。湘绣以特殊的鬅毛针绣出的狮、虎等动物，毛丝有力、威武雄健。

3. 粤绣

粤绣，亦称“广绣”，泛指广东近两三个世纪的刺绣品。粤绣历史悠久，相传最初由少数民族绣制而成，与黎族所制织锦同出一源。清代粤绣得到了更大发展。构图繁而不乱，色彩富丽夺目，针步均匀，针法多变，纹理分明，善留水路。粤绣品类繁多，欣赏品主要有条幅、挂屏、台屏等；实用品有被面、枕套、床楣等。一般多作写生花鸟，富于装饰味，常以凤凰、牡丹、松鹤等为题材，配色选用反差强烈的色线，常用红绿相间，宜于渲染欢乐热闹气氛。

4. 蜀绣

蜀绣，又名“川绣”。是以四川成都为中心的刺绣品的总称，历史悠久。据晋代常璩所著《华阳国志》记载，当时蜀绣已很闻名，同蜀锦齐名，都被誉为蜀中之宝。清代道光时期，蜀绣已形成专业生产，成都市内发展有很多绣花铺，既绣又卖。蜀绣以软缎和彩丝为主要原料。题材内容有山水人物、花鸟虫鱼等。针法经初步整理，有套针、晕针、编织针等 100 多种。品种有被面、绣衣、鞋面等日用品和台屏、挂屏等欣赏品。以绣制龙凤软缎被面和传统产品《芙蓉鲤鱼》最为著名。蜀绣的特点是：形象生动，色彩鲜艳，富有立体感，短针细密，针脚平齐，片线光亮，变化丰富，具有浓厚的地方特色。

复习与思考

一、 名词解释

仰韶文化　唐三彩　紫砂陶器　青瓷　白瓷

二、 简答题

1. 宋代是中国陶瓷文化发展史的高峰。宋代五大名窑是哪些？

2. 中国是世界上最早使用油漆的国家，漆器工艺历史悠久。我国古代漆器主要有哪些类型？

3. 早在旧石器时代晚期，中国人的先祖就发现并开始使用玉石了。玉的类型主要有哪些？各自有什么特点？

4. 丝绸主要有哪些类型？我国主要的丝绸产地有哪些？

三、 单项选择题

1. 陶器的出现，揭开了人类利用自然、改造自然，与自然做斗争的新篇章，标志着新石器时代的开端，是人类生产发展史上的一个里程碑。我国迄今发现得最早的陶器是（　　）。

A. 陕西西安半坡遗址出土的鱼面网纹盆　B. 郑州大河村遗址出土的彩陶双联壶

C. 江西万年县仙人洞发现的陶片　D. 甘肃马家窑遗址出土的彩陶

2. 有“瓷都”美誉的城市是（　　）。

A. 江西景德镇　B. 江苏宜兴　C. 湖南长沙　D. 河南洛阳

四、 思考题

2013 年，中国国家主席习近平在哈萨克斯坦纳扎尔巴耶夫大学演讲时提出了丝绸之路经济带的概念。请任选一个历史时期，分别选一种代表性瓷器和丝绸制品，介绍一下其工艺特点，并根据所学专业，谈一谈如何将所学相关知识运用到工作实践中去。

推荐阅读

1. 乔德光．中国古玩鉴赏与辨伪［M］．成都：西南财经大学出版社，1998.

2. 王恩涛．中国古代文化史知识［M］．沈阳：沈阳出版社，1989.

第十章 中国历史文化的细节——古代服饰和饮食

本章导读

中国有“上下五千年”的文明史，服饰文化源远流长，饮食文化博大精深。研究和学习中国传统服饰与饮食文化，不仅有助于加深对社会、历史和人民的认知，而且能提高旅游活动的益智性。

本章主要分成服饰和饮食两大块内容。在服饰方面，介绍了中国传统服饰的基本构成与发展变迁，探讨了不同时代服饰的基本形制；在饮食方面，介绍了中国饮食文化的起源与发展，分析了四大菜系的不同特色，并讲述了中国的酒文化与茶文化。

学习目标

知识目标

1. 了解古代服饰的发展变迁。
2. 了解传统饮食的起源发展。

能力目标

1. 能够分析不同时代服饰变迁体现出的社会变化。
2. 能够掌握不同时代饮食的主要特征。
3. 能够探讨酒文化和茶文化在当代社会的价值。

课程思政目标

1. 通过学习中国传统服饰、饮食文化方面的内容，提高学生的中国历史文化素养。
2. 通过学习中国传统服饰、饮食文化所包含的丰富文化内容，感受中国历史文化的博大精深，在提升学生的旅游管理专业基础素养的同时，坚定学生的文化自信。

案 例

太平公主着装

高宗尝内宴，太平公主紫衫、玉带、皂罗折上巾，具纷砺七事，歌舞于帝前。帝与武后笑曰：“女子不可为武官，何为此装束?”

——资料来源：《新唐书·五行志》

案例分析

1. 太平公主女着男装是个例还是普遍现象？
2. 为什么在当时会出现这样的装束现象？

第一节　服饰文化

李白曾以“云想衣裳花想容”来赞美杨贵妃，将她的衣裙比作天上的云霞，可以想象其服饰之华丽。服饰是人类特有的劳动成果，从最初出于防寒和遮羞将兽皮披在身上，到后来逐渐增添出更多的审美意识，我们的祖先创造出了璀璨华美、丰富多彩的服饰文化。

一、服饰的构成

服饰，指人们穿戴在身上的服装与饰物的总称，包括服装本身及与服装并存的有关饰物。我国服饰形制丰富，种类也多。具体到人，一般可分为首服、衣裳和足衣三大类别。

（一）首服

首服，也称头衣，指头上的冠戴服饰。历来用于首服的有巾、帻、幞头、帽子、抹额等。

巾，是用来包头的布，以便劳作，有保暖和防护之功，最初只是在下层男性社会成员中广泛使用，后来王公贵族才开始使用。

帻，用较厚实的布帛折叠固定成形，包裹发髻。戴法是束好发髻后，再戴上帻，上层贵族到下层百姓皆可戴用。

幞头，又叫“四脚”，就是四条带子。裹发覆巾于头顶，两条带子系在脑后下垂；

另两条带子由后脑朝前折返，系于头顶上，所以幞头又叫“折上巾”。

帽子，本是少数民族的头饰，魏晋以后才为汉族男女接受，有质地厚实的御寒帽，也有轻薄的纱帽等。

抹额，是一条二至三寸宽窄，长约为各自头围两倍多的丝巾，夏天多用质薄、透气性好的纱，冬天多用稍厚一些的绫。使用时将头额和一些头发包围起来，既简单又美观实用。

（二）衣裳

古代服装分为两大类：一是分体制，即上身为衣，下身为裳，上衣有襦、袄、衫等，下身为裙、裤等；另一类是衣裳合二为一制，即深衣、袍、直裰等。

深衣，交领右衽，曲裾，不论贵族庶人皆可穿用，可以将人的身体深深地掩藏起来，非常符合礼制的要求，始于春秋战国，兴于秦汉。

袍，有衬里，内衬棉絮，多为交领右衽，袖子宽大，领袖边缘有宽边装饰，穿着舒适方便。

襦，短上衣，长度不同，或齐腰，或齐膝盖，为常人平时所穿。

裳，男女遮蔽下体的主要服装，与后世的裙子颇相类似，蔽前一片用三幅布帛连缀，蔽后一片面积稍大，共用四幅连缀，另外还有一条用来系结的腰带。

裤，最初的裤是一双套在小腿上的套筒，无裆，穿在裳内保护腿。后来逐渐有了腰和裆，成了裤子。最初在军旅流行，后来才流行全国。

（三）足衣

原始社会时，为了保护脚不被冻伤和受创，人们从最初用兽皮或其他材料包扎脚，进而制成适合脚的鞋子。古代常见的足衣有履、屐和靴等。

履，鞋子的总称，有丝履、麻履、革履和皮履等，履头式样有圆头、方头或歧头等。

屐，木底，底有前后两齿，下雨天在泥泞地行走比较方便。

靴，为长筒，原是北方少数民族所穿，赵武灵王胡服骑射后，开始传入中原地区。

二、服饰的发展

人类进入文明时代后，服饰从最初的保暖和遮羞，逐渐增添出更多的审美意识，我们的祖先创造出了璀璨华美、丰富多彩的服饰文化。纵观服饰的发展，其基本特点是阔袖长袍、温文尔雅，深受封建礼教的熏陶与约束，但每个朝代又都有自己相应的特点。

（一）先秦时期

早在万年以前，我们的祖先就已经用兽皮缝制衣服，创造了与采猎经济相适应的服饰文化。旧石器时代，人们都是以树叶或兽皮为衣。此后，随着生产力的提高，服饰的材料有了一些变化。新石器时代，先民们发明了纺轮，麻、葛甚至丝绸已成为重要的衣料来源，同时，服装的样式也逐步开始变化。最初只是将兽皮披在身上，后来人们开始在服装材料中间挖个洞，做成贯头衣，套头穿上，中间再系带，能有效地防寒，再晚些时候，服装开始上下分穿。

夏商和西周时期，人们的服饰较为简朴，服装的材料主要是皮、革、丝和麻。服装样式的主流是上衣下裳，上衣交领右衽，下身裙式短裳，裳内有无裆套裤，腰间系带，带下前腹部垂有斧形蔽膝。

春秋战国时，服饰有了新的变化，出现了一体围裹全身的深衣。深衣交领右衽，曲裾，不论贵族庶人皆可穿用，可以将人的身体深深地掩藏起来，非常符合礼制的要求。制作时将上衣下裳分开剪裁再缝制成衣，上衣用布四幅，象征一年四季，下裳用布十二幅，象征一年十二个月。

春秋战国时中国上古社会转型期，思想领域“百家争鸣”，服饰民俗，各国都因地制宜，“各殊其俗”。在与少数民族的交往中，华夏族也吸收了胡服的长处，例如赵武灵王就曾进行了“胡服骑射”的改革。

（二）秦汉时期

秦始皇统一六国后，建立了中国历史上第一个封建大帝国，在大一统思想的指导下，秦规定了包括服饰在内的典章文物制度，汉承秦制，又有了进步。秦汉时，男女服装的差异不大，主要有深衣、袍服和襦等。

深衣，依然是秦汉时最为重要的服饰，是社会上层人士在正式场合的重要服装。形制仍为上下相连，交领右衽，曲裾，但也有了一些小小的变化，如两只袖筒比以前明显加宽。

课堂思考

你能在现代服装中，找到一些深衣的元素吗，可否试着举例来说明？

袍服，上下一体，有衬里，内衬棉絮，多为交领右衽，袖子宽大，领袖边缘有宽边装饰，穿着舒适方便。秦汉之前已有袍服，但主要穿在罩衣下，不可外穿。秦汉时，袍服被用于朝服之中，不分贵贱，上至皇帝、下至百官都可以穿着。

襦，多为交领右衽，长度一般到膝盖，有单襦，亦有蓄絮的复襦，常与裙或袴配套穿用。

袴比较特殊，一种是只有套筒，没有裤裆，穿用时两条袴筒用带子直接系在腰带上，只能穿在衣内保护腿不受寒，不可外穿。另一种是受少数民族影响，有裆的裤子，可以和襦搭配直接穿着。

这一时期上层男子流行戴各种冠，如高山冠、獬豸冠、长冠和远游冠等。巾最初只是在下层男性社会成员中广泛使用，到东汉中后期，王公贵族也开始使用。此外还有帻，戴法是束好发髻后，再戴上帻，上层贵族到下层百姓皆可戴用，特别是东汉时帻上加冠，成为一种新的冠制。女子以梳髻为时尚，发式多为椎髻，就是将头发向后梳拢，在脑后绾一个髻。

秦汉时足衣形制很多，贵族穿丝和锦制成的丝履、锦履，百姓多穿价格低廉的麻履、草履。履有圆头、方头、笏头等样式。

（三）魏晋南北朝时期

魏晋南北朝是我国历史上的民族大融合时期，这种交流和融合，对我国服饰民俗的发展，起到很大的推动作用。

魏晋仍承汉制，男子上穿袍、衫、短襦，下穿裤，天气寒冷时，一般是短襦穿在里面，下穿裤，外面裹以长袍，温暖的季节则以衫为主。女子上衣着襦、衫，下穿裤、裙。

袴褶据说是北方少数民族的一种服饰，魏晋时主要在军队中流行，后来民间不少人也以穿袴褶为时尚。袴是裤子，裤筒非常肥大，由于这种裤筒过于宽肥，又有人在膝盖处用丝带扎束，起到紧护的作用；褶是上衣，短身大袖，交领对襟，长度多在膝盖以上。

裲裆也是少数民族服装，由裲裆甲发展而来。这种衣服不用衣袖，只有两片衣襟，其一当胸，其一当背，另外在两片衣襟上端钉缀两条比较结实的条块，将前后结合起来。南北朝时，男女皆可把袴褶和裲裆作为普通服装。

男子首服常戴的有小冠和笼冠。小冠有若干样式，常见的是呈圆筒状，冠顶前低后高，形成坡面。戴好小冠后可以再加笼冠，笼冠是用细黑纱漆制成的网状冠罩，看上去像个纱笼罩子。贵族妇女喜欢使用假发，西晋流行的十字大髻假发是典型代表。

足衣形制很多，除了常见的各种材质做成的履，以木或竹为主要材料制成的木屐，南朝时曾风行一时。北朝多为少数民族所建，盛行各种靴鞋。

（四）隋唐五代时期

因为隋朝短命而亡，隋的服饰与初唐相近，而五代服饰又多受晚唐影响，所以我们对隋唐五代时期服饰民俗的研究，多以唐代为主。唐代是封建社会的全盛时期，国家统一，经济发达，对外交往频繁，思想活跃，文化开放，这样的时代孕育出的服饰文化，无论是男装还是女装，都具有鲜明的时代性和强烈的民族性。

隋唐五代时，男子的服装主要是各种袍、衫，下体一律穿裤。隋唐五代服饰民俗的一个重要特点是胡服流行。7~8 世纪时，中国是世界上经济、文化最发达的国家，是各国人民向往的地方。西域各族及波斯、阿拉伯等国商人、使者云集长安，出入中原。他们的奇装异服深深地吸引着中原士庶。《新唐书·五行志》记载："天宝初，贵族及士民好为胡服胡帽。"

隋唐五代女子服装主要以襦衫、长裙搭配，再辅以半臂和帔帛。初唐时，女子襦衫多用窄袖，此后衣袖逐渐加宽，到了晚唐时，甚至出现了袖宽可及地的大袖衫。女子穿着长裙时裙腰靠上，甚至提高到胸乳。比较流行的长裙有间裙、花笼裙、百叠裙和石榴裙等。半臂衣长及腰，袖长及肘，穿用时大多套在窄袖襦衫外面，帔帛则披绕在肩背上，两边下垂，或将垂下部分随意绕在手臂上，越发衬托出女性的妩媚。唐代女子思想开放，崇尚男子的阳刚之气，喜欢穿着男装显示自己的飒爽英姿。她们所穿的男装有两种：一种是男式袍衫，圆领或交领右衽，窄袖或中袖，袍长及踝，腰腹系带；另一种为胡服，圆领或翻领，窄袖，衣长比袍服略短，腰间多系蹀躞带。

隋唐五代男子的首服主要是幞头，由汉末魏晋时期的头巾演变而来。女子发型变化多样、不胜枚举，常见的有惊鹄髻、垂练髻、抛家髻、螺髻和飞天宝髻等。

隋唐五代的足衣主要有：家居穿用的丝履，皮革或名锦做成的靴子，有屐齿便于泥泞地行走的木屐及麻、草等做成的鞋履，便于不同身份的人在不同的场合穿用。

案 例

唐代妇女的衣着

据《旧唐书》记载，开元、天宝之际，"太常乐尚胡曲，贵人御馔，尽供胡食，士女皆竟衣胡服"。天宝年间，有的士人妻子靓妆露面，喜着男子靴衫鞭帽，招摇过市。贵族及士民好为胡服、胡帽，妇人则簪步摇钗，衿袖窄小，她们头戴胡帽，翻领袍束革带，下穿条纹紧口裤，脚蹬软底尖靴，露髻乘马驰骋，一副巾帼不让须眉的气概。唐代"异族入居长安者多，于是长安胡化盛极一时"，充分体现出这座国际大都市的开放气象，展示出丰富多彩的社会生活风貌。

——资料来源：刘振华．论唐代妇女的风貌［J］．扬州大学学报．2006（6）．

案例分析

1. 唐代女子穿胡服、着男装的服饰潮流，折射出怎样的社会背景？

2. 搜集资料，结合学过知识，谈一谈唐代对女性大胆着装的包容，有什么历史原因。

（五）宋元服饰

宋元服饰主要是朝着复古、质朴、规范、烦琐的风格发展。各民族的服饰虽有融合，但仍按各民族间各自的特点发展。

汉族男子以袍、衫、襦、袄、褙子为主要服饰。袍上下一体，一般较长，有夹里。衫为单衣，有长衫、短衫之分，无夹里。襦、袄长度一般至膝，有单、夹棉之分，是广大劳动者的衣着。褙子是男女皆可穿用的一种服装，有交领、盘领和对襟等样式，衣长可长可短，袖亦长短不一，但腋下都有开叉，领、袖口、衣襟下摆都镶有缘饰。男子的褙子不可明穿，需加外衣。

汉族女子仍以衫、襦和袄为主要上衣，下穿各式窄裙或裤子。宋代女子的裙子一般比较窄，与襦衫搭配时喜欢将上衣下摆垂落于裙外。裤子依然有开裆式和合裆式，开裆式穿于裙内，多为上层贵族或富家之女眷穿着。合裆裤直接穿在外面，便于活动、保暖性强，多为广大劳动妇女所穿。宋朝女子喜欢在衫襦、裙裤之外穿褙子作罩衣，这一点与男子不同，男子大多将褙子衬于公服之内，在外面穿的比较少。

契丹族、女真族和蒙古族由于地理与文化背景非常接近，服饰也大同小异。女真族与契丹族服饰基本一致：袍衫、左衽，质料以皮、裘为主。蒙古族以长袍为主，式样较为阔大，都是窄袖袍、圆领、宽下摆，腰部都有宽腰带。

汉族男子比较流行的头衣有幞头、东坡巾等。东坡巾是文人雅士崇尚的一种冠帽，形状为帽口窄、帽顶宽，整个帽体棱角分明，帽后有垂带。汉族女性比较流行的有重楼子冠、花冠和额帕。值得一提的是，蒙古族贵族妇女有一种非常有特色的“姑姑冠”，这种冠以高二尺许的木或竹制圆筒为胎，外面包以红绢或帛，冠身有彩绣花纹，冠顶插饰数根雉尾并坠挂珠宝。

足衣按制作材料的不同可分为：丝布鞋、革鞋，官僚绅士穿用；麻鞋，差役等低层小吏穿用；草鞋，劳动者穿用；木屐，作雨鞋穿用；少数民族则习惯穿靴。由于缠足，女子的脚形发生了严重的变化，翘头尖鞋应运而生，翘头鞋一般比较窄长，底子很薄，鞋头上翘。

（六）明清服饰

朱元璋建立明朝后，十分重视冠服制度，对不符合汉族习俗的礼仪进行了整治，多采用和恢复了唐宋时期的制度和习俗。这些措施对民间服饰习俗有巨大的影响。

明代妇女服饰形制是参照宋代妇女服饰而制定的，主要有衫、袄和裙等。褙子在明朝更为盛行，还有一种与褙子差不多的外套比甲，其形制为无袖、无领，对襟，衣长至臀部或膝部，两侧开叉。值得指出的是，明代服饰的款式搭配、长短比例、色彩对比都达到了很高的美学水平：大凡衣短则裙长，衣长则裙阔；衣长至膝下，离地仅五寸，袖阔四尺，则裙子自可不必多加装饰；衣短显露腰身，则需裙带、裙色等装饰裙身。这种对立统一的和谐美学原则至今仍有实用价值。此外，明末妇女首创的“水田衣”，是以各种零碎布片拼缀而成，纹露交错形如水田，这种不规则龟裂纹的衣服也具有较高的艺术品位。

明代士庶男子仍以传统的袍衫类为主，衣袖宽肥，有圆领，也有直领和斜领。举人、监生、贡生等都穿襕袍。衙门中的差役、皂隶等，一般穿用棉布制成的青色布衣，衣的腰下部打有许多密褶，腰间还束有红布织的腰带。但劳动人民的衣裳，多少年来变化却不大，仍旧以斜领右衽的短褐或布衫为主，下身穿裤，裤子一般比较短。

明代男子头衣主要有四方平定巾、六合一统帽和网巾等。其中，四方平定巾由黑色纱罗制成，戴用时巾呈四角方形，不用时还可以随意折叠，是职官、儒生常戴的一种便帽。明朝女子的发式基本承袭了宋元。这一时期，还有一种很流行的头部装饰叫额帕。额帕形制非常简单，是一条二至三寸宽窄，长约为各自头围两倍多的丝巾，夏天多用质薄、透气性好的纱，冬天多用稍厚一些的绫，使用时将头额和一些头发包围起来，既简单又美观实用，所以深受明代不同年龄不同层次妇女的喜爱。

明代男子的足衣有皮靴、布靴、布面鞋、锦面鞋、麻面鞋，样式有小方头、圆头等。由于缠足之风在明代依旧盛行，所以妇女的鞋子也就以“弓鞋”为主。最为流行的是弯钩形小翘头弓鞋，鞋底有平底、厚底和高底之分。

总的来讲，明代服饰民俗崇尚汉唐风韵，由初期的俭朴逐渐趋于华丽，纹饰丰富多彩，是中国古代服饰艺术的典范。

清军入关后，强制推行满族的民俗习惯，一步步地将汉族服饰文化转变为满族的服饰文化。清朝建立后，对汉族男性的服饰进行强制规定，在发型上，统治者下令男子都要剃发，强制推行“留头不留发，留发不留头”的政策。首服中，各种巾饰比较少，最为流行的是各式小帽如瓜皮帽等。服装要求以满族的袍、褂和马甲为主。袍长至踝，袖口既有马蹄袖式，也有平袖式。褂是穿在袍衫外面的罩衣，为立领大襟或对襟前开身，身长至腰臀部位，下摆较宽，两侧有开叉。马甲，亦称背心或坎肩，直接穿在袍外。裤子经过近两千余年的演变和发展，已经比较成熟。既有无裆套裤，穿在长袍或长褂里面，冬季用于抵御风寒，也有有裆和腰的裤，可以外穿。清朝男子的足衣一般以靴、鞋为主。鞋子样式比较简单，一般为窄帮圆口式，也有少数做成方口的。而靴子只有皇帝和朝中百官及吏士、差人才能穿，一般平民百姓是不准许穿靴的。

课堂思考

满族入关建立清朝后，对汉族男性服饰的强制规定，说明服饰的发展变迁会受到哪些因素的影响?

清代女子的服饰，汉族和满族都保持各自的民族服饰。满族妇女发式造型颇为独特，最负盛名的是一种被称为“两把头”的发髻。清初，两把头的架式还比较小，后来逐渐加大。满族女子的服装与男子服装大致相似，也是以袍褂为主，在穿袍时，满族妇女都喜欢在脖领处围上一条浅色长条围巾。满族妇女的鞋很别致，高跟设在鞋底正中央，高度在一至二寸，也有四五寸高的，鞋跟一般为木质，上宽而下圆，俗称“花盆底”。

清代汉族妇女的发髻以明代传统为主，尤其是江南一带的广大汉族妇女，将明代发型髻式保持得相当完美。清朝末年，不分年之长幼，额前均留一排齐眉短发的刘海式头饰，由于梳妆简单，且不失美观，非常流行，直至近现代仍旧能见到这种发型。女子的衣装，仍沿袭明代的传统，上身多穿各式长衫或花袄，下身仍以穿各种各样的裙子为主，但到清代末期时，却又开始流行穿裤子。汉族女子仍缠足，穿尖头弓鞋。

(七) 民国时期

民国时期，中国传统衣冠服饰迎来了重大改革：废弃了旧时的烦琐衣冠服饰制度、封建时代官民服饰的等级和禁例，以及强加给妇女的缠足恶习，政府根据实际情况制定了新的服饰规定：女装总趋势分为两种类型：一种是用各种素色或印花面料制作的曲线长旗袍；另一种是上衣下裙分开的衣裙式；男子服饰上的变革首先是“剪辫子革命”，其次是在长衫队列里，加进了中外合璧的“中山装”。

中华民国成立以后，穿中山装、西裤，着皮鞋，戴礼帽成为城市男装，以及进步人士的着装主流；在农村，马甲、瓜皮帽、对襟小褂仍是比较普遍的服装。女子服装常见高领、窄身短袄和黑色长裙相配，不饰纹饰，简洁清新。受西方影响，旗袍出现改良，衣领紧扣，斜拉右襟，腰身收紧，曲线玲珑，从而表现、衬托出东方女性文静、端庄、优雅的风姿，成为女性日常生活中的主要服饰。

(八) 新中国成立后

新中国成立后，服饰崇尚简朴实用，衣服慢慢从烦琐变得轻盈。20 世纪 50~60 年代，我国和苏联外交关系较好，受苏联服饰的影响，列宁装、“布拉吉”即连衣裙风靡城市。“文革”期间，服饰单一，男女一律穿军服或蓝灰黑服装。

改革开放后，我国同世界其他国家的接触增多，外来文化对我国服饰文化产生了极大的影响。中国在借鉴西方的服饰发展特点的同时，形成了自己独有的服饰民俗。体现出时代精神，具有中华民族特色的服饰如雨后春笋般发展起来。

第二节　饮食文化

古人云："民以食为天。"可见"吃"是人们社会生活中的头等大事。中国人在漫长的生产和社会斗争中，创造了各种灿烂的文化，而饮食文化乃是一切文化之母。中国的饮食文化，是中华民族人民在100多万年的生产和生活实践中，在食物原材料的开发，餐饮器具的研制，烹饪技艺的提高等方面创造、积累并影响周边国家和世界的宝贵财富。

一、饮食文化的产生与发展

（一）饮食文化的产生

饮食文化是社会物质生活发展到一定阶段，人们为追求饮食上的享受而形成的一种文化形态。可以说，人类的历史就是从饮食开始的。我们的先祖们在没有学会用火制熟食物之前，主要的饮食方式是生食。这种生吞活剥的饮食方式对人体的健康非常不利。考古发现证明，当时的人寿命很短，很多人活不到十几岁就夭折了，这种情况大约维持了100多万年。后来，在不断的摸索和失败中，人类终于懂得了利用自然火，并开始学习保存火种乃至人工取火，真正跨入了熟食时代。火的掌握和使用，为人类的文明饮食播下了种子。

课堂思考

在现代常见的菜式或风味小吃中，你能试着列举出几项烹饪方式比较接近原始社会的菜式吗？

以火熟食，是我们饮食文化的起源，但除了火以外，要想让文明饮食的种子生根发芽，还需要一定的烹饪器具和相对丰足的食物材料。原始农业和原始畜牧业的产生和发展为此创造了条件。通过考古发掘，我们已经可以确认，在原始社会新时期时代，谷物方面有粟、黍、稷、稻、麦等最古老的栽培作物，在动物方面有猪、狗、鸡、牛、羊、马等最早被豢养的禽畜。人工种植谷物、饲养禽畜和采集渔猎结合起来，使得中国古人的食物来源相对稳定。

新时期时代，最主要的烹饪器具是陶器。在陶器诞生以前，人们只能在火上直接烧烤食物，或者用石头传热来使食物成熟。这就使得当时的烹饪受到了很大的限制。那么，对饮食发展具有重大意义的陶器是如何发明的呢？主要有黄帝作陶、神农作陶等说法。实际上，陶器应是先民们在长期的生产和用火实践中，慢慢发现火烧过的黏土会变成坚硬的泥块，不漏水、不变形，并且传热性高。于是，他们从最初相对简单的敞口盆和罐做起，造型越来越多样和实用，釜、鼎、鬲、甑、甗等陶器的出土，说明当时除了煮以外，已经有了蒸的烹饪方式。

总之，整个原始社会食物的获取一直是人类最主要的活动，在同大自然斗争的探索中不断开发食物资源并加工利用，从采集、渔猎的兴盛到种植业的发生，进而建立起以种植业为主、采集渔猎为辅的社会经济体系，从而也逐渐形成了以黍、粟为主食原料，以采集渔猎所获作为附食原料的饮食结构。炊具是陶制器皿和地灶、石灶；燃料仍为柴草；还有粗制的盘、盆作为食具，烹调方法是火炙、水煮、汽蒸并重，较为粗放。调味品主要是粗盐，也只是在沿海地区可以吃到，至于烹饪技艺，最好的美味也不过是传说中的彭祖为尧帝烧制的"雉羹"（即野鸡汤）。此时先民进行烹调，仅仅出自求生需要。中国的传统饮食文化，也只是刚刚萌芽而已。

（二）饮食文化的发展

原始社会末期，随着生产力的提高，出现了剩余产品，形成了贫富对立，出现了阶级，中国开始进入奴隶社会。中国历史上第一个奴隶制国家是夏，此后历经殷商和西周，直到战国奴隶社会才基本结束。

与原始社会相比，奴隶社会已经形成了以农业为主的复合型经济形态，社会逐步进入比较成熟的农耕时代。农业生产的进步，也使得畜牧业有了高度发展。因此，夏商周时期，种植、养殖所提供的产品已经成为主要的食物来源，品种丰富而稳定，谷物类有"五谷（稷、黍、麦、菽、麻籽）"，蔬菜类有"五菜（葵、藿、薤、葱、韭）"，家禽家畜有"五畜（牛、羊、猪、犬、鸡）"，水果类有"五果（枣、李、栗、杏、桃）"。此外，由于狩猎技术的提高，对野生动物的利用更进一步，熊鹿鹑雉、鱼虾鳖蟹等都成为贵族的佳肴。调味品也形成众多的体系，不仅有海盐，还懂得开采岩盐；甜味调料以枣、栗、饴、蜜为糖源做出饴糖、蔗浆和蜂蜜；梅子和醯是当时的酸味调料；肉酱和豆酱是当时最常用的调味品和佐餐之肴，如孔夫子所言"不得酱不食"；油主要是动物油，此外还有辛香味调料花椒、姜、桂和蒜等。

夏商周时期，随着农业的发展以及生产部门的进一步分工，手工业也有了新的发展，最具有代表性的是青铜器的冶炼和制造。上层贵族使用的炊具和餐具主要是青铜器，有鼎、鬲、釜、甑和刀、匕、箸、勺等。

青铜食器的问世，不仅便于传热，提高了烹饪工效和菜品质量，还显示礼仪，装饰筵席，展现出奴隶主贵族饮食文化的特殊气质。平民百姓仍然是大量使用陶器，不过，人们在陶器的制作中不断改进、提高，采用不同的原料，利用高温烧制技术和施釉技术，在商朝中期创制出原始的瓷器，外表美观，使用方便，很受欢迎。

夏商周时期，人们不再是简单地制作食物，而是形成了初步的烹饪格局，选料严格，刀工精湛，配菜合理，在加热和调味上更是不断总结进步，菜品质量飞速提高，推出著名的“周代八珍”：“淳熬（肉酱油浇大米饭）”“淳母（肉酱油浇黍米饭）”“炮豚（煨烤炸炖乳猪）”“炮牂（煨烤炸炖母羊羔）”“捣珍（合烧牛、羊、鹿的里脊肉）”“渍（酒糟牛羊肉）”“熬（类似五香牛肉干）”“肝（烧烤肉油包狗肝）”。烹调技术有了长足进步，可以较好地运用烘、煨、烤、烧、煮、蒸、渍糟等10多种方法。

相关链接 搜索

古代贵族阶级的一份菜单

古代贵族阶级的上层，如公、卿等，也是“钟鸣鼎食，侍妾满前”，他们饮食的丰盛，不次于王侯。宋玉在《招魂》（也有说是屈原写的）里给我们留下了一份具体的菜单：

“室家遂宗，食多方些。稻粢穱麦，挐黄粱些。大苦咸酸，辛甘行些。肥牛之腱，臑若芳些。和酸若苦，陈吴羹些。胹鳖炮羔，有柘浆些。鹄酸臇凫，煎鸿鸧些。露鸡臛蠵，厉而不爽些。粔籹蜜饵，有餦餭些。瑶浆蜜勺，实羽觞些。挫糟冻饮，酎清凉些。华酌既陈，有琼浆些。归返故里，敬而无妨些。”

这段文字，译成白话是：

“家里的餐厅舒适堂皇，饭菜多种多样：大米、小米、二麦、黄粱，随你选用；酸、甜、苦、辣、浓香、鲜淡，尽会如意侍奉。牛腿筋闪着黄油，软滑又芳香；吴厨师的拿手酸辣羹，真叫人口水直流；红烧甲鱼，挂炉羊羔，蘸上清甜的蔗糖；炸烹天鹅，红焖野鸭，铁扒肥雁和大鹤，配着解腻的酸浆；卤汁油鸡，清炖大龟，让你再饱也想多吃几口。油炸蛋馓，蜜沾粢粑，豆馅煎饼，又黏又酥香。蜜渍果浆，满盏闪翠，真够你陶醉。冰镇糯米酒，透着橙黄，味醇又清凉。为了解酒，还有玉浆般的酸梅羹。归来吧！老家不会让你失望。”

这张丰盛的菜单，以及《招魂》中其他生活情节的瑰丽形象，印证了今天出土的楚国贵族墓葬器物的富丽精彩，可以确信，诗人并没有作过分的渲染。

——资料来源：林乃燊．中国饮食文化［M］．上海：上海人民出版社，1989.

秦始皇一统天下，结束了战国时期的割据混战，中国开始进入封建社会，历经两汉、魏晋乃至隋唐，中国处于封建社会的上升时期，这一时期，中国的政治、经济和文化高速发展，中国饮食也迅速发展起来。

两汉时期非常重视农业，不仅大兴水利、开凿水渠，而且积极推广牛耕和农业生产新技术，使得农作物产量大大提高，国家府库充盈。魏晋南北朝时，北方战乱连年，南方相对稳定，北方农民不断南迁，带来了先进的生产工具和技术。唐朝时，农业生产工具继续改进，出现了水车、筒车灌溉，耕地面积大幅增加，粮食产量非常高。这一时期的食物烹饪材料，除了常规的农业和畜牧业来源以外，也开发了很多新材料和引进了新原料。如1961年在河南省密县打虎亭出土汉代画像石豆腐作坊图，可以证明汉代已生产豆腐和豆制品，汉代的“豆饧（甜豆浆或豆腐脑）”，在《盐铁论》中被称为时尚食品；据《汉书·召信臣传》记载：“太官园种冬生葱韭菜菇，复以屋庑，昼夜燃蕴火，待温气乃生”，当时已有了温室栽培；张骞出使西域，更带来了很多珍贵的外来蔬菜、水果和香料，如苜蓿、葡萄、安石榴和黄瓜等；战国以前，做菜和做点心，都是使用各种动物油，到了汉代，已经使用大豆油、芝麻油和菜籽油；唐代时，麦芽糖和蔗糖的提炼技术大幅度提高，蔗糖更广泛地运用在烹饪上。

战国以来，铁的开采和冶炼技术逐步推广，铁制工具应用到社会生活的各个方面。西汉实行盐铁专卖，说明盐与铁同国计民生关系密切。铁比铜价廉、耐烧、导热快，更便于制菜，因此，铁质锅釜此时推广开来。与此同时，还广泛使用锋利轻巧的铁质刀具，改进了刀工、刀法，使菜形日趋美观。两汉的炉灶，烟囱已由垂直向上改为“深曲（即烟道曲长）通火”，并逐步使用煤炭，有利于掌握火候。在陕北一带发现东汉时天然流露的石油，引火可以燃烧，当地百姓用它作燃料；在四川，已经利用地下储存的天然煤气“火井”来煮盐。在餐具方面，秦汉时期富贵之家广泛使用漆制器皿，长沙马王堆汉墓出土的就有壶、耳杯、盘、案和箸等。唐代时，瓷质餐具逐渐普及到人们日常生活之中，取代了陶质、铜铁质和漆质餐具。

秦汉时期出现了两次厨务大分工：一是红白两案的分工；二是炉与案的分工。这有利于厨师集中精力专攻一行，提高技术。在烹调技法上，也比夏商周时期精细，据《齐民要术》记载，当时的烹调方法鲊（用盐与米粉腌鱼），脯腊（腌熏腊禽畜肉），蒸（蒸与煮），菹绿（泡酸菜），炙（烤），饧脯（熬糖与做甜菜）等大类；每个大类又有若干小类，合计近百种，这是一大进步。

宋元明清是中国封建社会的中后时期，这一时期，中国传统饮食文化逐步完善，进入了成熟阶段。宋初，比较注意休养生息，经济逐步回升，特别是采煤、冶铁、制瓷的兴盛，带动了商业贸易的发展，出现了不少繁华都市。元建立后，放弃了落后的游牧经济及其剥削方式，恢复农业生产，注重屯田开荒和兴修水利，粮食大面积增产。明初，加强中央集权，鼓励垦荒，减轻赋税、扶持工商，到永乐年间，国力相当雄厚。清初的顺治、康熙、雍正、乾隆四朝，政策较为开明，经济迅速复苏，农业、手工业和商业均创造出封建社会的最好成绩，饮食文化生机旺盛。清朝后期社会统治日见衰朽，统治阶级骄奢淫侈，却使得烹饪技艺迅猛发展，达到了中国古代社会的最高水平。

宋元明清时期，食物来源不断增多。人们一方面对原有食材继续开发和利用，如汉时已有的豆腐，在明朝有了新品种，除了大豆豆腐以外，还有仙人草汁入米中做成的绿色豆腐，蕨根磨粉制成的黄色豆腐等。再有就是从国外引进新的食物原料，如占城稻、胡萝卜、白薯、美洲玉米、南瓜、四季豆、丝瓜、辣椒、番茄和土豆等。到清朝末年，食物材料已有2000多种，凡是可以食用的东西都用来烹饪，食物原料非常广博。

课堂思考

白薯、美洲玉米和土豆等大量外来食物的引进，给当时的中国社会带来哪些影响？

这一时期，炊餐饮器具也有进步。从燃料看，这时较多使用煤炭；炉和灶也有变化，宋代发明了一种“镣炉”。它是在小炉外镶上框架，能够自由移动，利用炉门拔风，火力很旺。河南偃师出土的宋代妇女切脍画像砖上，便绘有此炉。此外还有六格大蒸笼，精致铜火锅，以及与现代锅近似的金代双耳铁锅等。瓷质餐具仍占绝对优势，景德镇成功地烧制出釉下彩的青花、釉里红以及属于颜色釉的卵白釉、铜红釉，所制餐具造型精美，品种众多。可以与细瓷媲美的是宜兴工艺陶，上等的精品茶壶，不仅设计古朴、外形美观，而且盛茶不馊。明清的金银玉牙餐具更为豪奢。清乾隆三十六年（1771年），乾隆之女嫁给孔子72代孙孔宪培，嫁妆中有一套“满汉宴银质点铜锡仿古象形水火餐具”，由小餐具、水餐具、火餐具和点心盒组成，共404件，造型或根据食物原料的形象，或仿照古青铜器时代饮食器具的形状，其装饰以翡翠、玛瑙等珍品来镶嵌，餐具外刻琢诗文书画。整套餐具再现了先秦时青铜餐具的雄浑风姿，有很高的艺术观赏价值，为我国古代食器的杰作。

宋元明清时，菜点的制作技术及工艺环节都非常规范。例如清代诗人袁枚在《随园食单》里，对烹饪工艺规程提出，具体要求“凡物各有先天，如人各有资禀”，因此选料要切合“四时之序”，专料专用，不可暴殄。他还主张火候应因菜而异，“有须武火者，煎炒是也，火弱则物疲矣；有须文火者，煨煮是也，火猛则物枯矣；有先用武火而后用文火者，收汤之物是也，性急则皮焦而里不熟矣”。这说明炒法在清朝已派生出生炒、熟炒、爆炒、干炒、葱炒和杂炒等十余种，至于切割、配菜、调味、装盘等技术环节，都有完善的体系。

二、中国菜系的形成和分类

大约在春秋战国时期，南北风味已有分野，吕不韦和孔子可谓代表。孔子的观点代表北方，他认为肉要切得方方正正才能吃，小于拳头的鸡雏不要吃，鸭尾巴、鸡肝、鹿胃、雁肾等不要吃；吕不韦作为南方的代表则相反，他认为天下的美味，莫过于猩猩的唇、大象的鼻子和鸭的尾巴。秦汉以后，区域性地方风味食品的区别更加明显，南北各主要地方菜种初露苗头。两宋的京城已经有了北食、南食等地方风味流派的名称和区别。北食主要活跃在黄河流域，它以猪犬牛羊为主料，注重烧烤煮烩，汤汁醇浓。南食遍及长江中下游，它以淡水鱼鲜为主料，辅以野味，注重蒸酿煨炖。清朝中晚期，主要地方风味已形成稳定的格局，当今世界闻名的中国“四大菜系”（川菜、淮扬菜、鲁菜、粤菜），就是在此基础上进一步发展起来的。

（一）川菜

川菜主要由成都菜、重庆菜和自贡菜组成，尤以成都、重庆两地的菜肴为代表。在秦末初汉就初具规模，唐宋时发展迅速，明清已富有名气，晚清时逐步形成地方风味极其浓郁的菜系，现今川菜馆遍布世界。川菜的特色之一是偏爱麻辣，这与四川盆地的气候有关，雾多、湿气重，麻辣使体表容易发散。另一特色是善于运用普通材料，做出多种美味佳肴，如川菜颇有特色的麻婆豆腐、回锅肉、宫保鸡丁等菜色用材都非常普通。味型多样也是川菜一大特色，当今常用有麻辣、红油、豆瓣、怪味、鱼香、家常等十多种丰富的特殊味型，调味灵活多变，堪称独树一帜。

川菜著名的菜品有：鱼香肉丝、宫保鸡丁、麻婆豆腐、回锅肉、盐煎肉、水煮牛肉、毛肚火锅、樟茶鸭子和蒜泥白肉等。

（二）淮扬菜

淮扬菜因形成和流传于江苏淮安、扬州和镇江一带得名。它始于春秋，兴于隋唐，盛于明清。淮扬菜发源地有长江横贯于中部，运河纵流于南北，一年四季物产丰富，烹饪原料应有尽有。反映到菜品特色上就是淮扬菜用料广泛，选料精良，特别擅长做河鲜类产品，喜用品质精良的鲜活原料。此外，特别注重营养搭配，并且根据材料的特色进行加工，体现出较强的科学性；在工艺方面，注重刀工，刀法多变而精良，豆干切丝可以做到细如毛发；调味上，追求本味，清鲜适口，醇和宜人；在造型方面，力求色、香、味、形俱佳，菜品风格雅丽，展现出精美的艺术性。

淮扬菜著名的菜品有：霸王别姬、沛公狗肉、松鼠鳜鱼、水晶肴蹄、蟹粉狮子头、三套鸭、大煮干丝、清蒸鲥鱼和将军过桥等。

课堂思考

地方菜系在形成过程中，主要受到哪些因素的影响？

（三）鲁菜

鲁菜也叫山东菜，由济南和胶东等地方菜演化而成，其孕育期可追溯到春秋战国，南北朝时发展迅速，经元、明、清三代被公认为一大流派，主要风行于北方地区。山东是粮食和水产品的生产大省，蔬菜水果种类繁多，丰富的原料为鲁菜的精细选料创造了条件。鲁菜除选料讲究外，烹饪技艺非常全面，有爆、炒、烧、炸、熘、蒸、扒等烹饪工艺，其中尤以爆为最，“爆”制菜需旺火速成，特别是油爆菜，必须旺火快炒、连续操作一鼓作气瞬间完成。此外，鲁菜擅长用汤，以汤为百鲜之源，鲁系厨师习惯于在炒锅旁备好一锅高汤，无论炒、熘、烧、扒，都以汤溅锅，代替味精，这样做出来的菜更鲜美、更健康。

鲁菜著名的菜品有：奶汤蒲菜、葱烧海参、糖醋黄河鲤鱼、德州扒鸡、扒原壳鲍鱼、九转大肠、油爆双脆和锅烧肘子等。

（四）粤菜

粤菜也叫广东菜，以广州、潮州、东江三地的菜为代表而形成，最早可以上溯到秦始皇南定百越之际，历经发展，明清时随着海运大开，口岸开放，饮食业愈加兴隆，终于形成集南北风味、中西烹饪于一体的独特风格。粤菜最突出的特色之一就是用料广博，据粗略估计，粤菜的用料达数千种之多，除其他菜系常用的禽畜鱼虾外，蛇、鼠、猫、鸟、龟、猴、蜗牛、蚕蛹等都可用来制作佳肴。由于粤菜常以生猛海鲜为原料，在调味上讲究清鲜爽滑，又兼顾浓醇，调料也很独特，很多是其他菜系不用或很少用到的，如蚝油、柱侯酱、沙茶酱、鱼露和柠檬汁等。不同季节和不同菜品要选用不同的调料，一般来说，夏秋力求清淡，冬春偏重浓醇。粤菜烹调技法也很精良，而且融汇中外精华，加以变化，形成自己别具一格的烹饪特色。例如粤菜中煎、炸的新法是借鉴西法而得，各地方菜常用炒、蒸、烩、炖等，粤菜均常用到，而许多地方菜不用的软炒、软炸等，粤菜则有独到的造诣。

粤菜著名的菜品有：红烧大裙翅、龙虎斗、烤乳猪、白云猪手、虾子扒海参、东江盐焗鸡、蚝油牛油和玫瑰酒焗双鸽等。

第三节　酒文化

中国是酒的故乡，也是酒文化的发源地，是世界上酿酒最早的国家之一，早在《诗经》中就记有“十月获稻，为此春酒”的诗句。在中国数千年的文明发展史中，酒与文化的发展基本上是同步进行的。

一、酒的历史

从酒的生成原理说起，以科学的角度来看，酒是一种发酵食品，是由一种叫酵母菌的微生物分解糖类产生的。酵母菌是一种分布极其广泛的菌类，在广袤的大自然原野中，尤其在一些含糖分较高的水果中，这种酵母菌更容易繁衍滋长。因而地球上最早的酒，应是由落地野果自然发酵而成的。此外，天然谷物受潮后会发霉和发芽，吃剩的熟谷物也会发霉，这些发霉发芽的谷粒，就是上古时期的天然曲蘖，将之浸入水中，便发酵成酒，即天然酒。所以，可以说酒的出现，不是人类的发明，而是天工的造化。我们的先祖从最初尝到天然酒到“酝酿成酒”，经历了一个漫长的过程。据考古发掘，近现代出土的新石器时代的陶器制品中，已有了专用的酒器。这说明最晚此时，我国酿酒技术已经开始盛行。

夏、商、周三代贵族饮酒极为盛行，从已发掘出来的大量青铜酒器可以证实。西周王朝建立了一整套机构对酿酒、用酒进行严格的管理。在这套机构中，有专门的技术人才，有固定的酿酒式法，有酒的质量标准。这说明当时的酿酒技术已较为完善。

酒之大兴，始自东汉末年至魏晋南北朝时期，盛于隋唐。魏晋南北朝时，各国连年争战，社会动荡不安，统治阶级内部产生了不少失意者，他们借酒浇愁，狂饮无度。饮酒之习不但盛行于上层，而且进入寻常百姓家。隋唐统一天下后，中国进入封建社会的繁盛时期，汉唐盛世及欧、亚、非陆上贸易的兴起，使中西酒文化得以互相渗透。秦汉及至唐宋，《齐民要术》《酒法》等科技著作问世，新丰酒、兰陵美酒等名优酒开始涌现，黄酒、果酒、药酒及葡萄酒等酒品也有了发展，刘伶、阮籍、李白、杜甫等酒文化名人辈出，中国传统酒的发展进入了灿烂的黄金时代。

宋末到晚清，是我国传统酒的提高期。明代李时珍在《本草纲目》中说：“烧酒非古法也，自元时起始创其法。”指的是西域的蒸馏器传入我国，举世闻名的中国白酒登上了历史舞台，从此，白酒、黄酒、果酒、葡萄酒、药酒五类酒竞相发展，特别是白酒开始成为人们不可或缺的杯中珍品。

二、酒的分类

酒的分类标准很多，按酒的生产方法通常可以分为发酵酒、蒸馏酒、配制酒；按酒精含量可分为高度酒、中度酒、低度酒；按商品类型分为黄酒、白酒、葡萄酒、果酒、啤酒和药酒等。

（一）黄酒

黄酒是我国最古老的饮料酒，至今已有3000多年历史，因其酒液呈黄色而取名为黄酒。黄酒以糯米、大米或黍米为主要原料，经蒸煮、糖化、发酵、压榨而成。黄酒度数一般比较低，多在16~18度，营养价值很高，含有糖、氨基酸、维生素等多种成分。成品黄酒用煎煮法灭菌后用陶坛盛装封口，酒液在陶坛中越陈越香，故又称老酒。最为著名的当数浙江绍兴黄酒和江苏丹阳封缸酒。

（二）白酒

白酒是中国传统的一种蒸馏酒。中国白酒以谷物等富含淀粉的作物为原料，经过糖化发酵后，用蒸馏法而成。酒的度数一般都在40度以上，酒液清澈透明，质地纯净，有酱香型、窖香型、清香型和米香型等不同香型，各有其风味。代表名品有茅台、五粮液和宝丰酒等。

（三）葡萄酒

葡萄酒是用新鲜的葡萄或葡萄汁经发酵酿成的酒精饮料。法国生物学家巴斯德曾说过，“没有葡萄酒的一餐，如同没有阳光的一日”，足见葡萄酒的营养成分很高。葡萄酒除去酒和水以外，还含有糖、蛋白质、无机盐、微量元素、有机酸、果胶、各种醇类及多种维生素，这些物质都是人体生长发育所需要的，对于维持人体的正常生长、代谢是必不可少的。国内较著名的葡萄酒有张裕葡萄酒、长城葡萄酒等。

（四）啤酒

啤酒是以大麦芽、酒花、水为主要原料，经酵母发酵作用酿制而成的饱含二氧化碳的低度酒，作为外来酒种，约在20世纪初传入我国。啤酒营养价值很高，成分除水和二氧化碳外，还有碳水化合物、蛋白质、维生素及钙、磷等物质，有“液体面包”之称，经常饮用有消暑解热、帮助消化、开胃健脾、增进食欲等功能。国内著名的啤酒品牌有青岛啤酒、燕京啤酒等。

（五）果酒

果酒的生产是以新鲜的水果为原料，利用野生或人工添加酵母菌来分解糖分，产生酒精及其他副产物，除了葡萄外，其他水果制成的酒都叫果酒。与白酒、啤酒等其他酒类相比，果酒的营养价值更高，它含有人体所需多种氨基酸和维生素 B_1、B_2、维生素C及铁、钾、镁、锌等矿物元素。普通百姓时常会自酿一些果酒来饮用，常见的有樱桃酒、荔枝酒、李子酒和水蜜桃酒等。

三、丰富多彩的传统酒俗

酒文化在中国源远流长，其中既有酒自身的物质特征，也有品酒所形成的精神内涵。酒文化作为一种特殊的文化形式，在中国的传统文化中有其独特的地位，特别是在欢度佳节和其他喜庆活动中体现得淋漓尽致。

课堂思考

请辨证分析酒文化在当代社会的价值。

春节有饮酒的习俗，这是我国人民普天同庆的最大节日，已有数千年的历史。春节起源于夏、商时代的“腊祭”。当时人们每逢腊尽春来之际，都要以猪羊和酒来祭祀鬼神和祖先神灵，祈求新一年丰收，免灾去祸。古人在春节期间的主要活动是拜祭诸神和祖先、家人团聚、亲友互拜、举办各种文体活动。而这一切活动，几乎都被一个“酒”字串联着，使节日气氛更为浓厚。

清明节有美酒祭祖与踏青的习俗。阳春三月祭祖踏青之俗，早在周代就已普遍流行。不过当时还不叫“寒食”节或“清明”节，而叫“上巳”节。时间是农历三月上旬头一个巳日。这天，人们要在河边以美酒祭祖，还要“夹岸联觞，醉酒人眠芳草地”。但当时和稍后，有的地方的人，也在寒食节（为纪念晋贤臣介子推而定）、清明节（为农业节令）踏春扫墓祭祖。到唐代，据说是唐明皇李隆基嫌这样做太乱，就于开元二十年（732 年）做出规定，大意是寒食即清明，为祭祀扫墓时间。从此，清明祭祖成了“常规”。

五月端午有饮药酒的习俗。端午节喝药酒，源于古人对这一节日的认识。其原因是五月乃各种毒虫瘟疫开始活跃之时，当时人们认为这是恶神恶鬼下界的结果，因此人们将五月初五称为“恶月恶日”。后来爱国诗人屈原又死在了这一天，就更增加了这一天的“恶日”气氛。《荆楚岁时记》中说，古人为了防止这个“恶日”发生恶事，就在这天“采艾以为人，悬于户上，以禳毒气”。唐代名医孙思邈在《千金月令》中说：“端午，以菖蒲，或缕或屑，以泛酒。”据中医研究，菖蒲具有开窍、豁痰、理气、活血、散风寒、祛湿等功效。

中秋节的习俗是把酒赏月。农历八月十五日，是中国人民最大的传统节日之一，仅次于春节。中秋节最普遍的习俗，是吃月饼、喝团圆酒。中秋节源于古人拜月、祭月的习俗，此俗周代就已有之。拜月、祭月，自然离不开酒，因此就又形成了“把酒赏月”的习俗。尤其是历代文人，更视之为雅事。例如，唐代大诗人李白在《月下独酌》中写道：“花间一壶酒，独酌无相亲。举杯邀明月，对影成三人。”

重阳节有喝菊花酒的习俗。农历九月初九日，亦为中国古老传统节日之一，名为“重阳节”。重阳节饮菊花酒，也是传统习俗。中医认为，菊花有散风清热、平肝明目、解毒祛火等功效。

中国人的传统酒俗，除充分体现在各式各样的节日之中外，还比较集中地反映在各种喜庆活动之中。例如，浙江人在生儿育女之后，就将自酿上好黄酒装入缸坛之中，埋在地下，待儿女长大成人婚嫁时，再挖出来作为陪嫁礼品或婚宴上的喜酒。因其存放时间久，更为浓郁芳醇，呈暗红色，又多为女儿预备，故称之为“女儿红”。再如，亲人外出归来，或即将远行时，家人会准备美酒，一般欢迎人的酒宴称“接风洗尘酒”，送人的酒宴称为“饯行酒”。过生日庆寿诞，各地民间礼俗不尽相同，但不约而同都会有酒，在中国人的心目中“无酒不成礼，无酒不成敬，无酒不成席，无酒不成欢”。

第四节　茶文化

茶是风靡世界的三大无酒精饮料（茶、咖啡和可可）之一，全世界有50多个国家种植茶树。然而，寻根溯源，中国才是茶的故乡，中国保存有最原始的野生大茶树树种，世界各国最初的栽培技术、加工工艺、饮茶方法、茶事礼俗等，都是直接或间接地由中国传播出去的。中国茶文化是中华民族对世界文明做出的特殊贡献之一。

一、茶的历史

茶最初被人们饮用是作药用的，据《神农本草经》所记载：“神农尝百草，日遇七十二毒，得茶而解之。”在中国的文化发展史上，往往是把一切与农业、植物相关的事物起源都归结于神农氏，神农氏所处时期大抵是新石器时代，当时茶的食用方法应该是咀嚼茶的鲜叶。

夏、商、周三代时，也有与茶相关的记载，当时我国西南地区已经有了人工栽培的茶树。茶主要是作为菜肴汤料，供人食用。秦汉魏晋时，茶叶从巴蜀地区传到江南，饮茶的人也明显增加，不再限于少数的贵族之家。这一时期普遍将茶制成茶团，饮用时先将茶团捣碎放入壶中，再加入开水。

隋唐是我国封建社会的鼎盛时期，经济文化空前繁荣，中国茶业也有了迅猛发展，茶叶产地遍布全国，茶叶生产和贸易蓬勃发展，茶作为饮料开始迅速普及，从社会的上层走向全民。唐代茶叶制造以蒸青团饼茶为主。茶叶采摘后，先放在甑釜中蒸一下，然后将蒸软的茶叶用杵臼捣碎，再把捣碎的茶末放在铁质的模具中，拍压制成团饼，接着将茶饼穿起来烘焙至干，封存。唐人普遍饮茶的情况，更由于陆羽《茶经》一书的出现，总结了前人饮茶经验的累积，罗列了相关的植茶、制茶、烹茶的知识，使得茶饮的内容大为丰富，而出现了饮茶之道，开拓了茶饮生活的精神境界领域。

相关链接　搜索

煎茶水记

元和九年春，予初成名，与同年生期于荐福寺。余与李德垂先至，憩西厢玄鉴室，会适有楚僧至，置囊有数编书。余偶抽一通览焉，文细密，皆杂记。卷末又一题云《煮茶记》，云代宗朝李季卿刺湖州，至维扬，逢陆处士鸿渐。李素熟陆名，有倾盖之欢，因之赴郡。至扬子驿，将食，李曰："陆君善于茶，盖天下闻名矣。况扬子南零水又殊绝。今日二妙千载一遇，何旷之乎！"命军士谨信者，挈瓶操舟，深诣南零，陆利器以俟之。俄水至，陆以勺扬其水曰："江则江矣。非南零者，似临岸之水。"使曰："某棹舟深入，见者累百，敢虚绐乎?"陆不言，既而倾诸盆，至半，陆遽止之，又以勺扬之曰："自此南零者矣。"使蹶然大骇，驰下曰："某自南零赍至岸，舟荡覆半，惧其鲜，挹岸水增之。处士之鉴，神鉴也，其敢隐焉！"李与宾从数十人皆大骇愕。

——资料来源：唐·张又新《煎茶水记》

宋朝时期全国茶叶产区又有所扩大，特别是随着其后的由暖变寒，南方茶业获得了明显发展。宋人饮茶继承了唐人的饮茶方式，但比唐人更为讲究，制作工艺也更为精细，而尤为精细的是宫廷饼茶的制作。宋代饮茶虽以饼茶为主，但同时也有一些蒸而不捣的散茶。在饮用上，改唐代的煮茶法为点茶法，即不再把茶末投入水中煎煮，而是放在茶盏用开水冲注，再充分搅拌，使茶与水充分溶和，待到呈现乳状，满碗出现细密的白色泡沫时，便可慢慢饮用了。

由宋入元，另一种通俗饮茶方式的发展，则是散茶冲泡的逐渐普遍。散茶的制作方法，有蒸青，有炒青，都是唐代就有的工艺。

明清时代的饮茶，无论在茶叶类型上，还是在饮用方法上，都与前代差异显著。散茶成为盛行明、清两代并且流传至今的主要茶类。清代除了名目繁多的绿茶、花茶之外，又出现了乌龙茶、红茶、黑茶和白茶等类茶，从而奠定了我国茶叶结构的基本种类。

二、茶的分类

茶的分类标准有很多，按季节可分为春茶、夏茶、秋茶和冬茶，按其生长环境可分为平地茶和高山茶。一般来说，通用的分类方法是将茶分为基本茶和再加工茶，基本茶即绿茶、红茶、青茶、黄茶、白茶、黑茶。以这些基本茶类做原料进行再加工以后的产品统称再加工茶，主要有花茶、紧压茶、萃取茶、果味茶、药用保健茶和含茶饮料等。下面主要对六种基本茶的制作、特色和代表名茶进行简要介绍。

（一）绿茶

绿茶是历史上最早的茶类，距今至少已有3000多年的历史，属不发酵茶，以适宜茶树新梢为原料，经杀青、揉捻、干燥等典型工艺加工制成。成品干茶和冲泡后的茶汤、叶底皆以绿色为主调，故名。中国绿茶中，名品最多，主要有西湖龙井、洞庭碧螺春、六安瓜片、黄山毛峰和信阳毛尖等。

（二）红茶

红茶是全发酵茶，以适宜制作本品的茶树新芽叶为原料，经萎凋、揉捻、发酵和干燥等典型工艺过程精制而成。因其干茶色泽和冲泡的茶汤以红色为主调，故名。红茶在加工过程中发生了化学反应，鲜叶中的化学成分变化较大，从而形成了红茶、红汤、红叶和香甜味醇的品质特征。名品红茶有祁门红茶、“川红”工夫茶、云南红碎茶和滇红工夫茶等。

（三）乌龙茶

乌龙茶，亦称青茶，为半发酵茶，是我国六大茶类中，独具鲜明特色的茶叶品类。乌龙茶综合了绿茶和红茶的制法，制作工序包括萎凋、摇青、杀青、揉捻、干燥等步骤，其品质介于绿茶和红茶之间，品尝后齿颊留香，回味甘鲜。名品乌龙茶有武夷岩茶、安溪铁观音、闽北水仙和冻顶乌龙等。

（四）黄茶

黄茶最早是从炒青绿茶中发现的。在炒青绿茶的过程中，人们发现，如果杀青、揉捻后干燥不足或不及时的话，茶的叶色会变黄，品质也会发生相应的变化。具体来说，黄茶的制作比绿茶多了一道“闷黄”的工艺。这一特殊的工艺，使茶叶进行了发酵，最终区别于绿茶，形成“黄叶黄汤”的特色。较著名的黄茶有君山银针、蒙顶黄芽、北港毛尖和温州黄汤等。

（五）白茶

白茶是我国的特产，加工时只将细嫩、叶背满茸毛的茶叶晒干或用文火烘干。这种制作方法既不会破坏酶的活性，又能降低氧化作用，而且保持了茶叶清新自然的香味。冲泡后汤色黄亮，鲜醇可口，不仅如此，不炒不揉的制作工艺使得白茶还具有清凉解暑、退热降火之功效。其名品代表有银针白毫、白牡丹、贡眉和寿眉等。

（六）黑茶

黑茶属于后发酵茶，生产历史悠久，多产于四川、云南、湖南、湖北和广西等地，主要供边区少数民族饮用。藏族、蒙古族和维吾尔族群众喜好饮黑茶。黑茶的基本工艺流程是杀青、揉捻、渥堆、干燥。成品黑茶呈黑褐色，汤色黄中带红，香味醇和。普洱茶和六堡茶是特种黑茶，品质独特，香味以陈为贵，在我国港澳地区、东南亚和日本等地有广泛的市场。

三、茶的礼俗

我国是茶的故乡，有着悠久的种茶历史，又有着严格的敬茶礼节，还有着独特的饮茶风俗。茶在中国人的生活中无处不在。随着岁月的流逝，各种饮茶习俗世代相传、生生不息。

孩子刚一出生，茶便在很多地方的礼俗中担当重要使命。例如，在南方许多地区都有这样的风俗：当有小孩出生，第一个来看望产妇的人，俗称“踩生人”，其进屋后，主人必须先用双手端上一碗米花糖茶敬客，“踩生人”也必须用双手接过茶喝下，民间认为喝这样的茶可以辟邪祈福，意味着人一出生就必须得到茶图腾祖神的保佑。在江西等地，孩子出生，家长就将红茶七叶和白米七粒包成一个小红纸包，共包200~300包分发给亲朋好友。亲朋好友们收到小红包后必须回以一些钱为礼。家长用这些钱买一把银锁，挂在孩子的脖子上。锁的正面写有“百家宝锁”，反面写有“长命百岁”等字样。民间认为，孩子戴上这种锁可防病避灾，保命长寿。

古人认为，茶树只能以种子萌芽成株，而不能移植，故茶在民间婚俗中历来是“纯洁、坚定、多子多福”的象征。故世代流传民间男女订婚，要以茶为礼，茶礼成了男女之间确立婚姻关系的重要形式。“茶”成了男子向女子求婚的聘礼，称“下茶”“定茶”，而女方受聘茶礼，则称“受茶”“吃茶”，即成为合法婚姻。如女子再受聘于他人，会被世人斥为“吃两家茶”，为世俗所不齿。民间一向有“好女不吃两家茶”的说谈。

在我国五彩缤纷的民间习俗中，“茶”与丧祭的关系也是十分密切的。“无茶不在丧”的观念，在中华祭祀礼仪中根深蒂固。以茶为祭，可祭天、地、神、佛，也可祭鬼魂，这就与丧葬习俗发生了密切的联系。上到王公贵族，下至庶民百姓，在祭祀中都离不开清香芬芳的茶叶。茶叶不是达官贵人才能独享，用茶叶祭扫也不是皇室的专利。无论是汉族，还是少数民族，都在较大程度上保留着以茶祭祀祖宗神灵，用茶陪丧的古老风俗。

茶，在人们的品饮过程中，不但形成了丰富的茶俗，而且与家庭礼制相结合，发展成一套极为完备的家庭茶礼。我国历来提倡尊老爱幼、长幼有序、和敬亲睦、勤俭持家的风尚。这种风尚不断与饮茶结合，形成了以“奉茶明礼敬尊长”为核心的家庭茶礼。家庭茶礼对维护社会稳定，增强人们的沟通起着很大的作用。

复习与思考

一、名词解释

服饰　深衣　袴褶　裲裆　褙子　周代八珍　黄酒　乌龙茶

二、简答题

1. 清朝满汉女性常见的服饰搭配有哪些？
2. 中国传统饮食在起源与发展过程中有哪些特点？

三、单项选择题

1. 下列服饰不可能出现在汉代的是（　　）。

A. 襦　　B. 深衣　　C. 袍　　D. 比甲

2. 新石器时代，最主要的烹饪器具是（　　）。

A. 瓷器　　B. 陶器　　C. 漆器　　D. 青铜器

四、多项选择题

1. 隋唐五代女子服装主要搭配是（　　）。

A. 襦衫　　B. 长裙　　C. 半臂　　D. 帔帛

2. 组成淮扬菜的地方菜主要有（　　）。

A. 淮扬　　B. 金陵　　C. 苏锡　　D. 徐海

3. 绿茶的制作要经过（　　）工艺。

A. 杀青　　B. 揉捻　　C. 干燥　　D. 摇青

五、思考题

中国传统服饰和饮食文化博大精深，有很强大的旅游吸引力。现在越来越多的城市和景区开始注重对服饰和饮食文化的旅游开发。请大家自己动手搜集资料，结合学过的知识，谈一谈你对服饰和饮食文化旅游开发的建议和看法。

推荐阅读

1. 周锡保．中国古代服饰史［M］. 北京：中国戏剧出版社，1984.
2. 沈从文．中国古代服饰研究［M］．上海：上海书店出版社，2005.
3. 林乃燊．中国饮食文化［M］．上海：上海人民出版社，1989.

第十一章

中国历史文化在民间
——古代民俗文化

本章导读

不同的国家和民族，由于文化背景、历史传统和宗教信仰的差异，会有不同的礼俗与禁忌。作为一个中国人，应该了解和懂得自己国家、民族的相关礼仪和禁忌。

本章主要介绍了诞生、成年、婚嫁和丧葬等人生重要礼仪，讲述了中国主要节庆的渊源和过节习俗，分析了漫长历史过程中人们形成的各种禁忌，阐释了各项禁忌的主要内容和注意事项等。

学习目标

知识目标

1. 了解基本的人生礼俗。
2. 熟悉中国传统节日民俗。
3. 了解不同的禁忌内容和注意事项。

能力目标

1. 能够分析各项人生礼俗中蕴含的传统思想。
2. 能够掌握不同节日民俗的渊源。
3. 能够探讨禁忌中折射的思想文化内涵。

课程思政目标

1. 通过学习中国传统民俗文化方面的内容，提高学生的中国历史文化素养。
2. 通过学习中国传统民俗文化所包含的丰富内容，感受中国历史文化的博大精深，在提升学生的旅游管理专业基础素养的同时，坚定学生的文化自信。

案 例

求子习俗

求子习俗中还有一类常见的形式是由亲友或特殊人物向盼望得子的家庭及妇女本人做出象征性的“送子”举动。首先是送去某种食物，据说妇女吃了可以很快受孕。这类食物通常有南瓜、鸡蛋、芋头、生菜等。例如，贵州中秋节有偷瓜送子风俗。偷瓜行动于晚上进行，故意使被偷人知道，以惹其怒骂。瓜偷来后为其绘上眉目，穿上衣服，呈小儿形状，用竹舆抬送至无子之家，且一路敲锣打鼓。受瓜之人请送瓜人吃月饼，然后将瓜置于床上伴睡一夜，次日清晨将瓜煮食，认为可以怀孕。

——资料来源：钟敬文．民俗学概论［M］．上海：上海文艺出版社，1998.

案例分析

1. 如何看待这种求子习俗？
2. 求子习俗反映了中国人什么样的心态？

第一节　礼文化与人生礼俗

礼仪是对社会秩序的一种规范，很多礼仪都是约定俗成的。虽然各地的礼仪在具体形式上会存在一些差异，但礼仪民俗体现了整个中华传统文化的内涵。这些礼俗伴随着每一个人度过了自己的一生，每举行一种礼仪，就意味着这个人已经过了一道门槛，开始了一个新的人生阶段。两千多年来，人生礼俗经历了漫长的传承、变异过程，不断丰富完善，一部分流传至今，一部分被淘汰；有的保留了旧的形式，置换了内容；有的则在同样的主题下，创造出了新的仪式。

一、诞生礼

诞生礼是人一生的开端礼。一个婴儿刚一出生，还仅仅是一种生物意义上的存在，只有通过为他举行的诞生礼仪，他才能获得在社会中的地位，被社会承认为一个真正意义上的“人”。诞生礼在人生诸礼仪中占有重要位置，持续的时间比较长，其中还会经历许多有趣的环节。从内容上看，大体包括求子仪式、孕期习俗和庆贺生子三个阶段，而以第三个阶段为中心部分。

（一）求子

“不孝有三，无后为大”的思想观念，深深根植于受封建制度影响的中国。在我国，已婚妇女在未怀孕之前，民间有种种企盼怀孕得子的习俗，并且其仪式多带有神秘色彩。

求神送子是最普遍的一种求子方式。在民间建有许多寺庙，供奉送子观音、碧霞元君、金花夫人、子孙娘娘等虚造的主管生育的神灵、偶像。未孕妇女或未生儿子的妇女会带香烛、纸钱等到神像前默祷以求怀孕生子。有的干脆在家中供奉送子观音，平时烧香祷念以求生子。

在山东泰山地区，流行“压枝求子”，就是上山时要用石头压树枝，上山进香时要“拴娃娃”，即给庙里缴纳一定的“喜钱”，拴上一个陶瓷的、塑料的或泥塑的男娃娃。据说这样就能压中儿子。日后要是得子了，还得还愿，否则的话，神灵有可能把求来的孩子收走。

（二）怀孕

在民间，女子怀孕后，围绕在孕期的最大主题就是对生男生女的预测和为祈福胎儿而引发的诸多禁忌。

重男轻女是中国几千年封建社会的重要观念，民间对生男生女十分关心，自孕妇怀孕之日起，便千方百计地预测男女，这种习俗贯穿整个孕期。因为没有更科学的途径，人们预测的依据主要是孕妇的饮食喜好、行动特点、形体、受孕日期等。像民间有“酸儿辣女”之说；还有认为孕妇走路或跨门槛时，习惯先抬左脚生男，先抬右脚生女；孕妇走路时，身体左倾者生男，右倾者生女等。

相关链接 搜索

古人胎教诗

上智不教而成，下愚虽教无益，中庸之人，不教不知也。古者圣王，有“胎教”之法，怀子三月，出居别宫，目不邪视，耳不妄听，音声滋味，以礼节之。

——资料来源：颜之推《颜氏家训·教子篇》

女子怀孕是家族中值得庆贺的事情，在大多情况下，孕妇都会得到无微不至的关怀和照顾，更要受到各种习俗的约束。例如，在饮食方面禁食一些动物的肉，认为吃了兔肉生子会豁唇，吃公鸡会使生下的小孩夜里啼哭，吃螃蟹会导致难产等；外出时忌参加红白喜事，忌孕妇入生子人家；在视听方面，孕妇忌看淫秽、异常的事物，忌听各种噪声等。此外，孕妇还不应干重活儿，还应节制房事等。

（三）诞生

孩子的降临，对于一家人来说，是头等大事。父母都希望孩子能够平平安安出生，健健康康成长，一生富贵吉祥。由此，引发了一系列为孩子祈福的风俗。

分娩对于女人来说，是很重要的时刻。也同样面临着很大的风险，尤其是在古代医疗水平不甚发达的情况下，分娩甚至是对大人和孩子生命的双重考验。所以，在临盆分娩之前，或分娩之时，也是有不少讲究的。

在孕妇产期将到时，娘家会送一些婴儿出生后所需用的衣、食物品，因催生礼品须用担挑去，有的地方叫作“催生担”。杭州旧时送催生礼时要携带一具笙，吹着进门，以“吹笙”表示催生之意。

产妇将要分娩的时候，常请来接生婆，这对于稳定产妇的情绪和婴儿顺利出生都有很大帮助。由于对血污的忌讳，有的地方不准婴儿出生在床上，怕冲了床神。山东黄县（现龙口）一带多让产妇坐在盆上生产，谓之“临盆”。胎儿出生，俗称“落地”，为求吉利，有些地区还把刚出生的婴儿，象征性地放地上站上一站，取“落地生根”之意，可保成人。

随着婴儿呱呱坠地，一直到孩子周岁，人们要举行一系列礼仪活动来表示喜悦心情和对新生命的期望。

首先是报喜和张挂诞生标志的礼俗。报喜是指派人带着红鸡蛋（俗称“喜蛋”）到产妇娘家报喜，有些地区是“提鸡报喜”，产妇生头胎的当天，由女婿提上鸡、酒、肉到产妇娘家报喜，如果提公鸡表示生男孩，提母鸡表示生女孩，提双鸡表示生双胞胎。就报喜而言，一般来说重男不重女，有的地方以生男为喜，生女则不声张。

在报喜的同时，还在家门口张挂诞生的标志。如果生男孩，就在门的左边挂一支木弓；生女孩，就在门的右边挂一幅佩巾。木弓象征男子阳刚之气；佩巾象征女子阴柔之德。

诞生礼中最正式、最隆重的是“三朝礼”，在婴儿出生后的第三天举行。这一天，亲朋邻里携礼前来道喜，主家排开宴席、招待客人。“三朝”之日通常有以下几项仪式：一是为婴儿举行的“落脐炙卤”仪式，对婴儿脐带、卤门进行礼仪性的处理；二是开奶与开荤，将肉、糕、酒、鱼、糖等，用手指蘸少许涂在婴儿唇上，最后让婴儿尝一口别人的乳汁；三是举行“洗儿”仪式。“洗儿”仪式最受人重视，是三朝礼中最具代表性的，所以“三朝”也叫“洗三”。“洗三”礼就是用艾蒿、槐枝等加水制成香汤，再投入钱、花生、栗子、枣、桂圆等，请福寿双全的老太太给婴儿洗浴，边洗边唱一些歌谣，洗完后，用一根大葱轻打婴儿三下，边打边诵：“一打聪明，二打伶俐，三打明白。”老太太打完后，孩子父亲把葱扔到房顶上，亲友一同道贺。

三朝礼后，还有满月礼，在婴儿满月的时候进行。在这一个月内，产妇须“坐月子”，不能出门。在满月这一天就可以为婴儿举行有亲朋好友参加的庆贺仪式。

满月之后，还有在一百天时所举行的庆贺仪式，称“百岁”，含义是祝福小孩能够健康长寿。“抓周”是预卜小孩前程的仪式。小孩一周岁生日，可看作是小孩诞生礼的最后一个高潮。一周岁之后，小孩每年过一次生日，有的地方叫“爬门坎”，父母煮鸡蛋和长面条给孩子吃，其用意是让他岁岁平安，逐渐长大成人。

案例

抓周

大人将糕点果品、文房四宝、书籍玩具、秤尺刀剪等物品放置席上，小孩穿上新衣，坐在当中，任他伸手去抓。人们相信，小孩抓到的第一件东西就代表了他日后的志趣，在士农工商各业中可能从事哪一种行业。比如，抓到笔墨，说明小孩将来爱读书，会金榜题名；抓到算盘，说明小孩将来有能力经商，必发家致富；等等。“抓周”测验属于占卜一类，本不可靠，但作为一种仪式或娱乐方式反映出家长和长辈望子成龙的心情。

以汉族为主的诞生仪礼，整个过程都反映出人们对生育现象的认识和信仰。透过这种对生理意义上新生命的礼赞和精心呵护的态度，可以看出中国人对履行家庭生育和教养职能的特别重视。一方面，由于父系宗族组织稳定和延续的需要，在生育上出现重男轻女的感情偏向和价值观念。另一方面，尽管在诞生礼中婴儿本人只能处于被长辈安排的被动地位，但仪式过程把他当作可以与成人交流思想感情的主角加以教育，从中可以看出我国文化传统对个人人格塑造的一些基本要求。所以，应当把民间诞生仪礼同整个婴幼儿期的培养和教育联系起来加以考察。

——资料来源：钟敬文．民俗学概论［M］．上海：上海文艺出版社，1998.

案例分析

1. 文中提到的这种抓周习俗，在你的家乡还有保留吗？
2. 谈谈你对这种习俗的看法。

二、成年礼

成年礼仪是为承认年轻人具有进入社会的能力和资格而举行的礼仪。它在人的一生中具有重要意义。历史上，汉族有男子 20 岁行冠礼，女子 15 岁行笄礼的规定。它意味着男人从此有了治人的权利、服兵役的义务和参加祭祀活动的资格，而女子从此结束了少女时代，可以嫁人了。举行成年礼的最终目的是使年轻人成为正式的社会成员，明白自己的社会责任感。

（一）男子的成年礼仪

我国古代贵族成年后必戴帽子，所以男子成年礼称为冠礼。冠礼是在 19 足岁后的一个月举行。一般要进行三次。冠礼当天，受冠的人要沐浴一新，束发，按礼节入堂。为他戴冠的客人右手托住冠的后座，左手捧着前半部分，口中说着祈福的话语，为受冠之人戴上缁布冠。接下来，受冠之人脱下童子装，换上成人装束，就标志着成人了。第二冠是弁冠，程序和第一冠相同，不同的是，这次要换上白礼服，这套装束表示勤政爱民。第三冠为爵冠，受冠之人换祭服，用来表示对神明的尊敬。

古代的冠礼之所以如此烦琐，是因为古人具有“冠者，礼之始”的观念。中国古代社会是礼治的社会，一个人成年后就要受到各种礼仪规范的约束，因此这时最要紧的就是要使受礼者的头脑中牢牢地树立起礼仪的观念。在他们看来，通过冠礼上周密严整的礼仪训练，让受礼者亲身体验礼仪的严肃性，这对其自觉地在今后按礼仪规范做人是有重要意义的。

（二）女子的成年礼仪

古代女子的成年礼称为笄礼。据说，笄礼起源于周礼。许嫁者 15 岁行笄礼，意味着她已经长大，可以嫁人了。笄就是簪子，古代女子将头发盘在头顶，用簪子插住，表示成年。女子在行过笄礼之后，就要学着年长女性的样子插笄，有的还要在发髻上缠一根缨线，表示自己身有所牵。而到了 20 岁仍未论嫁的女子，也是要行笄礼。因为毕竟不是喜事，所以她们的笄礼显得不够正式，由一名妇女出面，把女子的头发梳个发髻，然后在头发上插笄，也就算礼成了。

课堂思考

你认为在现代社会，有必要举行成年礼吗？谈谈你的看法和理由。

三、婚嫁礼

婚嫁礼是人生中的大礼，也是古代“五礼”中的嘉礼。这一礼仪标志着社会认可的一对男女将行使婚媾的权利，组成一个新的家庭，共同担负起繁衍后代、发展家庭的义务，履行正式社会成员的责任。正如我国《礼记·昏义》中所说：“昏礼者，将合二姓之好，上以事宗庙，下以继后世。故君子重之。”我国古代结婚礼大致可分为婚前礼、正婚礼、婚后礼三部分，仪式有纳采、问名、纳吉、纳征、请期、亲迎，以及拜舅姑、庙见、归宁等环节，前六个环节古人称之为“六礼”。

（一）婚前礼

婚前礼主要指纳采、问名、纳吉、纳征和请期，属于议婚、订婚的过渡性礼仪。纳采，即男方家长请媒人到女方家提亲后，女方家同意议婚，男方家备礼去女方家求婚的仪式。问名，即议婚后男方家请媒人问女方名字、排行、出生年月日，以准备合婚的仪式。纳吉，是订婚阶段的主要仪式，即男方家问名后把女方庚帖与男方生辰做了占卜，确定可以成婚后，再备礼去通知女方家。经此仪式表明婚约已成。纳征，即男方家向女方家送较重聘礼的仪式，这时婚姻进入正式筹备阶段。请期，即送完聘礼的仪式，选择好迎娶日期，备礼到女方家，征得女方家同意的仪式。

（二）正婚礼

正婚礼就是亲迎礼，即新郎亲往女方家将新娘娶来的过程中举行的一系列礼仪活动。这是正式的婚礼，相当于后世的完婚。新郎到女方家迎亲时，新娘的父亲在门外迎接，亲自把新郎和男家宾客接进家中；新郎将礼物送给女方家长，然后行礼而出，新娘由其兄长抱到轿中。起轿后，一路上鼓乐齐鸣。迎新娘进家门以及进家门后，还有很多仪式。常见的有：传袋，即男方家以袋铺地，新娘踩着袋子进门，新娘走过的袋又被传到前面铺上，有传宗接代的意义；同牢，即新郎、新娘共食一祭牲的肉，含有夫妻互相亲爱之意；拜堂，即新郎新娘行拜天地、拜高堂、双方对拜的仪式，有的地方对比新郎辈分大或年龄大的亲戚都要行拜见礼；合卺酒，即新郎新娘各用一片瓜瓢喝酒，卺就是用葫芦制成的瓢，合卺含有男女和合的意思，后来演变为“交杯酒”；婚宴，即主家排开筵席大宴宾客，共贺新婚之喜的仪式。婚宴结束之后，人们通常还要拥入新房，同新郎新娘逗笑取乐，称作闹洞房。到了深夜，新郎新娘要休息时，正婚礼才结束。

（三）婚后礼

婚后礼主要有：拜舅姑（古代妻子称呼其丈夫的父母为舅姑），即亲迎的次日天刚明时，新娘就要起身沐浴盛装，行拜见舅姑的仪式，至此新娘才成为男方家的正式成员；庙见，即新娘到男方家时，如舅姑已死，则 3 个月后到舅姑庙中参拜；归宁，即新婚后 1~3 天（有的一个月），已嫁女子回到娘家探望父母，俗称回门，如父母已死，则派人向娘家兄弟问好。

相关链接 搜索

新嫁娘

［唐］王建

三日入厨下，洗手作羹汤。

未谙姑食性，先遣小姑尝。

后世的婚礼在发展中逐步简化，同时，不同地区、不同民族都根据自己传统习惯对上述的婚礼仪式进行增删，形成了各具特色的婚礼形式。

四、丧葬祭礼

在以往几千年的历史中，绝大部分人都不认为死是生命的终结，而把它看成是人生旅程的一种转换，即从“阳世”转换到了“阴世”（冥界）。因此，人从死去的这一刻起，也就意味着踏上了新旅途，开始了一种新的生活。从死亡到丧葬的礼仪，即以此种观念为出发点，葬礼被看作是将死者的灵魂送往死者世界必经的环节。

（一）初终

初终是指弥留之际。此时首先要确定将死者是否已停止呼吸。检验方式有多种。如把新棉花置于口鼻前，视其是否有气，这是最常见的一种方法。当确知其已死，则围于四周的亲属一般都要号哭呼叫。也有的地方，此时要上屋顶揭去一片瓦，以便于死者顺利地走上升天之道。紧接着是招魂，古时称为“复”。有的地方有专司此职之人，也有的就由亲属中一人担任。招魂时有许多具体仪式，如竖招魂幡，高举寿衣，点“引魂香”，高声诵念咒语等。

（二）设床

招魂以后，就要设床停尸。民间一般的规矩是不能让死者躺在原先的床上。在南方往往是卸一块门板充作尸床，在北方也要把死者抬下炕，放到用木板搭成的灵床上。据说是怕死者背着炕到阴间过于沉重。

（三）沐浴、更衣

这是对死者遗体的清洗装扮，以便其“上路”时顺当无碍，此过程被称为“小殓”。各地具体做法不尽相同，根据贫富条件，装扮有奢有简。但有些仪式是一定要进行的，如为死者换上寿衣，嘴里含饭（或含珠、含铜钱）。讲究的人家还要在死者胸口放上粮食或钱财，再裹上棉被。有些地方的习俗要让死者左手拿干粮，右手执棒，以便过“恶狗村”时，对付那些恶狗。

（四）报丧

古时六品以上官员死后，家人要“遣使赴于阙”，普通人家也要“报丧”。总之，死讯要及时报告给亲朋、邻居等。一般由死者晚辈充任外出报丧之职，同时要准备吊客登门吊唁。报丧有许多规矩。丧家使者一般只在门外报告死讯，不能进入别人家门，以免带去不吉利。有的地区则以敲锣哀号的形式告知邻里。现代则往往采用书面讣告的方式公布死讯。

（五）大殓

尸体入棺，这是丧葬活动中重要一项，习俗讲究也特别多。从棺材的铺垫、棺内随葬品到尸体在棺内如何放，棺材如何加盖等，每一项都围绕死者升天后的祷祝而进行。有些地区在棺材加盖前，要请和尚念经，以驱赶灵柩旁的鬼魂。棺材盖要钉牢，接缝要封严，有的还要在棺盖上加放钵、盆等，使死者不会受到鬼怪的侵扰。大殓后多种祭奠仪式就开始了。例如朝夕奠、朔望奠以及俗称的“做七”。所谓“做七”，即自死者临终之日算起，每过七日设奠一次，直至“七七”结束。

课堂思考

在你的家乡，有哪些丧葬祭礼的习俗，可否试着举例说明？

（六）选择墓地及落葬日

这是死者落葬之前各项仪式的最后一步，古时称为“卜宅兆、卜葬日”。择定时间、地点后，即做好一切准备，将棺木下葬，所谓“入土为安”。

我国历代许多君王极端重视墓地的选择和建造。往往登基不久，就开始营建，如秦始皇就是如此，他们的迷信观念使其相信这将决定他们在阴间生活的好坏及子孙万代的盛衰。君王如此，官吏直至普通百姓也持同样的观念。这是我国阴宅风水之说大盛的重要原因。

至于葬式，在我国主要采取土葬和火葬两种。土葬，即把死者放入棺木中埋在墓穴里的一种安葬方式。火葬，一般是寺庙中的和尚圆寂后所采用的葬式。目前，在我国农村部分人死后仍采取土葬方式；而在城镇中，则以火葬为安葬方式，因它大大简化，并少占土地，政府正大力提倡。

第二节　中国传统节日民俗

节庆民俗的最初来源是与古代天文、历法知识紧密联系的。人们对天文、历法的认识经过了一个漫长的过程。在殷周时代，历法尚疏，农事活动主要靠观察日月星辰来进行。到了春秋时代，用土圭测日影确定夏至、冬至，置闰月以定四时成岁的制度逐渐完善，农事活动有了更可靠的依据。

随着社会的不断发展，生产水平和人们认识能力的不断提高，历法产生了。昼夜交替的周期为一“日”，月相变化的周期为一“月”，以寒暑交往，禾谷成熟为周期，则称为“年”。由于季节变换和气候变化有一定的规律，为了反映四季、气温、降雨（雪）、物候变化，我国古代将一年分为四季 12 个月，并把一年 365 日分为立春、雨水、惊蛰、春分等二十四节气。可以说，我国岁时和节庆民俗的形成、发展，经历了十分漫长的过程，它是人们生产和生活经验的体现，也是民族文化发展史的重要组成部分。

一、春节

春节俗称“年节”，是中华民族最隆重的传统佳节。自汉武帝太初元年始，以夏历（农历）正月初一为“岁首”（即“年”），年节的日期由此固定下来，并一直延续两千多年至今。年节古称“元旦”。1911 年辛亥革命以后，开始采用公历（阳历）计年，遂称公历 1 月 1 日为“元旦”，称农历正月初一为“春节”。

春节是除旧布新的日子。春节虽定在农历正月初一，但春节的活动却并不止于正月初一这一天。从腊月二十三小年节起，人们便开始“忙年”：扫房屋、刷墙壁、剪窗花、贴春联、置办年货、添制新衣、洗头沐浴、准备年节器具等。所有这些活动，有一个共同的主题，即“辞旧迎新”。人们以盛大的仪式和热情，迎接新年，迎接春天！

（一）忙年与迎年

古代官府在腊月二十三日，一般民家是在腊月二十四日，水上人家则在腊月二十五日举行祭灶仪式。祭灶，是一项在中国民间影响很大、流传极广的习俗。旧时，差不多家家灶间都设有“灶王爷”神位。人们称这尊神为“司命菩萨”或“灶君司命”，传说他是玉皇大帝封的“九天东厨司命灶王府君”，负责管理各家的灶火，被作为一家的保护神而受到崇拜。灶王龛大都设在灶房的北面或东面，中间供奉灶王爷的神像。没有灶王龛的人家，也有将神像直接贴在墙上的。有的神像只画灶王爷一人，有的则有男女两人，女神被称为“灶王奶奶”。

腊月二十三日的祭灶与过年有着密切的关系。因为，在一周后的大年三十晚上，灶王爷便带着一家人应该得到的吉凶祸福，与其他诸神一同来到人间。灶王爷被认为是为天上诸神引路的。其他诸神在过完年后再度升天，只有灶王爷会长久地留在人家的厨房内。迎接诸神的仪式称为“接神”，对灶王爷来说叫作“接灶”。接灶一般在除夕，仪式要简单得多，到时只要换上新灶灯，在灶龛前燃香就算完事了。

“腊月二十四，掸尘扫房子。”举行过灶祭后，便正式地开始做迎接过年的准备。扫尘就是年终大扫除，北方称“扫房”，南方叫“掸尘”。在春节前扫尘，是我国人民素有的传统习俗。每逢春节来临，家家户户都要打扫房屋，清洗各种器具，拆洗被褥窗帘，大江南北到处洋溢着欢欢喜喜搞卫生、干干净净迎新春的气氛。这一习俗寄托着人们破旧立新的愿望和辞旧迎新的祈求，也是中华民族在漫长历史中积累的在冬季讲究卫生，预防疾病的传统美德。

“腊月二十五，推磨做豆腐。”据考证，豆腐是西汉淮南王刘安发明的。有趣的是，一些地方还有在除夕以前吃豆腐渣的风俗。究其因，是当地传说灶王上天汇报后，玉帝会下界查访，看各家各户是否如灶王所奏的那样，于是各家各户就吃豆腐渣以表示清苦，瞒过玉皇的惩罚。传说归传说，吃豆腐渣实则是古代生产力低下，没有那么多好吃的，也是先民勤俭节约美德的写照。

“腊月二十六，杀猪割年肉。”说的是这一天主要筹备过年的肉食。过去，普通老百姓的日子都比较穷苦，家里的人又都比较多。因此往往是吃了上顿没下顿，条件稍微好点的，也不过是能吃上点窝头野菜什么的。好不容易盼到快过年了，养猪的人家纷纷开始杀猪，没有养猪的人家就到集市上去割一块肉回家。将“割年肉”放入年谣，是因为农耕社会经济不发达，人们往往在年节中才能吃到肉，故此称为“年肉”。

“腊月二十七，宰鸡赶市集。”这一天，家家户户除了要宰杀自家的家禽，还要赶集进店、集中采购。与平日以购缺卖余为主要目的的赶集相比，腊月二十七赶集主要是买卖年节物品，例如：鞭炮、春联、香烛、烧纸、牛羊肉、赠送小孩子的各种玩具礼品、女孩子的各种头花饰物等。这一天，各地的集市都十分红火热闹。

“腊月二十八，打糕蒸馍贴花花。”糕是黏米面或粟米面加大枣或豆蒸制的食品，为春节期间制作的糕就称为“年糕”，因为“糕”与“高”谐音，过年吃年糕含有“年年高”的美好祝愿；蒸馍在北方很多地区形成了一种独特的面点文化，面点选料精细讲究，造型优美，是迎接新年的一种喜庆心理写照；贴花花就是张贴年画、对联和窗花等，这一天人们要在清洗一新的门窗、炕头、廊柱，甚至日用品上贴上对联、窗花以及“抬头见喜”“福”等吉言和各种年画，挂起红灯笼，把家里家外装扮得红红火火、热热闹闹，到处充满喜气和春意。

相关链接 搜索

门神的由来

沧海之中有度朔之山，上有大桃木。其屈蟠三千里，其枝间东北曰鬼门，万鬼所出入也。上有二神人，一曰神荼，一曰郁垒，主阅万鬼。恶害之鬼，执以苇索而以食虎。于是黄帝乃作礼，以时驱之，立大桃人，门户画神荼、郁垒与虎，悬苇索以御凶魅。

——资料来源：王充·论衡·订鬼篇（引自《山海经》）

“腊月二十九，上坟请祖上大供。”对于祖先的崇拜，在我国由来已久。视死如生不仅是孝道的重要标志，也是尊老敬老的美德。春节是大节，上坟请祖仪式也就格外郑重。上坟请祖的时间，大多数地区在腊月二十九日早晨请祖。

除夕是指每年农历腊月的最后一天的晚上，它与正月初一首尾相连。“除夕”中的“除”字是“去、易、交替”的意思，除夕的意思是“月穷岁尽”，人们都要除旧迎新，有旧岁至此而除，来年另换新岁的意思，是农历全年最后的一个晚上。故此期间的活动都围绕着除旧迎新，消灾祈福为中心。

我国民间在除夕有守岁的习惯，俗名“熬年”。守岁从吃年夜饭开始，这顿年夜饭要慢慢地吃，从掌灯时分入席，有的人家一直要吃到深夜。守岁的习俗，既包含了对逝去的岁月的惜别留恋之情，又有对来临的新年寄予美好希望之意。

（二）拜年

正月初一是春节系统的主体，也是春节的高潮，它隆重而内容丰富。一大早起床，首先要放爆竹，叫作“开门炮仗”。爆竹声后，碎红满地，灿若云锦，称为“满堂红”。这时满街瑞气，喜气洋洋。女主人此时则忙于在厨房准备供品。一般是肉、馒头、枣花、年糕等，加热一下，摆放在供桌上。然后由家中主人、长子长孙共同主持全家的“祭祖接年”活动。点蜡烛、烧高香、放鞭炮、燃黄表、敬天地诸神列祖列宗，有条不紊地依次进行。祭毕，开始准备全家的早餐，北方地区的早餐仍以饺子为主。

吃过早饭后，就开始“拜年”贺岁了。汉族拜年之风，汉代已有，唐宋之后十分盛行。有些不便亲身前往的，可用名帖投贺，东汉时称为“刺”，故名片又称“名刺”。明代之后，许多人家在门口贴一个红纸袋，专收名帖，叫“门簿”。

民间互访拜年的形式多种多样：走亲戚须带礼物，给长辈们依次跪拜，可以逗留吃饭、玩耍；礼节性的拜访，如给同事、朋友拜年，一进屋门，仅向佛像三叩首，如与主人系平辈则只需拱手一揖而已，如比自己年长，仍应主动跪拜；感谢性的拜访，是对一年来对帮助过自己的人要买些礼物送去，借拜年之机，表示谢意；串门式的拜访，主要指左邻右舍的街坊，见面彼此一抱拳，说些过年的吉祥话，无须过多礼节。

在中国人的观念中，春节是一年中最重要的节日，充满了喜庆的气氛。因而在这个隆重的节日里，与亲朋好友联络感情，增进友谊，既自然又适宜。作为一项极富人情味的活动，拜年给人际关系的调适创造了一个和谐的氛围。它不仅是祝贺新年的一种形式，而且是人们交流思想、联络感情的一种手段。

课堂思考

现代社会在过年的习俗上和以前相比有什么变化？你觉得出现这些变化的原因是什么？谈谈你的认识和看法。

二、元宵节

元宵节是我国主要的传统节日，也叫元夕、元夜，又称上元节，因为这是新年第一个月圆夜。因历代这一节日有观灯习俗，故又称灯节。元宵节俗的形成有一个较长的过程。据一般的资料与民俗传说，正月十五在西汉已经受到重视，汉武帝正月上辛日晚上在甘泉宫祭祀“太一”（太一：主宰宇宙一切的神）的活动，被后人视作正月十五祭祀天神的开端。

东汉佛教文化的传入，对于形成元宵节俗有着重要的推动意义。汉明帝永平年间（58~75年），因明帝提倡佛法，适逢蔡愔从印度求得佛法归来，称印度摩揭陀国每逢正月十五，僧众云集瞻仰佛舍利，是参佛的吉日良辰。汉明帝为了弘扬佛法，下令正月十五晚上在宫中和寺院“燃灯表佛”。因此，正月十五夜燃灯的习俗随着佛教文化影响的扩大及道教文化的加入逐渐在中国扩展开来。

隋炀帝时，每年正月十五举行盛大的晚会，以招待万国来宾和使节。据《隋书·音乐志》记载：元宵庆典甚为隆重，处处张灯结彩，日夜歌舞奏乐，表演者达3万余人，奏乐者达18000多人，游玩观灯的百姓更是不计其数，通宵达旦，尽情欢乐，热闹非常。

在唐代，这一活动发展成为盛况空前的灯市，长安的灯市规模很大，燃灯5万盏，花灯花样繁多，皇帝命人制作巨型的灯楼，金光璀璨，极为壮观。以后历代的元宵灯会不断发展，灯节的时间也越来越长。唐代的灯会是“上元前后各一日”，宋代又在十六之后加了两日，明代则延长到由正月初八到十八整整 10 天。到了清代，满族入主中原，宫廷不再办灯会，民间的灯会却仍然壮观，日期缩短为 5 天。

正月十五吃元宵，在我国由来已久。元宵最早叫“浮元子”，后称“元宵”，生意人还美其名曰“元宝”。制作的方法南北各异，北方的元宵多用箩滚手摇的方法，南方的汤圆则多用手心揉团，有团圆美满之意。

此外，元宵节的活动还有“猜灯谜”、“踩高跷”、“舞狮子”、“划旱船”、“迎紫姑”和“走百病”等。

三、清明节

清明节属我国历法中的二十四节气之一。节期在公历每年的四月五日前后。按夏历算，则在三月上半月内，这个节日与农业生产有密切关系。《岁时百问》云：“万物生长此时，皆清洁而明净，故谓之清明。”作为农事节气的清明，它标志着春耕时节的到来。俗谚云：“植树造林，莫过清明”，“清明前后，点瓜种豆”。而作为岁时节日的清明节，在融合了寒食节、上巳节的有关风俗后，便有了禁火寒食、祭扫坟墓、踏青郊游、荡秋千、放风筝等一系列的风俗活动。

祭墓、禁火两大习俗，周代已有，但原来并未固定日期，禁火寒食与清明祭扫也无多少关联。汉末，蔡邕的《琴操》将禁火之俗与传说中介子推被焚事件联系在一起，但禁火日期只说是在五月五日。魏晋之时，开始将寒食节确定在清明前一两日。到唐代，唐玄宗在开元二十年（732 年）正式下诏将寒食扫墓列入五礼之中。此后，寒食、清明祭扫坟墓的习俗就合二而一了。每年农历三月清明日，无论官员士庶、男女老幼皆出郊扫墓上坟，一时间车马如流人如潮。中华民族尊亲敬祖、隆宗重嗣的传统习俗，在清明节表现得分外集中而动人。这种习俗一直流传至今。只不过，除祭扫父母坟墓外，人们还到烈士陵园扫墓，缅怀先烈业绩，以示悼念。

相关链接　搜索

介子推被焚事件

关于寒食节禁火习俗的形成，民间有一种广为流传的说法，说它起源于人们对著名忠臣义士介子推的纪念和祭奠。介子推是春秋时期跟随晋公子重耳流亡的一个大臣，曾割自己腿上的肉为晋公子充饥。重耳做国君（即晋文公）后要封赏介子推，介子推却带老母到绵山隐居，不受封赏。

> 晋文公为逼介子推出山，就放火烧山，结果介子推被烧死在山中。晋文公便把烧山的这一天定为介子推的祭日，这一天禁火。《荆楚岁时记》注中说：“介子推三月五日为火所焚，国人哀之，每岁暮春，为不举火，谓之‘禁烟’，犯则雨雹伤田。”实际上禁火之俗早在周代已是惯制，为怀念和祭祀介子推而禁火的说法纯属附会。这种附会在汉代发生后，传播渐盛，在寒食节的形成和传承过程中影响越来越大。
>
> ——资料来源：黄涛．清明节的源流、内涵及其在现代社会的变迁与功能［J］．民间文化论坛，2004（5）．

除扫墓之外，清明节民间还有插柳、放风筝、荡秋千等习俗。清明节是杨柳发芽抽绿的时间，民间有折柳、戴柳、插柳的习俗。人们踏青时顺手折下几枝柳条，可拿在手中把玩，可编成帽子戴在头上，也可带回家插在门楣、屋檐上。谚语有“清明不戴柳，红颜成皓首”，“清明不戴柳，死后变黄狗”的说法，说明清明折柳在旧时是很普遍的习俗。清明放风筝是普遍流行的习俗。古人认为，放风筝不但是一种游艺活动，而且是一种巫术行为。人们认为放风筝可以放走自己的秽气，所以很多人在清明节放风筝时，将自己知道的所有灾病都写在上面，等风筝放高时，就剪断风筝线，让纸鸢随风飘逝，象征着自己的疾病、秽气都让风筝带走了。荡秋千在南北朝时已经流行，唐代荡秋千已经是很普遍的游戏，并且成为清明节习俗的重要内容，元、明、清三代将清明节定为秋千节，皇宫里也安设秋千供皇后、嫔妃、宫女们玩耍。

四、端午节

农历五月初五，是为“端五”或“重五”。古代，“五”与“午”相通，因此“端五”亦称为“端午”、“重午”。关于端午节的起源，历来诸说并存。从其传统节俗活动的内容来看，端午节最初应与祛邪、除毒、避瘟、止恶等观念紧密相关。

（一）避五毒

仲夏时节，暑热即至，蛇、蝎子、蜈蚣、壁虎和蟾蜍（俗称“五毒”）滋生、疫病易犯。为抗拒“五毒”袭扰，民间形成了一系列驱除的习俗，如喝雄黄酒、戴香包、插艾蒿、小儿画额佩长命缕等。中药典籍记载，“五月五日饮菖蒲、雄黄酒，可除百疾而禁百虫”。雄黄是一种中药材，具有解毒、杀菌、辟邪之功效。菖蒲，亦为药材，有镇静、安神之功能，并具芳香气味，可做香料。在端午节以前，民间要用菖蒲根和雄黄泡酒，曝晒在太阳下面，以备节日饮用。山西民间有“喝了雄黄酒、百病远远丢”的谚语。端午节佩戴的香包，有用五色丝线缠成的，有用碎布缝成的，内装香料，佩在胸前，香气扑鼻，可以祛灾病、避“五毒”。端午插艾蒿是因为艾蒿味辣，是一种芳香化浊药物，具有杀虫和防治植物病害的功效，蚊子、苍蝇往往避其味而远逃。端午节，家家户户要在门上插一束艾蒿以辟邪。画额，是端午节时以雄黄涂抹小儿额头，此俗意在驱避毒虫，典型的方法是用雄黄酒在小儿额头画“王”字，一借雄黄以驱毒，二借猛虎（“王”似虎的额纹，又虎为兽中之王，因以代虎）以镇邪。佩长命缕是用五色丝做成的，或悬于门首，或戴在小儿项颈上，或系在小儿手臂上，或挂在床帐、摇篮等处，传“说”可以避灾除病、保佑安康、益寿延年。

（二）吃粽子

端午节吃粽子是我国人民传统的习俗。包粽习惯在端午节的头一天。传统粽子以黍米为馅，佐以红枣，外包芦叶，吃时拌糖。现在也有以各种豆类、麦类以及江米为馅，以柿饼、栗子、果脯、肉类等为作料做成的。一些地方民间习惯在端午节太阳未出山时，将特定形式和数目的粽子投入山中或水中，普遍的说法有纪念屈原、介子推及常遇春之母的意思。

（三）划龙舟

龙舟一般狭长、细窄，船头饰龙头，船尾饰龙尾。龙头的颜色有红、黑、灰等色，姿态不一，一般以木雕成，加以彩绘。龙尾多用整木雕，上刻鳞甲。赛龙舟之前，先要请龙、祭神。依照汉族习俗，比赛时每艘船上有 38 名水手，一名长者任鼓头，一名男扮女装的小孩任旗手。炮声响处，各水手即按锣鼓节拍奋力划桨前进。鼓声、红旗指挥下众多参赛龙舟疾驰竞渡，棹飞如剑，鼓声如雷，向插着锦绮彩竿的终点冲去，先达终点者获胜。傣族和苗族等少数民族也有此习俗，时间稍不同，但内容和形式相近。近代的龙舟比赛也大抵相同，不过规则稍严格一些。

五、中秋节

农历八月十五日为中秋节。八月为秋季第二个月，故也称“仲秋节”。又因此日恰值中秋之半，且月色倍明，故又称“秋节”“月夕”“月节”。中秋节的起源，与古代秋祀、拜月习俗有关。至迟在西周时期，就非常隆重地于秋季进行拜月活动了。《礼记》记载：“天子春朝日，秋夕月。朝日之朝，夕月之夕。”这里的夕月之夕，指的正是夜晚祭祀月亮。

每当中秋之夜，一轮明月，皓然当空，亮如明镜，圆似玉盘，家家户户设供桌于庭。中秋民间祭月，月饼是必不可少的。月饼大约在唐代就出现了，宋代时已经非常讲究，明代时进一步成为中秋佳节的必备食品。现代社会经济发达，中秋节的月饼品种也越来越丰富。除月饼以外，西瓜、毛豆、苹果、葡萄、香梨、柿子等是常见的供品。毛豆指嫩黄豆角，连皮煮熟，色金黄，喻金秋；传说兔子喜食，是专为月中玉兔准备的。其中，也饱含着农民丰收在望，提前尝鲜尝嫩的喜悦心情。

"每逢佳节倍思亲"，是中国人特有的传统情感。人们通过中秋节表达的心愿是家人团圆、生活美满，对于炎黄子孙来说，即使远在天涯海角，中秋的明月，也能带去亲人的缕缕相思与祝福。

相关链接　搜索

嫦娥奔月

羿请不死之药于西王母，姮娥窃以奔月，怅然有丧，无以续之。

——资料来源：刘安·淮南子《览冥训》

拜月结束后，全家人围坐一起，共享祭品，同赏明月。浙江杭州还有去钱塘江望月观潮、泛舟夜游及"烧斗香"之俗；旧时，吴地妇女中秋夜会着盛装出游，即"走月亮"；不育妇女还常去瓜田架下摸取瓜、豆以求子，叫作"摸秋"。

六、重阳节

农历九月初九日为重阳节。因日、月逢"九"，且"九"为"阳数"，故称"重阳"，也称"重九"。又因重阳节有接出嫁女儿归宁的风俗，故又称"女儿节"。重阳节的活动，主要有登高、佩茱萸、赏菊、饮菊花酒、食菊花糕等。

重九登高之俗，民间传说解释为与"桓景避灾"事件相关。《续齐谐记》记载，东汉汝南人桓景受仙人费长房指点，于九月九日携全家登高、饮菊花酒、佩茱萸囊而躲脱了一场灭门之灾。于是，世人效法，逐渐成为习俗。传说尽管不足信，然其间透出的信息却告诉我们：重阳节产生的初始之义，与驱避的观念有关。按阴阳五行说的解释是，重九之日，地气上升，天气下降，天地之气交接，古人为避免接触不正之气，所以才登高以避之。唐代王维诗句"遥知兄弟登高处，遍插茱萸少一人"，便是这种情景的写照。我国很多地区自古就有九月九日登高的传统习惯，饱览大好河山，观仰名胜古迹。

赏菊也是重阳节的一项传统活动。金秋时节，正是菊花盛开的季节。古人在赏菊之时，还习惯饮用菊花酒。今天，不少人仍喜欢在这天饮用菊花酒。多数是在酒中泡点干菊花。在晋北一些地方，人们喜欢在门外，称为“辞青”，其寓意为告别秋天。百姓家大多会在这一天接出嫁了的女儿回娘家休息、吃菊花糕。

第三节　中国传统禁忌民俗

禁忌，即禁止或抑制的意思。民间禁忌源远流长，经长期积淀形成了民间普遍的文化现象，规范人们的思想道德和行为，渗透到人们的物质生活和精神生活的各个领域。民间禁忌确实有不少具有宗教信仰性、迷信性，但也有些禁忌有其经验性、科学性和礼仪性。《礼记·典礼》载：“入竟（境）而问禁，入国而问俗，入门而问讳。”显然，从古至今，在不同场合、环境与不同层面的人打交道中，了解禁忌习俗，可以约束自己的思想行为，直接关系到交际成败。

一、禁忌的起源和分类

（一）禁忌的起源

关于禁忌的起源，目前普遍认为大体上有四个方面：一是对灵力的崇拜和畏惧；二是对欲望的克制和限定；三是对仪式的恪守和服从；四是对教训的总结和吸取。这里，简称为：灵力说、欲望说、仪式说和教训说。以下分别简要论述。

1. 灵力说

灵力，指事物或人所体现出的超自然力量。据说，禁忌就是灵力以自然的、直接的方式，或者以间接的、传染的方式，附着在一个人或物或鬼身上所产生的结果。这种原始的观念形成了原始人心目中的禁忌物和原始的禁制。王充在《论衡》中则指出：“夫忌讳非一，必托之神怪，若设以死亡，然后世人信用畏避。”所以可知，禁忌的产生是与人们对灵力的畏惧有关系的。灵力说，实际上是从人类信仰发展史方面对禁忌的认识，它分析了人们对灵力的信仰以及由此信仰而产生的情感诸如崇敬和畏惧等，并据此而追溯到了禁忌的来源。一般来说，灵力说更多的是着眼于禁忌的原始状态和原始的禁忌状态的。

2. 欲望说

弗洛伊德认为单从信仰方面寻找禁忌根源是不够的，应当从心理学方面对禁忌的由来进行更进一步的追溯。他指出“‘禁忌’本身是一个矛盾情感的字眼”，因为“一件强烈禁止的事情，必然也是一件人人想做的事情”。“一个具有能激发人们被禁止的欲望，或使他们的矛盾情感觉醒的人，即使本身没有触犯禁忌，他也将永远或暂时地成为禁忌”。而“破坏禁忌的人所以会成为一种禁忌，仍是因为他已具备了一种诱使他人追随他的行为的特性了”。在欲望说中，实际上已经透露出社会的制约作用来了。

3. 仪式说

“仪式”代表了一种“无理的”“社会规定性”。靠仪式规定的禁忌是人们必须无条件服从的一种禁制。仪式说从社会学的角度对禁忌的由来作出了说明。仪式的规定往往会带有某种随意性，有时候，社群首领（酋长）或者神权的代表人物（巫师）可以“有权宣布任何事物为禁忌”。然而一旦禁忌形成之后，就具有了“不可抗拒的约束力量”。人们出于社会化的需要，往往并不去认真考察禁忌的合理性，而只是绝对地服从。并且它还将依靠社会的、宗教的、宗法的权威意识以强制的方式传承下去。由于这一类禁忌最初的规定是无理的，所以后世也终归是难以捉摸的。

4. 教训说

教训是从失败或错误中取得的认识。这种认识的过程是一种因果关系的推导过程。由于早期人类的愚昧和科学的不发达，这种推导往往造成偏差，从而形成人们对某种“偶然因素”的共同的误解。这种“共同的误解”而得出来的“教训”，也是形成禁忌的一个缘由。

（二）禁忌的分类

禁忌的形式多种多样，禁忌的事项五花八门，渗透于人类生活、生产的各个方面、各个地区。有人把禁忌划分为五类，即：第一，把大自然中的自然力或自然物看成神圣的不可侵犯的事物，加以崇拜，形成了对日、月、星、风、雨、雷、虹、水、火、山、石等事物的禁忌观念与行为。第二，把某种动物或植物看作是和本氏族祖先有近缘关系的神圣物，形成了严禁捕杀或禁止冲犯等禁忌。第三，对祖灵的崇拜所派生的关于祖先象征或遗物的禁忌。第四，对鬼灵、精灵的崇拜所派生出来的关于所谓鬼、怪之类及其活动场所的禁忌。第五，对吉凶祸福的命运的迷信派生出来的趋吉避凶观念所形成的禁忌。除此之外，也有不同分类方法，如对禁忌对象进行分类，可分为禁忌的人、禁忌的物、禁忌的人名和禁忌的数字。另一种是对禁忌主体生产、生活两大类进行划分，可分为各种行业禁忌、节日禁忌、礼仪禁忌和日常生活禁忌等。

二、各行业的禁忌

我国以农业立国，在科学不发达的情况下，人们主要是“靠天吃饭”，十分注重顺应农时，将收获的心愿寄托于神灵的保佑和恩赐，因此旧时这方面的禁忌特别多。

农事中忌春雷。一般是第一次打春雷时忌出工种地。这一点贵州水族尤具特色：正月第一次春雷要忌九天，第二次忌七天，第三次忌五天，第四次忌三天，第五次忌一天。忌雷期间，不能犁田、翻地、播种，如果犯忌，将会雨水不顺，虫灾不断，庄稼歉收。这一方面反映了粮农对自然灾害的恐惧心理；另一方面和把握气候相关，如利用春雷确定春耕时间，开头几次春雷，寒潮未停，冻害庄稼，因此禁忌过早翻地耕种，也是有一定道理的。

养蚕者禁忌也很多，主要流行于江浙蚕乡一带。过去，一旦进入养蚕的关键时刻，哪怕是亲朋好友，都得严格遵守“禁往来”的乡规，甚至连官府的征收也要停止。以此保障蚕事顺利，不受干扰。养蚕又有“七忌”。《养蚕辑要》说：“蚕有七忌：自小至大忌烟熏；忌酒醋五辛；忌麝香油气；忌饲雾叶；忌饲热叶；忌侧近舂捣；忌丧服产妇。”

狩猎也有禁忌。在鄂伦春族中，在出猎时忌在火上洒水，认为洒水会触犯火神，打不到野兽；忌在出猎时吵闹和打架，也不能说能打到多少野兽，认为这样会使狩猎失败。

船家的禁忌也不少。汉族和一些近水而居的少数民族的船家忌讳在开船前后说“翻”、“沉”等字。吃鱼、煎鱼不许翻鱼身。船工不得翻卷裤脚。盛饭不说“盛”（因它与“沉”音近），而称“添”，饭后忌架筷子于碗上，以为碗犹船，筷即箸，“箸”与“住”音近，住船即停滞不前之意。扬州船主忌呼“老板”，要叫“船老大”或“掌柜”。因为老板表示船上木板破旧之意，要散架，称“老板”是不吉利的。

商业以营利为目的，商业贸易的成败往往难以预料。只要一开市，就祈愿有个好兆头，故而商业禁忌也很多。商人多敬财神，故首先忌讳亵渎神灵，不得直呼财神名讳，如称利市财神叫关羽，称增福财神叫比干等均为犯忌。商人必须尊敬本行业的祖师爷，不得直呼其名讳。所谓财神并非单指财神神龛、神像、神位，而是引申到种种象征财神化身的东西。例如，店铺招幌、标志就是“招财进宝”的象征，在商人心目中最为神圣。每天挂幌子必须说“请幌子”，忌讳说“挂”，还忌讳挂不牢而坠地，倘有伙计不慎将店幌子掉落在地上，便视为冒犯了财神，当即被解雇。

此外，还有一些特定的禁忌，如店铺刚一开门，就来个进京赶考的举子，便认为是大吉大利，宁肯不收钱白送，以取吉利。店铺开张第一天，或每天早上开市，忌讳第一位顾客是妇女，说是女人会冲了财运。如果第一位顾客是孕妇、小女孩更认为晦气；人走后，必以草纸点而熏之，熏罢扔于店外，以此破解。

三、岁时节日的禁忌

岁时节日禁忌或关联农事，或关联生活习俗，早在秦汉已产生，至唐宋日益增多，大都表现为对灾福的畏惧和对未来吉祥的希望。其内容极为广泛，但归纳起来，无非为三种情形。

（一）语言禁忌

俗话说，言为心声。语言是节日活动中营造节日气氛，表达内心感受，实现节日目的的重要手段和工具。吉祥的语言历来是国人在节日时十分重视的内容，而不吉祥的语言则成为节日中的禁忌。所谓语言禁忌，一方面表现为对语言灵物的崇拜；另一方面表现为某些语言在特殊场合下的禁用和代用。语言灵物崇拜的表现形式主要是符咒，是运用语言进行巫术活动的产物。在我国传统新年中，人们“总把新桃换旧符”，用以避邪祛恶，就是语言灵物崇拜存在的最好证据。至于“某些语言在特殊场合的禁用与代用”的情况，在传统节日中，人们已经习以为常。如在春节期间不小心打碎了碗碟，不能说：“碎了”，而应当使用代用语“岁（碎）岁（碎）平安”！广西桂中地区，春节期间最忌讳说三个字，即“死”“药”“病”，即便询问老人身体是否康复，也不能说“病好了没有”，而应当说“舒服了没有”。另外，在春节期间，要求年幼者对长者，较平日更加毕恭毕敬，语言较平时更加委婉柔和，禁止使用粗鲁、揶揄的语言，禁止直呼长者姓名，而应用尊称代替。凡此种种，均为最普遍的语言禁忌民俗。

（二）行为禁忌

行为禁忌是节日禁忌中的重要内容。虽然，由于“千里不同风，百里不同俗”，各地的行为禁忌也就必然不尽相同，但其顽强而确切地存在，却是一个不争的事实。例如广西鹿寨，在春节期间第一天（大年初一），禁止扫地。要扫地，必须在除夕之夜扫尽，否则，就只能等到大年初二了。在鹿寨县的中渡镇，普遍存在着一种风俗，即在大年初一这一天，禁止到别人家挑水，如果有哪个少年不懂风俗，这一天到别人家挑水，主家老人会十分生气，因为他认为这样会把他家的“财气”挑空。更有意思的是，在鹿寨境内的一些村庄，大年初一不能煮新饭，只能吃除夕夜的剩饭，因为这样就表明，去年有饭一直吃到今年，即“年年有余”之意。在鹿寨县江口乡一带，大年初五，天未亮就必须起床杀鸡，所杀的鸡禁止把毛全部扯光，必须留九根毛（屁股留三根，左右翅膀各留三根），用以迎接财神，以保财运天长地久。行为禁忌还表现在饮食方面，如春节期间，东北满族忌初一家宴中无鸡肉；土家族未婚青少年忌食猪蹄子；而我国高山族在节日祭祀时忌食鱼肉。凡此种种，均为行为禁忌的最好例证。

课堂思考

在你的家乡，在一些特定的节日，有没有不能接触或使用的物品，或者不能说的词语不能做的动作？试着讨论其原因。

（三）性别禁忌

性别禁忌也是传统节日中重要的禁忌内容。例如“男不拜月，女不祭灶”，即男子在中秋拜月仪式上不得担任主拜，必须待女子拜完之后，方可行礼；而女子则不得参与祭灶活动，应依例到内室回避。在广西鹿寨县境内，春节期间，从初一到初五必须每天烧香祭祀，但烧香仅限于男子，女子一般不烧香，除非这家一个男人都没有。这些，显然均属于性别禁忌的内容。

四、婚娶和生育禁忌

婚娶育子是家庭内的一件大事，人们自然都希望避悲就喜，一生过着美好的生活。这方面的禁忌主要寄托了人们期待家庭幸福美满的良好愿望。

（一）婚娶禁忌

同姓不婚的婚俗禁忌在中国各民族中是普遍存在的，绝大多数民族至今都遵从这一习俗。关于同姓不婚的记载也很多。同姓不婚始见于周朝，姓氏的作用在于“别婚姻”、“别种族”，但是为什么要别种族、别婚姻呢？为什么同姓一定要禁忌婚配呢？这其中的道理有许多种说法。最普通的说法是同姓同血统，同姓婚配影响后代子孙的生育。这一说法，从优生学上讲是有道理的、有意义的。血缘相近的人通婚于后代人的健康不利，这是有科学根据的。另一种说法是，同姓人结婚会带来灾乱。《国语》云：“娶妻避其同姓，畏灾乱也。”佤族人认为同姓结婚是“乱来”，同姓人结婚会得罪“天”，“天”会因此而惩罚人。比如，“天”会降灾祸，让人和牲畜死掉，让谷子长得不好，让雨下得太多或者太少，让雷击劈人等。这种“天”的惩罚不只是加之于当事人双方，而且还要加之于全寨人或同一地区的人。因此，若有同姓结婚者，要受到双方的族人和寨中人集体的严惩。

相关链接　搜索

“同姓不婚”的历史探究

同姓不婚起源甚早，延流颇长。我们沿中国历史发展的长河探源溯流，可以看它是怎样从原始习俗到礼制，再从礼制到法律这一发展过程的。按照学术界一般的观点，认为夏殷尚无“同姓不婚”之禁，“同姓不婚”最早始见于西周。

春秋战国时期，“同姓不婚”的禁例也非常严格，据《通典》记载：“吾同姓相娶，各道也，即犯诛绝之罪，吾五属之内，禽兽行，乃当绝。”当然，这些主要是针对平民百姓来说的。如果是统治者违反了这一禁例，那就要在取名或说话时，避开能代表尊者的字或号。如鲁昭公（姓姬）娶于吴（也姓姬），因讳称同姓之故而改称吴孟子。孔子编《春秋》，在记述她死时是这样写的：“哀公十有二年夏五月甲辰，孟子卒。”

汉朝时，婚律尚未独立成章，只是《九章律》的《户律》中包括有婚姻方面的内容。最早的婚律记载始见于《北齐律》，但这些都未把“同姓不婚”列进去。到了唐代制定《永徽律》时，始将“同姓不婚”写入法律条款中，明文规定禁止同姓者结婚。从婚律的出现到唐律《户婚律》明文禁止同姓者结婚，前后历时只不过五六十年，可见“同姓不婚”成为当时有关婚姻法规中的一条重要准则，颇受主法者的重视。从此，“同姓不婚”便从礼制上升到法律，具有封建国家规定的强制性质。

从唐代“同姓不婚”入律以后，各朝法律都以《唐律》为本，《明律》本《唐律》之意，分设两条：一、“凡同姓为婚者，各杖六十，离异”；二、“凡娶同宗无服之亲……各杖一百……小功以上，各以奸论……若娶同宗缌麻以上姑侄姊妹者，每各以奸论，并离异。”《清律》又本《明律》，规定：“凡同姓为婚者，离异，妇女归从，财物入官，凡娶同宗无服之亲，以奸论。”虽然后来的《清律》注文已道破了同姓并不一定都是同宗这种关系，但依旧把“同姓不婚”作为法定的禁例，对于这一传统的东西，不敢越雷池一步。直到清末删律，才将“同姓不婚”与亲属不婚合并，只禁同宗为婚，不禁同姓结婚，其文曰：“现行律不禁同姓不同宗者为婚姻。”从此之后，“同姓不婚”就在法律条文中消失了。但作为一种传统的思想观念，至今仍深深地影响着人们。

——资料来源：陈永生．“同姓不婚”的历史探讨［J］．社会科学家，1987（5）．

在婚期的择定方面，民间多有禁忌。俗话说，“典当勿催赎，女子勿催嫁”。婚期一般是由男方先提出意见，很少由女方主动要求。婚姻大事，嫁娶的日子是最关键的，一定要择吉避凶。

结婚大礼，安排在哪一年，民间是有讲究的。一般是放在无甚特殊情形的正常年份办喜事。汉族许多地区忌在无春之年嫁娶。无春之年，即当年无立春日，有些地方称为“寡年”。“寡年”的“寡”字是结婚时日的大忌，会令人想到“寡妇”“寡居”“鳏寡孤独”等词语，显然是非常不吉利的。在一年内，如果有两个立春日，各地的情形又有不同。一些地区认为这年结婚好，取“双春双喜”的意思因而出现婚嫁高潮。另一些地区认为这年结婚不好，取“双春喜冲喜”的意思。凡事过多则为淫，春淫或伤风化，不可取。再者，民间普通人总喜好平稳，不爱冒风险。在有两个立春日这样不同凡响的年份内，最好息事宁人。因此，也有故意躲开这一年嫁娶的。

年份定下来后，还有月忌。在一定的月份中宜嫁娶，在另一些月份中便禁忌嫁娶。后世民间又有将婚嫁之宜娶月份与属相联系在一起的信仰习俗。山西定襄县一带，人们认为鸡、兔两属相宜正月、七月嫁娶；蛇、猪两属相宜三月、九月嫁娶；马、鼠两属相宜六月、腊月嫁娶；牛、羊两属相宜五月、十一月嫁娶；狗、龙两属相宜四月、十月嫁娶；虎、猴两属相宜二月、八月嫁娶。旧时汉族和其他一些少数民族还认为腊月（有的说是腊月二十三日以后）乃至新年前后是神祇上天的时间，民间百无禁忌，这时嫁娶最合时宜，每天都是吉日。

嫁娶的月份选定之后，还需要避开忌日。汉族和许多少数民族中都有忌单日嫁娶、结婚的习俗。俗话说：“好事成双。”婚姻为男女双方之喜事，若在单日，意味着不吉，故多择取双日。汉族某些地区尤忌七月七日嫁娶。据陕西《蒲城县志》载：“七月七日，迎新嫁女避节。”此俗与织女牛郎的传说有关。相传织女为天帝之孙女，私自下凡与牛郎婚配，后被迫回到天上。织女与牛郎每年七月七日才能相逢一次。民间忌七月七日嫁娶，亦反映出人们祝福儿女婚后永不分离、幸福美满的良好愿望。

（二）生育禁忌

生育子女的禁忌，主要分孕妇禁忌和产妇禁忌。

女子有孕后，全家人的希望和忧虑交织并存，再加上怀孕期间生理方面的反应，头晕、呕吐、偏食、懒倦、无力、浮肿等，会时常引起孕妇以及亲属们的焦躁不安。于是，能不能度过这一关，让那喜事真正安全地降落在自己家中便成为周围人们最关心的事了。为此，大家都觉得有必要而且应当乐于遵守一些共同的禁忌。

孕妇所居室内忌动砖瓦土石，忌钉钉子，忌挂人物画像，忌动剪刀、针线，忌捆绑东西，忌拆、堵门窗，搬动大型家具、器物，忌声响过大，忌烧烤东西，忌属虎的人闯入等。以上孕妇室内的禁忌，明显的是要给孕妇制造出一个清静悠闲的环境，让其顺利地产下婴儿。

民间相信，胎儿的成长，以及日后生下小儿的形象、禀性，都与孕妇的饮食有关。因此孕妇的饮食一定要注意，不能吃下影响胎儿健全发育或会造成日后小儿某种缺陷的食物。这方面禁忌，如忌想吃的吃不到，忌食兔肉，忌吃螃蟹等。

产妇分娩时随着婴儿的降生，会有血水、羊水相伴而下。民间以为这是污秽不洁的，并会亵渎神明，带来灾害，即所谓的“血光之灾”。因此，在分娩的地方，要注意许多禁忌事项，如忌在原住处分娩，忌回娘家分娩，忌在他人家中分娩等。

五、丧葬中的禁忌

古人强调“死事如事生”，对丧事是非常重视的。另外，死毕竟是人所不愿意的，是可怕的事，不吉利的事，避之唯恐不及。所以，关于丧葬的禁忌就自然产生了。

《礼记·曲礼》说：“临丧不笑”“望柩不歌”“适墓不登垄”。邻居家有丧事时，舂米时口里不能发出用力的声音，村子里有丧事时，不能在村内巷子里唱歌。还有“适墓不歌，哭日不歌，送葬不由径，送葬不避涂潦，临丧则必有哀色”等，都是古代丧葬的禁忌。这些禁忌是出于对死者的哀思和对亲属的同情，并无别的含义。

死者的装殓也有很多禁忌，比如口里不能空着，古代有含玉的习惯，叫作“琀”，后代有含饭团的习俗，现代多为口含钱币。有的地方忌给死者穿黑色寿衣，说会变成驴；有的忌穿皮革衣服，认为那样会变成兽。死者入棺，脚忌悬空，要踏在棺板；头忌顶着棺板，要隔以衣物。入殓时，亲属哀哭的眼泪忌讳滴在亡者遗体上。

出殡忌双日，有的地方还忌讳正午出殡。送葬忌讳回头看，忌讳从原路回来。参加葬礼和送葬的人忌穿黑白两种颜色以外的衣服。行人忌讳碰上出殡的队伍。但也有一种观点认为出门路遇出殡是吉庆的预兆，因为棺材与“官、财”谐音，反而遇到嫁娶则不吉。

亲属服丧的时间，古代有严格的礼制，时间长短依亲属关系而定。儿子一般要为父亲服丧三年；古代“一日为师，终身为父”，学生也把老师当作父亲看，所以孔子的学生为孔子也服丧三年。孝子孝女服丧期间的禁忌也很多：比如忌吃荤，忌嫁娶，忌庆典，忌到热闹的地方，忌远行，忌重大工程，忌行房事，等等。

六、社交中的礼仪禁忌

社交禁忌是一种很宽泛的说法，因为社交本身就是一个很宽泛的概念。所以社交禁忌是在思想和行为、宏观和微观中都可见到的一类颇能反映民族民俗风格特征的禁忌事象。

称谓禁忌，即名讳方面的避忌。中国人向来有尊祖敬宗的习俗，祖先的名字和长辈的名字都不能直呼不讳。晚辈称呼长辈时，一般应以辈分称谓代替名字称谓，如叫爷爷、奶奶、姥爷、姥姥、爸爸、妈妈等。这类称谓可明示辈分关系，也含有尊敬的意思。不但家族内长幼辈之间是如此，师徒关系长幼辈之间也是如此。俗话说，“子不言父名，徒不言师讳”。

赠送礼品中的禁忌。我国自古就有送礼的习俗。客人来访时，必带见面礼。按大理白族地区的礼俗，送礼时礼品的数目必带“六”字。如送礼钱，若是一百六十几，主人会很高兴；若送五百元，主人反而会以为不吉祥而拒收。台湾民间馈赠，忌送手巾。俗话说，“送巾，断根”，“送巾，离根”，这是因为旧时丧家常于丧事办完后送手巾给吊丧者，用意在于让吊丧者与死者断绝来往。因此，在通常的情况下，赠人手巾，就会令人想起不吉的丧事，或永别的意思。赠物本是好意，若引起误会，或者真的起到了不好的效果，那就完全违背馈赠者的初衷和本意了。

请客吃饭时，座次排序也有禁忌。宴客的座次，是按长幼尊卑的顺序排列的，年长而德高、尊贵而善良者居于上位；主人自卑，常坐于下位。座次错乱，是宴饮社交中的一大禁忌。青海省藏族、蒙古族宴饮时，俗人不能坐在僧人的上位；牧民不能坐在头人的上位；妇女不能坐在男人的上位。过节请客时，也必须按各人社会地位的高低，分坐在高低不同的座位上。地位高的大活佛，如果没有和他相等人可以同席，就要为他另设一席。入席和离席，都是依照不同的等级，按秩序先后行动，不能逾越。

如果是到师友家去做客，也有许多必须注意的风俗礼节。汉族旧时习惯于上午专程拜访。若午后或黄昏时前往或趁他事之便前往，则显得不够敬重。尤其对尊贵人家，须特别忌避。进入人家的房屋时，应先敲门，得到主人允许后再进入。通常是轻敲三下。如主人家门大开，也要先招呼一声，室内有人应声时再进入；否则，则为不礼貌，犯忌讳。俗话说：“不蹈无人之室，不入无人之门。”进到主人家后，客人要主动向主人打招呼。在宴席上，客人要尊敬主人，忌讳先于主人饮食。俗话说，“主不动，客不吃”“主不吃，客不饮”。到人家家中做客，应处处尊重主人的风俗习惯。

? 复习与思考

一、 名词解释

礼仪　诞生礼　成年礼　禁忌　同姓不婚

二、 简答题

1. 春节的庆祝活动主要有哪些？
2. 我国岁时节日的禁忌主要有哪些？

三、 单项选择题

1. 祭墓、禁火、插柳、放风筝和荡秋千常见于哪个节日？(　　)

A. 重阳节　　B. 中秋节　　C. 清明节　　D. 七夕节

2. 古时六品以上官死后，家人要“遣使赴于阙”，这属于丧葬祭礼中的哪个环节？(　　)

A. 初终　　B. 设床　　C. 报丧　　D. 大殓

四、 多项选择题

1. 从内容上看，诞生礼大体包括哪些内容？(　　)

A. 求子　　B. 怀孕　　C. 诞生　　D. 及笄

2. 元宵节是我国主要的传统节日，也称（　　）。

A. 元夕　　B. 元夜　　C. 上元节　　D. 灯节

3.《礼记·曲礼》中对丧葬的禁忌记述有（　　）。

A. 临丧不笑　　B. 望柩不歌　　C. 适墓不登垄　　D. 送葬不由径

五、 思考题

民间禁忌源远流长，经长期积淀形成，渗透到人们的物质生活和精神生活的各个领域，有些禁忌有迷信性，但也有些禁忌确有其经验性、科学性和礼仪性。试举例找出你身边的一些禁忌，谈谈你如何看待这些现象。

推荐阅读

1. 钟敬文．民俗学概论［M］．上海：上海文艺出版社，2009.

2. 王炜民．中国古代礼俗［M］．北京：商务印书馆，1998.

3. 弗洛伊德著，文良文化译．图腾与禁忌［M］．北京：中央编译出版社，2005.

参考文献

［1］白金贵．中国传统文化概论［M］．郑州：郑州大学出版社，2003.

［2］常耀华．中国文化史十七讲［M］．北京：旅游教育出版社，2008.

［3］陈江风．中国文化概论［M］．南京：南京大学出版社，2005.

［4］陈伟明．唐宋饮食文化初探［M］．北京：中国商业出版社，1993.

［5］程杰晟．中国历史文化概论［M］．北京：机械工业出版社，2010.

［6］戴争．中国古代服饰简史［M］．北京：中国轻工业出版社，1988.

［7］杜继文，佛教史［M］．南京：江苏人民出版社，2008.

［8］杜莉，姚辉．中国饮食文化［M］．北京：旅游教育出版社，2005.

［9］方志远．旅游文化概论［M］．广州：华南理工大学出版社，2005.

［10］冯友兰．中国哲学简史［M］．北京：新世界出版社，2004.

［11］弗洛伊德．图腾与禁忌［M］．北京：中央编译出版社，2005

［12］高立成．中国旅游文化［M］．上海：复旦大学出版社，1992.

［13］何晓明．中国文化概论［M］．北京：首都经济贸易大学出版社，2007.

［14］华梅．中国服装史［M］．北京：人民美术出版社，1991.

［15］黄能馥，陈娟娟．中华服饰艺术源流［M］．北京：高等教育出版社，1994.

［16］黄震宇，唐鸣镝，潘晓岚．中国古代建筑与园林［M］．北京：旅游教育出版社，2008.

［17］黄震宇，唐鸣镝．古建园林赏析［M］．北京：旅游教育出版社，2006.

［18］季芳桐．中国文化史纲要［M］．北京：兵器工业出版社，1997.

［19］江冰．中华服饰文化［M］．太原：山西人民出版社，1991.

［20］蓝先琳．中国古典园林大观（上下）［M］．天津：天津大学出版社，2003.

［21］黎虎主编．汉唐饮食文化［M］．北京：北京师范大学出版社，1998.

［22］李惠民．中国历史文化基础教程［M］．北京：中央广播电视大学出版社，2007.

［23］李敏．中国古典园林30讲［M］．北京：中国建筑工业出版社，2009.

［24］李平．中国文化概论修订版［M］．合肥：安徽大学出版社，2008.

［25］李星明．旅游文化概论［M］．武汉：华中师范大学出版社，2007.

[26] 李元．酒与殷商文化［J］．学术月刊，1994（5）．

[27] 李宗桂．中国文化概论［M］．广州：中山大学出版社，1988.

[28] 梁思成．图像中国建筑史［M］．天津：百花文艺出版社，2001.

[29] 梁思成．中国建筑史［M］．北京：生活·读书·新知三联书店，2011.

[30] 梁思成．中国建筑史［M］．天津：百花文艺出版社，1998.

[31] 梁文娟．中国经典传统文化［M］．西安：西北工业大学出版社，2010.

[32] 林乃燊．中国饮食文化［M］．上海：上海人民出版社，1989.

[33] 林永匡，王熹．清代饮食文化研究［M］．哈尔滨：黑龙江教育出版社，1990.

[34] 刘敦桢．中国古代建筑史［M］．北京：中国建筑工业出版社，1984.

[35] 楼庆西．中国传统建筑文化［M］．北京：中国旅游出版社，2008.

[36] 楼庆西．中国古建筑二十讲［M］．北京：生活·读书·新知三联书店，2004.

[37] 吕思勉．中国文化史［M］．北京：海潮出版社，2008.

[38] 毛荣生．中国传统文化概论［M］．上海：上海财经大学出版社，1998.

[39] 南怀瑾．论语别裁［M］．上海：复旦大学出版社，2012.

[40] 乔德光．中国古玩鉴赏与辨伪［M］．成都：西南财经大学出版社，1998.

[41] 卿希泰，唐大潮．道教史［M］．南京：江苏人民出版社，2005.

[42] 邱国珍．中国传统食俗［M］．南宁：广西民族出版社，2002.

[43] 任继愈．中国哲学发展史［M］．北京：人民出版社，1983.

[44] 沈从文．中国古代服饰研究［M］．北京：商务印书馆，1981

[45] 宋采义．中国旅游文化［M］．开封：河南大学出版社，1999.

[45] 孙大章．中国民居研究［M］．北京：中国建筑工业出版社，2004.

[47] 谭家健．中国文化史概要［M］．北京：高等教育出版社，1997.

[48] 万建中．饮食与中国文化［M］．南昌：江西高校出版社，1995.

[49] 王恩涛．中国古代文化史知识［M］．沈阳：沈阳出版社，1989.

[50] 王力．中国古代文化常识图典［M］．北京：中国言实出版社，2002.

[51] 王明煊．中国旅游文化［M］．杭州：浙江大学出版社，1998.

[52] 王其钧．图说中国古典园林史［M］．北京：中国水利水电出版社，2007.

[53] 王其钧．中国传统建筑屋顶［M］．北京：中国电力出版社，2009.

[54] 王仁湘．饮食考古初集［M］．北京：中国商业出版社，1994.

[55] 王世英、朱德明．中国古代建筑文化［M］．北京：旅游教育出版社，2005.

[55] 王炜民．中国古代礼俗［M］．北京：商务印书馆，1998.

［57］王学泰．华夏饮食文华［M］．北京：中华书局，1993.

［58］王玉成．旅游文化概论［M］．旅游文化概论．北京：中国旅游出版社，2005.

［59］王增斌．中华文化史要略［M］．北京：光明日报出版社，2011.

［60］王子辉．隋唐五代烹饪史纲［M］．西安：陕西科技出版社，1991.

［61］吴澎．中国饮食文化［M］．北京：化学工业出版社，2009.

［62］萧家成．论中华酒文化及其民族性［J］．民族研究，1992（5）.

［63］谢元鲁．旅游文化学［M］．北京：北京大学出版社，2007.

［64］徐行言．中西文化比较［M］．北京：北京大学出版社，2004.

［65］杨志刚．中国礼仪制度研究［M］．上海：华东师大出版社，2001.

［66］姚伟钧．茶与中国文化［J］．华中师大学报，1995（1）.

［67］阴法鲁．中国古代文化史插图本［M］．北京：北京大学出版社，2008.

［68］余树勋．中国古典园林艺术的奥秘［M］．北京：中国建筑工业出版社，2008.

［69］喻学才．中国旅游文化传统［M］．南京：东南大学出版社，1995.

［70］袁晓国．中国历史文化［M］．北京：高等教育出版社，2006.

［71］曾庆钧．中国茶道简论［J］．东南文化，1992（2）.

［72］张崇琛．中国古代文化史［M］．兰州：甘肃人民出版社，2005.

［73］张岱年，方克立．中国文化概论［M］．北京：北京师范大学出版社，1994.

［74］赵超．华夏衣冠五千年［M］．北京：中华书局，1993.

［75］赵擎寰，郭玉兰．中国古代建筑艺术．北京：北京科学技术出版社，2005.

［76］赵荣光．中国饮食史论［M］．哈尔滨：黑龙江科学技术出版社，1990.

［77］甄尽忠．中国旅游文化［M］．郑州：郑州大学出版社，2004.

［78］中国社会科学院世界宗教研究所等编．中国五大宗教知识读本［M］．北京：社会科学文献出版社，2007.

［79］钟敬文．民俗学概论［M］．上海：上海文艺出版社，2009

［80］周维权．中国古典园林史［M］．北京：清华大学出版社，2008.

［81］周锡保．中国古代服饰史［M］．北京：中国戏剧出版社，1984.

［82］周汛，高春明．中国历代妇女妆饰［M］．上海：上海学林出版社，1997.

［83］冯天瑜．中国文化史（上下册）［M］．上海：上海人民出版社，2005.

项目策划：段向民
责任编辑：孙妍峰　王　晴
责任印制：孙颖慧
封面设计：武爱听

图书在版编目（CIP）数据

中国历史文化 / 程杰晟主编 ; 张珂副主编. -- 2版. -- 北京 : 中国旅游出版社, 2023.6

中国旅游院校五星联盟教材编写出版项目　中国骨干旅游高职院校教材编写出版项目

ISBN 978-7-5032-7127-4

Ⅰ. ①中… Ⅱ. ①程… ②张… Ⅲ. ①文化史—中国—高等职业教育—教材 Ⅳ. ①K203

中国国家版本馆CIP数据核字（2023）第098543号

书　　名：中国历史文化（第二版）

主　　编：程杰晟
副 主 编：张　珂
出版发行：中国旅游出版社
（北京静安东里6号　邮编：100028）
http://www.cttp.net.cn　E-mail:cttp@mct.gov.cn
营销中心电话：010-57377103，010-57377106
读者服务部电话：010-57377107
排　　版：北京旅教文化传播有限公司
经　　销：全国各地新华书店
印　　刷：三河市灵山芝兰印刷有限公司
版　　次：2023年6月第2版　2023年6月第1次印刷
开　　本：787毫米×1092毫米　1/16
印　　张：18.25
字　　数：369千
定　　价：49.80元
ISBN　978-7-5032-7127-4
